Der Vereinswechsel bei Lizenzfußballspielern
unter besonderer Berücksichtigung
des *FIFA-Reglement bezüglich Status und Transfer von Spielern*
in der Fassung vom 1. September 2001

Europäische Hochschulschriften
Publications Universitaires Européennes
European University Studies

Reihe II
Rechtswissenschaft

Série II Series II
Droit
Law

Bd./Vol. 3804

PETER LANG
Frankfurt am Main · Berlin · Bern · Bruxelles · New York · Oxford · Wien

Gregor Reiter

Der Vereinswechsel bei Lizenzfußballspielern unter besonderer Berücksichtigung des *FIFA-Reglement bezüglich Status und Transfer von Spielern* in der Fassung vom 1. September 2001

PETER LANG
Europäischer Verlag der Wissenschaften

Bibliografische Information Der Deutschen Bibliothek
Die Deutsche Bibliothek verzeichnet diese Publikation in der Deutschen Nationalbibliografie; detaillierte bibliografische Daten sind im Internet über <http://dnb.ddb.de> abrufbar.

Zugl.: Bochum, Univ., Diss., 2003

D 294
ISSN 0531-7312
ISBN 3-631-51821-8

www.peterlang.de

VORWORT

Ich bedanke mich herzlich bei Herrn Prof. Dr. Rolf Wank für die Betreuung der Arbeit. Er hat von Anfang an Wert auf den Bezug zur Praxis gelegt und durch die Gespräche die Arbeit in mehrfacher Hinsicht gefördert. Herrn Prof. Dr. Klaus Schreiber möchte ich für die Übernahme des Zweitgutachtens danken.

Ferner danke ich den Herren Ilja Kaenzig von Bayer 04 Leverkusen, Dieter Hoeneß und Ingo Schiller von Hertha BSC Berlin sowie Ernst Thoma, ehemaliger Geschäftsführer der Vereinigung der Vertragsfußballspieler. Sie standen mir in persönlichen Gesprächen Rede und Antwort und gaben mir viele Anregungen aus der Praxis. Ihnen ist es daher zu verdanken, dass diese Arbeit einen engen Bezug zur fußballerischen Wirklichkeit aufweist.

Herzlich bedanken möchte ich mich auch bei den Herren Oliver Metzlaff, Martin Machalitza und Hartmut Schielke für die Mühen des Korrekturlesens.

Den Herren Rechtsanwälten Jürgen Stank und Klaus Golland danke ich für die Möglichkeit, diese Arbeit in einer professionellen Atmosphäre schreiben zu können, die für mich stets Motivation gewesen ist. Danken möchte ich ebenfalls Herrn Rechtsanwalt Klaus Resing für die mir zur Verfügung gestellte Zeit, um die Arbeit zum Abschluss zu bringen.

Herzlich bedanken möchte ich mich bei meinen Eltern, die mir meine Ausbildung ermöglichten und mich ermutigt haben, diese Arbeit zu schreiben. Ihnen, meiner Frau Nicole und meiner Tochter Jonah Vreda widme ich diese Arbeit.

Oberhausen, im August 2003

Gregor Reiter

INHALTSVERZEICHNIS

ABKÜRZUNGSVERZEICHNIS

a.A.	anderer Ansicht
a.a.O.	am angegebenen Orte
Abs.	Absatz
AC	Atletico Club
a.F.	alte Fassung
AG	Aktiengesellschaft
Alt.	Alternative
AnwBl.	Anwaltsblatt
AO	Abgabenordnung
AöR	Archiv des öffentlichen Rechts
AP	Nachschlagewerk des Bundesarbeitsgerichts (Gesetzesstelle und Entscheidungsnummer)
ArbG	Arbeitsgericht
Art.	Artikel
AuA	Zeitschrift für Arbeit und Arbeitsrecht
Az.	Aktenzeichen
BAG	Bundesarbeitgericht
BB	Betriebsberater
BBiG	Berufsbildungsgesetz
BFH	Bundesfinanzhof

BFHE	Entscheidungen des Bundesfinanzhof
BFR	Belgische Francs
BGB	Bürgerliches Gesetzbuch
BGBl.	Bundesgesetzblatt
BGH	Bundesgerichtshof
BGHZ	Entscheidungen des Bundesgerichtshofes in Zivilsachen
BSC	Ball Sport Club
BSG	Bundessozialgericht
BSGE	Entscheidungen des Bundessozialgerichtes
BVerfG	Bundesverfassungsgericht
BVerfGE	Entscheidungen des Bundesverfassungsgerichtes
bzgl.	bezüglich
bzw.	beziehungsweise
CBA	Collective Bargaining Agreement
DB	Der Betreib
DBB	Deutscher Basketball Bund
DDR	Deutsche Demokratische Republik
DEB	Deutscher Eishockey Bund
DEG	Düsseldorfer Eishockeygemeinschaft
DEL	Deutsche Eishockey Liga

ders.	derselbe
DFB	Deutscher Fußball Bund
DFC	Deutscher Fußball Club
DFL	Deutsche Fußball Liga GmbH
DFV	Deutscher Fußball Verband der DDR
d.J.	des Jahres
DLV	Deutscher Leichtathletik Verband
DM	Deutsche Mark
DÖV	Die öffentliche Verwaltung
DSB	Deutscher Sport Bund
E	Entscheidung
ECR	Eishockey Club Ratingen
EG	Europäische Gemeinschaft
EGV	Vertrag zur Gründung der Europäischen Gemeinschaft
EHC	Eishockey Club
EM	Europameisterschaft
EStG	Einkommensteuergesetz
EuGH	Gerichtshof der Europäischen Gemeinschaft
EU	Europäische Union
EUV	Vertrag zur Gründung der Europäischen Union
e.V.	eingetragener Verein

EWG	Europäische Wirtschaftsgemeinschaft
EWR	Europäischer Wirtschaftsraum
f.; ff.	folgende
FAZ	Frankfurter Allgemeine Zeitung
FC	Fußball Club bzw. Football Club
Fiba	Fédération internationale de basketball association
FIFA	Fédération internationale de football association
FIFPro	Federation of International Football Professionals
Fn.	Fußnote
FS	Festschrift
GA	Generalanwalt
gem.	gemäß
GG	Grundgesetz
GK	Gemeinschaftskommentar
GmbH	Gesellschaft mit beschränkter Haftung
HGB	Handelsgesetzbuch
h.M.	herrschende Meinung
Hrsg.	Herausgeber
i.d.F.	in der Fassung
i.E.	im Ergebnis

i.e.S.	im engeren Sinne
Inc.	Incorporated
i.S.	in Sachen
i.V.m.	in Verbindung mit
JArbSchG	Jugendarbeitsschutzgesetz
JuS	Juritische Schulung
JW	Juritische Wochenschrift
JZ	Juristenzeitung
Kfz	Kraftfahrzeug
KG	Kammergericht
KGaA	Kommanditgesellschaft auf Aktien
Komm.	Kommentar
KR	Gemeinschaftskommentar zum Kündigungsrecht
LAG	Landesarbeitsgericht
LG	Landgericht
lit.	litera
LOS	Lizenzordnung Spieler
LSt.	Lizenzspielerstatut
MAV	Musterarbeitsvertrag
Mio.	Millionen
Mrd.	Milliarden
MünchArbR	Münchener Handbuch zum Arbeitsrecht
MünchKomm	Münchener Kommentar

m.w.N.	mit weiteren Nachweisen
NFL	National Football League
NFLPA	National Football League Players Association
NJW	Neue Juristische Wochenschrift
NOFV	Nordostdeutscher Fußballverband
Nr.	Nummer
n.v.	nicht veröffentlicht
NZA	Neue Zeitschrift für Arbeitsrecht
OLG	Oberlandesgericht
RC	Royal Club
RdA	Recht der Arbeit
RFA	Restricted Free Agent
RG	Reichsgericht
RGZ	Entscheidungen des Reichsgericht in Zivilsachen
Rn.	Randnummer
Rspr.	Rechtsprechung
S.	Seite
SC	Sport Club
sid	Sport Informationsdienst
Slg.	Sammlung des Gerichtshofes der Europäischen Gemeinschaft
SpielO	Spielordnung
SpuRt	Zeitschrift für Sport und Recht

SV	Sport Verein
TSV	Turn und Spiel Verein
Tz.	Textziffer
TzBfG	Gesetz über Teilzeitarbeit und befristete Arbeitsverträge
u.a.	unter anderem
UCI	Union Cycliste Internationale
UEFA	Union des associations européennes de football
UFA	Unrestricted Free Agent
URBSFA	Union royal belge des sociétés des footballs associations
Urt.	Urteil
US	Union Sportive
vdv	Vereinigung der Vertragsfußballspieler
VfB	Verein für Ballsport
VfL	Verein für Leistungssport
v.H.	von Hundert
Vorb.	Vorbemerkung
WAZ	Westdeutsche Allgemeine Zeitung
WM	Weltmeisterschaft
z.B.	zum Beispiel

ZGB	Zivilgesetzbuch der Schweiz
Ziff.	Ziffer
ZIP	Zeitschrift für Wirtschaftsrecht und Insolvenzrecht

Arens, Wolfgang	Transferbestimmungen im Fußballsport im Lichte des Arbeits- und Verfassungsrechts, SpuRt 1994, S. 179 ff.
ders.	Der Fall Bosman – Bewertung und Folgerungen aus der Sicht des nationalen Rechts, SpuRt 1996, S. 39 ff.
ders.	Der deutsche Bosman – Anmerkungen zum Kienass-Urteil des BAG, SpuRt 1997, S. 126 ff.
ders./ Jaques, Chris	Rechtliche Überlegungen zu § 11 der Spielerverträge im Berufsfußball, SpuRt 1997, S. 41 ff.
Baumann, Wolfgang	Die Vereinsstrafgewalt des Deutschen Fußball-Bundes über die Bundesligavereine, Lizenzspieler und Fußball-Lehrer, Dissertation Bonn 1971
Baumbach, Adolf/ Hopt, Klaus J.	Kommentar zum Handelsgesetzbuch, 30. Auflage 2000
Becker, Friedrich Etzel, Gerhard Bader, Peter Fischermeier, Ernst Friedrich, Hans-Wolf Lipke, Gert-Albert Pfeiffer, Thomas Rost, Friedhelm Spilger, Andreas Michael Vogt, Norbert Weigand, Horst Wolff, Ingeborg	Gemeinschaftskommentar zum Kündigungsschutzgesetz und zu sonstigen kündigungsrechtlichen Vorschriften, 6. Auflage 2002
Bepler, Klaus	Lizenzfußballer: Arbeitnehmer mit Beschäftigungsanspruch, in: Sportler, Arbeit und Statuten, Herbert Fenn zum 65. Geburtstag, 2000, S. 43 ff.
Bleckmann, Albert	Die Freiheiten des Gemeinsamen Marktes als Grundrecht, in: Das Europa der zweiten Generation, Gedächtnisschrift für Christoph Sasse, Band II, 1981, S. 665 ff.

Buchberger, Markus	Das Verbandsstrafverfahren deutscher Sportverbände – zur Anwendbarkeit rechtsstaatlicher Verfahrensgrundsätze, SpuRt 1996, S. 122 ff., S. 157 ff.
Buchner, Herbert	Die Rechtsstellung der Lizenzspieler, NJW 1976, S. 2242 ff.
Burmeister, Joachim	Sportverband und Verfassungsrecht, DÖV 1978, S. 1 ff.
Dinkelmeier, Bernd	Das „Bosman"-Urteil des EuGH und seine Auswirkungen auf den Profifußball in Europa, Dissertation Würzburg 1999
Dolzer, Rudolf/ Vogel, Klaus/ Graßhof, Karin	Bonner Kommentar zum Grundgesetz, Stand: 100. Lieferung, Juni 2002
Dreier, Horst	Kommentar zum Grundgesetz, 1996
Engelbrecht, Georg	Sportgerichtsbarkeit versus ordentliche Gerichtsbarkeit, Anwaltsblatt 2001, S. 637 ff.
Epiney, Astrid	Umgekehrte Diskriminierung, 1995
Ernst, Rolf	Die Ausübung der Vereinsgewalt, Dissertation Köln 1969
Esser, Josef/ Schmidt, Eike	Schuldrecht, Band 1 Allgemeiner Teil, Teilband 2, 8. Auflage 2000
Fischer, Hans-Georg	EG-Freizügigkeit und bezahlter Sport, Inhalt und Auswirkungen des Bosman-Urteil des EuGH, SpuRt 1996, S. 34 ff.
Fischer, Ulrich	Die Spitzensportler des Mannschaftsports – Arbeitnehmer ?, SpuRt 1997, S. 181 ff.
Fritz, Jürgen/ Düll, Katharina	Zu den neuen FIFA-Transferregelungen, SpuRt 2002, S. 144 ff.
Fritzweiler, Jochen	Rechtsprechung zum Sportrecht in den Jahren 1999-2001, NJW 2002, S. 1014 ff.
ders./ Pfister, Bernhard/ Summerer, Thomas	Sportrecht, 1998

Füllgraf, Lutz	Der Lizenzfußball – Eine vertragliche Dreierbeziehung im Arbeitsrecht, Dissertation Kiel 1981
Galli, Albert	Rechtsformgestaltung und Lizenzierungspraxis im Berufsfußball: Die Situation in England, Italien und Spanien vor dem Hintergrund der Regelung in Deutschland, SpuRt 1998, S. 18 ff.
ders.	Lizenzvergabe durch den Deutschen Fußball Bund – Anforderungen an das externe Rechnungswesen der Vereine, SpuRt 1996, S. 79 ff.
Gitter, Wolfgang/ Schwarz, Wolfgang	Sport und Sozialversicherung, RdA 1982, S. 37 ff.
Grabitz, Eberhard (Hrsg.)	Kommentar zum EWG-Vertrag, 2. Auflage, 1989
Gramlich, Ludwig	Vertragsfreiheit für Sportler in EG-Mitgliedsstaaten am Beispiel Deutschland, SpuRt 2000, S. 89 ff.
Van der Groeben, Hans/ Thiesing, Jochen/ Ehlermann, Claus Dieter	Kommentar zum EU-/EG-Vertrag, 5. Auflage, 1997
Gutmann, Rolf	Schach, Sport und Europäischer Gerichtshof, SpuRt 1997, S. 38 ff.
Hasse, Horst/ Richard, Heinz/ Wagner, Horst	Berufsbildungsgesetz (BBiG), 3. Auflage, 1979
Hamm, Lars	Was tun nach „Bosman"?, AuA 1999, S. 450 ff.
Hilf, Meinhard	Die Freizügigkeit der Berufsfußballspieler innerhalb der Europäischen Gemeinschaft, NJW 1984, S. 517 ff.
ders./ Pache, Eckhard	Das Bosman-Urteil des EuGH, NJW 1996, S. 1169 ff.
Hobe, Stefan/ Tietje, Christian	Europäische Grundrechte auch für Profisportler? Stellungnahme zu Bosman, JuS 1996, S. 486 ff.

Hoyningen-Huene, Gerrick von	Sicherheiten im Arbeitsverhältnis, BB 1992, S. 2138 ff.
Jaensch, Michael	Die unmittelbare Drittwirkung der Grundfreiheiten: Untersuchung der Verpflichtung von Privatpersonen durch Art. 30, 48, 52, 59, 73b EGV, Dissertation Bonn 1996
Jarras, Hans D./ Pieroth, Bodo	Kommentar zum Grundgesetz für die Bundesrepublik Deutschland, 4. Auflage, 1997
Kania, Thomas	Betriebsräte in Lizenzfußballvereinen, SpuRt 1994, S. 121 ff.
Kelber, Markus	Die Transferpraxis beim Vereinswechsel im Profifußball auf dem Prüfstand, NZA 2001, S. 11 ff.
de Kepper, Christophe	EU-Sportrecht aktuell, SpuRt 2001, S. 11 ff.
ders.	Die Europäische Union und der Sport, in: Martin Schimke (Hrsg.), Sport in der Europäischen Union, 1996, S. 1 ff.
Kewenig, Wilhelm	Niederlassungsfreiheit, Freiheit des Dienstleistungsverkehrs und Inländerdiskriminierung, JZ 1990, S. 20 ff.
Kindler, Peter	Einseitige Verlängerungsoptionen im Arbeitsvertrag des Berufsfußballers, NZA 2000, S. 744 ff.
Klatt, Helmut	Die arbeitsrechtliche Stellung des Berufsfußballspielers, Dissertation Bielefeld 1976
Klingmüller, Angela/ Wichert, Joachim	Die Zulässigkeit von Ablösesummen für Vertraglich gebundene Profifußballspieler, SpuRt 2001, S. 1 ff.
König, Doris	Das Problem der Inländerdiskriminierung – Abschied von Reinheitsgebot, Nachtbackverbot und Meisterprüfung?, AöR 1993, S. 591 ff.
Krogmann, Mario	Grundrechte im Sport, Dissertation Hamburg 1997
Kühn, Rolf/ Hofmann, Dieter	Abgabenordnung, 17. Auflage, 1995

Küttner, Wolfdieter	Personalbuch 2002, 9. Auflage, 2002
Lenz, Carl Otto (Hrsg.)	Kommentar zum dem Vertrag zur Gründung der Europäischen Gemeinschaft, in der durch den Amsterdamer Vertrag geänderten Fassung, 2. Auflage, 1999
Lukes, Rudolf	Erstreckung der Vereinsgewalt auf Nichtmitglieder, in: Festschrift für Harry Westermann, 1974, S. 325 ff.
Malatos, Andreas	Berufsfußball im europäischen Rechtsvergleich, Dissertation Saarbrücken 1987
Maunz, Theodor/ Düring, Günter	Kommentar zum Grundgesetz der Bundesrepublik Deutschland, 39. Ergänzungslieferung, Stand: Juli 2001
Meyer-Cording, Ulrich	Die Arbeitsverträge der Berufsfußballspieler, RdA 1982, S. 13 ff.
Mümmler, Werner G.	Der Spielertransfer im Bundesligafußball, Dissertation Bayreuth 1982
von Münch, Ingo/ Kunig, Philipp	Grundgesetzkommentar, Band 1, Präambel, Art. 1 – 19, 5. Auflage, 2000
Münchener Handbuch zum Arbeitsrecht	2. Auflage, 2001
Münchener Kommentar zum Bürgerlichen Gesetzbuch	Band 1, 4. Auflage 2001; Band 4, 3. Auflage 1997
Nasse, Norbert	Wirksamkeit des § 11 der Fußballprofiverträge hinsichtlich Art. 48 EGV, Art. 12 GG und AGBG analog, SpuRt 1997, S. 45 ff.
ders.	Die freie Arbeitsplatzwahl des Fußballprofis, SpuRt 1999, S. 140 ff.
Nelhans, Joachim	Die Freizügigkeit der Arbeitnehmer in Europa, 1975
Niersbach, Wolfgang/ Michel, Rudi (Red.)	100 Jahre DFB: Die Geschichte des Deutschen Fußball Bundes, 1999
Osman, Gritt	Das Europäische Sportmodell, SpuRt 1999, S. 228 ff.

Osthoff, Karl-Heinz	Rechts- und sittenwidrige Entscheidungsbeschränkungen für Berufssportler, insbesondere für Lizenzfußballspieler, Dissertation Bochum 1983
Palandt, Otto	Kommentar zum Bürgerlichen Gesetzbuch, 61. Auflage 2002
Parensen, Andreas	Die Fußball-Bundesliga und das Bosman-Urteil, in: Walter Tokarski (Hrsg.), EU-Recht und Sport , 1998, S.70 ff.
Pfister, Bernhard	Das Bosman-Urteil des EuGH und das Kienass-Urteil des BAG, in: Walter Tokarski (Hrsg.), EU-Recht und Sport, 1998, S. 151 ff.
ders.	Anmerkungen zu BGH II ZR 11/94, JZ 1995, S. 461 ff., JZ 1995, S. 464 ff.
Plath, Kai-Uwe	Individualrechtsbeschränkungen im Berufsfußball, Dissertation Hamburg 1998
Preis, Bernd	Der Lizenzspieler im Bundesligafußball, Dissertation Berlin 1982
Preis, Ulrich	Grundfragen der Vertragsgestaltung im Arbeitsrecht, 1993
Reihe Alternativekommentare	Kommentar zum Grundgesetz der Bundesrepublik Deutschland in 2 Bänden, Gesamtherausgeber: Rudolf Wassermann, 1984
Renz, Gerhard	Freizügigkeit von Berufsfußballspielern innerhalb der Europäischen Gemeinschaft, in: Michael R. Will (Hrsg.), Sportrecht in Europa, 1993, S. 191 ff.
Reuter, Dieter	Die freie Wahl des Arbeitsplatzes – ein nicht realisierbares Grundrecht?, RdA 1973, S. 345 ff.
ders.	Das Recht auf Arbeit – ein Prinzip des Arbeitsrechts?, RdA 1978, S. 344 ff.
ders.	Rechtliche, wirtschaftliche und sportlicheAspekte der Ablösesumme, NJW 1983, S. 649 ff.

Roth, Philipp	Ablösesummen im Vertrags- und Amateursport, AuA 2001, S. 217 ff.
Ruhl, Marion/ Kassenbohm, Kristian	Der Beschäftigungsanspruch des Arbeitnehmers, NZA 1995, S. 497 ff.
Rüsing, Jörg/ Schmülling, Markus	Ersatzansprüche eines Profifußballvereins nach fristloser Kündigung eines vertragsbrüchigen Lizenzspielers, SpuRt 2001, S. 52 ff.
Samstag, Peter	Der Spielerwechsel im bezahlten Fußball, Dissertation Gießen 1970
Schaub, Günter	Arbeitsrechts-Handbuch, 9. Auflage, 2000
Schellhaß, Horst M.	Die Funktion der Transferentschädigung im Fußballsport, RdA 1984, S. 218 ff.
Schennen, Detlef	Die Verfassungsmäßigkeit von Ablösesummen im Berufsfußball, Dissertation Münster 1984
Schilling, Theodor	Gleichheitssatz und Inländerdiskriminierung, JZ 1994, S. 8 ff.
Schimke, Martin	Anmerkungen zur Entscheidung Nr. 01/98 des Rechtsausschusses des Deutschen Basketball Bundes vom 20.05.1998, SpuRt 1998, S. 209 f.
ders.	Sportrecht, 1996
Schmidt, Ludwig	Einkommensteuergesetz, 21. Auflage, 2002
Schmidt-Bleibtreu, Bruno/ Klein, Franz	Kommentar zum Grundgesetz, 8. Auflage, 1995
Scholz, Rupert/ Aulehner, Josef	Die 3+2 Regel und die Transferbestimmungen des Fußballsports im Lichte des europäischen Gemeinschaftsrechts, SpuRt 1996, S. 44 ff.
Schroeder, Werner	Anmerkungen zum Bosman-Urteil, JZ 1996, S. 254 ff.
Schwarz, Jürgen (Hrsg.)	Wirkung der Grundrechte zwischen Sportlern, Sportvereinigungen und Staat, Dissertation Bayreuth 1999

Söffing, Andreas — Bilanzierung und Abschreibung von Transferzahlungen im Lizenzfußball, BB 1996, S. 523 ff.

Stopper, Martin — Deutsche Rechtsprechung zu Transfer-Zahlungen seit „Bosman" – Übersicht und Kritik, SpuRt 2000, S. 1 ff.

Streinz, Rudolf — Europarecht, 2. Auflage, 1995

ders. — EG-Grundfreiheiten und Verbandsautonomie, SpuRt 2000, S. 221 ff.

ders. — Die Auswirkungen des EG-Rechts auf den Sport, SpuRt 1998, S. 1ff., 45 ff., 89 ff.

Ströfer, Joachim — „Berufsfußballspieler" als „Aktivposten" in den Steuerbilanzen der Bundesligavereine?, BB 1982, S. 1087 ff.

Taubert, Thomas — Jugend und Arbeit - Rechte und Pflichten als Minderjährige(r) in der Arbeitswelt -, 1995

Tipke, Klaus/ Kruse, Heinrich Wilhelm — Kommentar zur Abgabenordnung, 16. Auflage, 1996

Trommer, Hans-Ralph — Die Transferregelungen im Profisport im Lichte des „Bosman-Urteils" im Vergleich zu den Mechanismen im bezahltenamerikanischen Sport, Dissertation Bochum 1998

Tschöpe, Ulrich (Hrsg.) — Anwalts-Handbuch Arbeitsrecht, 2. Auflage, 2000

Vieweg, Klaus — Zur Einführung: Sport und Recht, JuS 1983, S. 825 ff.

Wank, Rolf — Das Recht auf Arbeit, 1980

ders. — Arbeitnehmer und Selbständige, 1988

ders. — Die „neue" Selbständigkeit, DB 1992, S. 90 ff.

ders. — Telearbeit, NZA 1999, S. 225 ff.

ders. — § 7 Abs. 1 und 4 SGB IV Was bleibt für Sozialrecht und Arbeitsrecht?, AuR 2001, S. 291 ff, S. 327 ff.

Weis, Hubert	Inländerdiskriminierung zwischen Gemeinschaftsrecht und nationalem Verfassungsrecht, NJW 1983, S. 2721 ff.
Weisemann, Ulrich/ Spieker, Ulrich	Sport, Spiel und Recht, 2. Auflage, 1997
Westerkamp, Georg	Ablöseentschädigungen im bezahlten Sport, Dissertation Münster 1980
Westermann, Harm Peter	Der Sportler als „Arbeitnehmer besonderer Art“ – Zur Durchführung von arbeitsrechtlichen Regelungen durch vereins- und verbandsautonome Bestimmungen, in: Reschke, Eike (Hrsg.) Sport als Arbeit, 1985, S. 35 ff.
Wertenbruch, Johannes	Der Lizenzspieler als Gläubigersicherheit im Konkurs eines Vereines der Fußball-Bundesliga, ZIP 1993, S. 1292 ff.

1. Teil
Einleitung

War der Fußballsport von wenigen Ausnahmen einmal abgesehen[1] bis Mitte der 90er Jahre für Juristen beruflich lediglich ein Randthema, so änderte sich dies schlagartig durch die Entscheidung des EuGH in der Sache Union royale des sociétés football association ASBL u.a. gegen Jean-Marc Bosman u.a.[2] am 16. Dezember 1995. Die Entscheidung gehört zu den wohl bekanntesten des EuGH, was sich nicht zuletzt durch die Anzahl der juristischen Veröffentlichungen dokumentieren lässt, die ihr gewidmet sind. Durch die „Bosman-Entscheidung“ rückte der Berufsfußball in den Mittelpunkt des politischen und juristischen Interesses. Hatte man bis dato den Berufsfußballspieler nur als Sportler wahrgenommen, der wie viele andere auch Fußball spielte, so legte man das Augenmerk nun mehr auf die Tatsache, dass ein Berufsfußballspieler Fußball eben zu seinem Beruf gemacht hatte und sich durch sein Spiel seinen Lebensunterhalt verdiente. Aufgrund dieser durch die Bosman-Entscheidung auf europäischer und durch die Kienass-Entscheidung[3] des BAG auf nationaler Ebene gewonnenen Erkenntnisse wurden die Umstände, unter denen ein Fußballspieler seine Arbeit zu verrichten hatte, sowohl für die Rechtswissenschaft als auch für die Politik interessant. Zwei Aspekte erregten bei beiden Gruppen gleichermaßen viel Aufmerksamkeit.

Dies war zum einen die Tatsache, dass es im Lizenzfußball üblich war, dass bei einem Vereinswechsel eines Spielers eine Transferzahlung vom aufnehmenden an den abgebenden Verein gezahlt wurde. Zum anderen war dies der Umstand, dass Fußballspieler zwar regelmäßige langjährige Verträge mit ihren Vereinen abschlossen, sich diese Verträge aber genauso regelmäßig als untauglich erwiesen einen Spieler bei seinem Verein zu halten, wenn er unbedingt wechseln wollte.

Den „politischen“ Stein ins Rollen brachte schließlich im Juli 2000 der Wechsel des portugiesischen Nationalspielers Luis Figo für eine festgeschriebene Ablösesumme in Höhe von 116 Mio. DM vom FC Barcelona zu Real Madrid[4]. Dieser Wechsel löste heftige Kritik von Seiten der EU-Kommission aus. Ende August 2000 erklärt der EU-Wettbewerbskommissar Mario Monti, dass die EU das praktizierte Ablösesystem für illegal halte, da dieses das Recht auf freie Arbeits-

---

1 Ins engere Blickfeld der Juristen trat der Lizenzfußball erstmalig 1972 durch den sog. „Bundesligaskandal“. Vgl. hierzu ausführlich: Rauball, Der Bundesligaskandal, S. 9 ff..

2 EuGH, Rs. C-415/93, Bosman, Slg. I-1995, S. 4921 ff..

3 BAG, NZA 1997, S. 647 ff..

4 WAZ vom 26. Juli 2000, http://www.waz.de.

platzwahl der Lizenzfußballer behindere[5]. Die EU drohte den Fußballverbänden damit, das Ablösesystem abzuschaffen, wenn nicht von Seiten der Verbände Reformen in Angriff genommen werden würden. Unter dem Druck der EU kam es dann am 6. März 2001 zu einer Grundsatzerklärung der FIFA, die im Juli 2001 in den neu verabschiedeten Statuten der FIFA betreffend Status und Transfer von Spielern mündete.

Dieses Statut ist Gegenstand der vorliegenden Arbeit. Im Mittelpunkt stehen dabei die beiden Säulen des neuen Transferstatutes: Die Ausbildungsentschädigung für junge Spieler[6] und die Regelungen zur Wahrung der Vertragsstabilität[7].

Diese Neuregelungen betreffen den Kernpunkt der Kritik, den die EU-Kommission gegenüber dem alten System äußerte. Insbesondere die Regelungen zur Ausbildungsentschädigung greifen dabei einen alten Streitpunkt auf, mit dem sich bereits der EuGH in seiner Entscheidung in Sachen Bosman zu beschäftigen hatte. Dieser Streitpunkt betrifft die Frage, inwieweit Ablösezahlungen als Ausbildungskosten zu rechtfertigen sind[8]. Bereits die UEFA hatte in der Bosman-Entscheidung argumentiert, dass Ablösezahlungen letztlich lediglich dem Ausgleich von Ausbildungskosten dienten und von daher keinen Einfluss auf die freie Arbeitsplatzwahl eines Lizenzspielers haben könnten[9].

Vor der Auseinandersetzung mit dieser Frage ist es im 2. Teil der Arbeit zunächst nötig, die Strukturen des europäischen Vereinsfußballes herauszuarbeiten, wobei hier der Position des Lizenzfußballspielers in der Bundesrepublik Deutschland im Geflecht zwischen Verein und Verband eine besondere Aufmerksamkeit zuteil wird.
Im 3. Teil der Arbeit werden die Transferregelungen im Lizenzfußball von ihren Anfängen an bis zu den Änderungen, welche die Bosman-Entscheidung hervorbrachte, näher erläutern. Einen Schwerpunkt bilden hierbei die Entscheidung des EuGH in Sachen Bosman und die des BAG in Sachen Kienass.

Sowohl die Erläuterungen im 2. Teil als auch die in Teil 3 dienen letztlich dem Ziel, die Änderungen, welche die FIFA aufgrund ihrer Neuregelungen im Bereich der Spielertransfers vorgenommen hat, unter Berücksichtigung der aktuellen Rechtsprechung kritisch beurteilen zu können. Teil 4 dieser Arbeit beleuchtet die Neuregelungen im Detail und beschäftigt sich mit der Frage, ob diese Re-

---

5 WAZ vom 31. August 2000, http.://www.waz.de.
6 Art. 13 ff. Transfer-Statuten/FIFA, Anlage 2.
7 Art. 21 ff. Transfer-Statuten/FIFA, Anlage 2.
8 EuGH, Rs. C-415/93, Bosman, Slg. I-1995, S. 4921, 5071 ff..
9 EuGH, Rs. C-415/93, Bosman, Slg. I-1995, S. 4921, 4974 ff..

gelungen gemessen an der Rechtsprechung des EuGH und des BAG sowohl in Europa als auch in Deutschland Bestand haben können.

Im 5. Teil der Arbeit wird ein Ausblick in die Zukunft des Lizenzfußballs unter Anwendung der Neuregelungen gegeben und versucht, insbesondere auf Schwierigkeiten aus dem fußballerischen Alltag hinzuweisen. Im Rahmen einer Betrachtung von Möglichkeiten zur Umsetzung der Neuregelungen werden Varianten aufgezeigt, die den Interessen aller Beteiligten nahe kommen.

Der 6. Teil schließlich bleibt der Schlussbetrachtung vorbehalten.

2. Teil
Die Organisation des Lizenzfußballs

Der Fußballsport ist international. Dies gilt nicht nur für die Spieler und Vereine, sondern auch für die beteiligten Verbände. Der Deutsche Fußballbund (DFB) ist sowohl Mitglied der Fédération Internationale de Football Association (FIFA) als auch der Union des associations européennes de football (UEFA)[10]. Als Mitglied dieser internationalen Verbände ist der DFB verpflichtet ihre Satzungen zu beachten, dies gilt insbesondere für die Regelungen für den Vereinswechsel von Lizenzspielern[11]. Da somit sowohl FIFA als auch UEFA Einfluss auf das Verhältnis Verband-Spieler-Verein innerhalb der Bundesrepublik Deutschland ausüben, ist es nötig ihre Strukturen zu erläutern.

A. Fédération Internationale de Football Association (FIFA)

Die Fédération Internationale de Football Association (FIFA) ist der internationale Zusammenschluss der nationalen Fußballverbände.

I. Historische Entwicklung

Die FIFA wurde am 21. Mai 1904 in Paris durch die Vertreter sieben nationaler Sportverbände gegründet[12]. Das Mutterland des Fußballs, England, beteiligte sich nicht an der Gründung der FIFA. Der Deutsche Fußballbund (DFB) war am Gründungsakt selbst nicht beteiligt, beantragte aber noch am 21. Mai telegrafisch seine Aufnahme. Der Franzose Robert Guérin war der erste FIFA-Präsident. Im April 1905 traten das Exekutiv-Komitee der Fußballverbände, eine Gesellschaft nach englischem Recht, und Vertreter des englischen Fußballverbandes der FIFA bei und sorgten somit dafür, dass der internationale Fußball allein durch die FIFA repräsentiert wurde, was zuletzt auch durch die Mitgliedschaft der ersten außereuropäischen Fußballverbände deutlich wurde[13] . Noch vor dem Ersten Weltkrieg gelang es der FIFA, einheitliche Regeln für den Fußballsport einzuführen, die teilweise heute noch in Kraft sind. Nach dem Ersten Weltkrieg hatte sich die Mitgliederzahl der FIFA auf 20 verringert, wobei so wichtige Nationalverbände wie der englische und der brasilianische die Mitgliedschaft verweigerten[14]. Dem Franzosen Jules Rimet, dem dritten FIFA-Präsidenten, gelang es schließlich 1930 die erste Fußballweltmeisterschaft in Uruguay zu organisieren. Er steuerte die FIFA durch die schwierigen Jahre des

---

10 § 3 Abs. 1 und Abs. 2 Satzung/DFB.

11 § 3 Abs. 1 Satzung/DFB.

12 Für Spanien unterzeichnete der Fußball Club Madrid.

13 Als erster Verband trat der Fußballverband von Südafrika 1909 der FIFA bei.

14 England war kurz nach dem 1. Weltkrieg wieder ausgetreten.

Zweiten Weltkrieges und sorgte dafür, dass sich ein ähnlicher Aderlass wie 1918 nach Ende des Zweiten Weltkrieges 1945 nicht wiederholte[15]. Seit 1950 veranstaltet die FIFA regelmäßig alle vier Jahre eine Fußballweltmeisterschaft. Die FIFA versteht sich nicht als bloße Organisatorin des internationalen Fußballsports, sondern auch als Vermittlerin zwischen den Völkern[16]. Die FIFA, die durch die einzelnen Nationalverbände über 200 Millionen Mitglieder weltweit hat, ist heute nicht nur im Sport ein wichtiger Partner, sondern hat auch großen gesellschaftlichen und politischen Einfluss und war zudem bei den Verhandlungen mit der EU-Kommission bezüglich der Grundsätze über internationale Transfers ein wichtiger Partner.

II. Die Struktur der FIFA

1. Aufbau und Organisation

Die FIFA ist ein Verein im Sinne des Art. 60 des Schweizerischen Zivilgesetzbuches (ZGB)[17]. Sie hat ihren Sitz in Zürich/Schweiz. Mitglieder der FIFA sind die ihr angeschlossenen und durch sie anerkannten Verbände[18]. Mit Ausnahme der vier britischen Fußballverbände[19] erkennt die FIFA in jedem Land nur einen Verband an[20].

Gemäß Art. 9 Statuten/FIFA können sich die nationalen Mitgliedsverbände, die geographisch dem gleichen Kontinent angehören, zu anerkannten Konföderationen zusammenschließen, welche selbst nicht Mitglieder der FIFA sind. Die FIFA erkennt sechs solcher Konföderationen an[21]. Die europäische Konföderation ist die UEFA[22].

Zweck der FIFA ist die Förderung des Fußballsports in jeder erdenklichen Weise[23]. Aus diesem Grund überwacht sie den Fußballsport weltweit in all seinen Formen. Die FIFA sanktioniert nicht nur Regelverstöße gegen den Fußballsport, sondern sie bestraft auch von ihr nicht gebilligte gesellschaftliche Auswüchse, wie z.B. Rassendiskriminierung[24].

15 Rimet ist es zu verdanken, dass England sich 1946 wieder der FIFA anschloss.
16 1991 gelang es Dr. Havelange, die VR China zum Beitritt zu bewegen.
17 Art. 1 Abs. 1 Statuten/FIFA.
18 Art. 1 Abs. 2 Statuten/FIFA.
19 England, Schottland, Wales, Nordirland, vgl. Art. 1 Abs. 4 Statuten/FIFA.
20 Art. 1 Abs. 3 Statuten/FIFA.
21 Art. 9 Abs. 1 lit a-f Statuten/FIFA.
22 Zu ihr 2. Teil, B.
23 Art. 2 Abs. 1 Statuten/FIFA.
24 Art. 2 Abs. 3 Statuten/FIFA.

2. Die Organe der FIFA und ihre Aufgaben

a) Allgemeines

Die FIFA kennt gemäß Art. 10 Statuten/FIFA die folgenden Organe:

- den Kongress (Art. 11 ff. Statuten/FIFA)
- das Exekutivkomitee (Art. 19 ff. Statuten/FIFA)
- die ständigen und die Ad-hoc-Komissionen (Art. 23 ff. Statuten/FIFA)
- das Generalsekretariat (Art. 46 ff. Statuten/FIFA)

Die FIFA kennt insgesamt 19 ständige Kommissionen[25], die sich allesamt mit organisatorischen bzw. verbandspolitischen Aufgaben befassen. Die Palette reicht von der Finanzkommission bis zum Marketing- und Fernsehausschuss. Das Generalsekretariat ist ein ständiges administratives Organ der FIFA[26] und wird vom Generalsekretär geleitet[27]. Da sowohl die Kommissionen, als auch das Generalsekretariat keinen direkten Einfluss auf die Ausgestaltung des Transfer-Reglements haben, soll nachfolgend nur auf die beiden Organe eingegangen werden, die einen direkten Einfluss darauf besitzen.

b) FIFA-Kongress

Die höchste Autorität der FIFA ist der Kongress, der alle 2 Jahre tagt[28]. Jeder Verband verfügt, unabhängig von seiner Größe, über eine Stimme, die Konföderationen sind befugt, sich durch drei Beobachter vertreten zu lassen[29]. Der Kongress entscheidet über Änderungen der Statuten, der Ausführungsbestimmungen zu den Statuten und der Geschäftsordnung[30]. Der Kongress ist des Weiteren zuständig für die Wahl des Präsidenten der FIFA[31], für die Verabschiedung des Budgets und die Aufnahme neuer Mitglieder.

---

25 Art. 23 Abs. 1 lit a-t Statuten/FIFA.
26 Art. 46 Abs. 1 Statuten/FIFA.
27 Art. 47 Abs. 1 Statuten/FIFA.
28 Art. 11 Abs. 1 Statuten/FIFA.
29 Art. 12 Abs. 1 Statuten/FIFA.
30 Art. 15 Abs. 1 Statuten/FIFA.
31 Art. 16 Abs. 3 Statuten/FIFA.

c) FIFA-Exekutivkomitee

Das Exekutivkomitee besteht aus dem Präsidenten der FIFA, den 7 Vizepräsidenten und 16 weiteren Mitgliedern. Die Vizepräsidenten und die weiteren Mitglieder werden von den Konföderationen gewählt[32]. Das Exekutivkomitee ist das ausführende Organ der FIFA und entscheidet in allen Fällen, die nicht in den Zuständigkeitsbereich des Kongresses fallen[33]. Es tritt im Prinzip zweimal pro Jahr zusammen[34].

Neben der Vergabe der Fußballweltmeisterschaft[35] ist die Ausarbeitung des Reglements bezüglich des Status und des Transfers von Spielern die wohl wichtigste Aufgabe des Exekutivkomitees[36]. Insofern waren Vertreter des Exekutivkomitees auch an den Verhandlungen mit der EU-Kommission bezüglich der Änderung des Transfer-Reglements beteiligt[37].

B. Union des associations européennes de football (UEFA)

Die Union des associations européennes de football (UEFA) ist der europäische Zusammenschluss der in Europa ansässigen nationalen Fußballverbände.

I. Historische Entwicklung

Die UEFA wurde am 15. Juni 1954 kurz vor Beginn der Fußballweltmeisterschaft in Basel gegründet. Der Gründungskongress fand am 2. März 1955 in Wien statt. Der Grund für die zeitlich sehr späte Gründung im Verhältnis zur FIFA und zum DFB ist darin zu sehen, dass die FIFA erst auf einem außerordentlichen Kongress in Paris im Jahre 1953 durch eine Satzungsänderung den Zusammenschluss von nationalen Verbänden zu kontinentalen Konföderationen ermöglicht hat. Über die Jahre wuchs die UEFA zu dem wichtigsten Kontinentalverband unter dem Dach der FIFA. Die UEFA zählt 51 nationale Verbände zu ihren Mitgliedern[38]. Seit 1955 führt die UEFA die europäischen Pokalwettbewerbe durch und seit 1958 die Fußball-Europameisterschaft[39].

---

32 Art. 19 Abs. 3 Statuten/FIFA, die vier britischen Verbände sind die einzigen Nationalverbände die direkt einen Vizepräsidenten wählen können.

33 Art. 20 Abs. 1 Statuten/FIFA.

34 Art. 20 Abs. 2 Statuten/FIFA.

35 Art. 20 Abs. 10 Statuten/FIFA.

36 Art. 61 Abs. 2 Statuten/FIFA.

37 de Kepper, SpuRt 2001, S. 11; WAZ vom 6. März 2001, http://www.waz.de.

38 Z.Zt. werden Verhandlungen mit dem nationalen Verband von Kasachstan geführt.

39 Die EM wurde 1958 als sog. Europäischer Nationencup eingeführt.

II. Die Struktur der UEFA

1. Aufbau und Organisation

Die UEFA ist ein im Handelsregister eingetragener Verein im Sinne von Art. 60 ff. ZGB.[40] Sie ist parteipolitisch und konfessionell neutral[41] und hat ihren Sitz in der Schweiz[42].

Gemäß Art. 2 der UEFA-Statuten bezweckt die UEFA allgemein die Förderung des europäischen Fußballs, die Sicherung der Einheit in Fragen des europäischen und des Weltfußballs unter ihren Verbänden und sorgt dafür, dass ihre Vertreter in der FIFA loyal im Geiste europäischer Solidarität handeln[43]. Auch gehört es zu ihren Aufgaben die Kontakte und die Zusammenarbeit mit der FIFA und den übrigen von ihr anerkannten Konföderationen zu fördern[44].

Mitglied können europäische Verbände werden, die in ihrem Gebiet für die Organisation und Durchführung des Fußballsports verantwortlich sind[45], wobei mit dem Einverständnis der FIFA Ausnahmen von dieser Regel gemacht werden können[46].

Die Mitgliederverbände haben das Recht, ihre Vereins- und Nationalmannschaften an den von der UEFA veranstalteten internationalen Wettbewerben teilnehmen zu lassen[47]. Die Mitgliedsverbände sind verpflichtet die Beschlüsse, Statuten und Regeln der UEFA zu befolgen und diese in ihre Statuten aufzunehmen[48].

---

40 Art. 1 Abs. 1 Statuten/UEFA.
41 Art. 1 Abs. 1 Statuten/UEFA.
42 Art. 1 Abs. 2 Statuten/UEFA.
43 Art. 2 Statuten/UEFA.
44 Art. 2 Statuten/UEFA.
45 Art. 5 Abs. 1 Statuten/UEFA.
46 Der israelischen Fußballverband ist Mitglied der UEFA.
47 Art. 7 Abs. 1 Statuten/UEFA.
48 Art. 7 Abs. 3 Statuten/UEFA.

2. Die Organe der UEFA und ihre Aufgaben

a) Allgemeines

Der Art. 11 der UEFA-Statuten sieht folgende Organe vor:

- Kongress (Art. 12 ff.)
- Exekutivkomitee (Art. 21 ff.)
- Generaldirektor (Art. 30 ff.)
- Rechtspflegeorgane (Art. 32 ff.)

Die Rechtspflegeorgane sind für die Rechtspflegeordnung[49] der UEFA zuständig und haben die Möglichkeit, Disziplinarmaßnahmen gegen Verbände, Vereine und einzelne Spieler im Rahmen der europäischen Wettbewerbe zu verhängen. Der Generaldirektor ist das oberste vom Exekutivkomitee mit der operativen Geschäftsführung betraute Organ[50]. Für den Transfer von Lizenzspielern im Rahmen der UEFA spielen lediglich der Kongress und das Exekutivkomitee eine Rolle, so dass sich die Darstellung auf diese beiden beschränkt.

b) UEFA-Kongress

Der Kongress ist das oberste Organ der UEFA[51]. Jeder Verband hat eine Stimme[52]. Grundsätzlich wird mit einfacher Mehrheit abgestimmt, lediglich die Satzungsänderung bedarf einer 2/3-Mehrheit[53]. Der ordentliche UEFA-Kongress findet in der Regel alle 2 Jahre vor dem FIFA-Kongress statt[54]. Der Kongress hat für die Belange der UEFA als oberstes Organ eine Allzuständigkeit. Er wählt den UEFA-Präsidenten und die Mitglieder des Exekutivkomitees. Beschlüsse des Kongresses sind für alle Verbände verbindlich und treten automatisch drei Monate nach dem Ende des Kongresses in Kraft[55].

---

49 Art. 51 ff. Statuten/UEFA.
50 Art. 30 Statuten/UEFA.
51 Art. 12 Abs. 1 Statuten/UEFA.
52 Art. 18 Abs. 1 Statuten/UEFA.
53 Art. 18 Abs. 4 Statuten/UEFA; Die Auflösung der UEFA müsste mit 4/5 Mehrheit beschlossen werden.
54 Art. 13 Abs. 1 Statuten/UEFA.
55 Art. 20 Statuten/UEFA.

c) UEFA-Exekutivkomitee

Das Exekutivkomitee führt die Geschäfte der UEFA, soweit es die Geschäftsführung nicht übertragen hat oder diese durch die Statuten nicht an den Generaldirektor oder an die Administration übertragen sind[56]. Das Exekutivkomitee kann in allen Angelegenheit Beschluss fassen, die nicht nach Gesetz oder Statuten dem Kongress oder einem anderen Organ zugeteilt sind[57] . Das Exekutivkomitee setzt sich aus dem Präsidenten und dreizehn Mitgliedern zusammen[58]. Die wichtigsten, ihm durch Satzung zugewiesenen Aufgaben sind die Oberleitung der UEFA und die Erteilung der nötigen Weisungen, die Festlegung der Organisation sowie die Ernennung bzw. Abberufung des Generaldirektors[59]. Neben den einzelnen Kongressen ist es somit das bedeutendste Organ der UEFA. Als solches war es maßgeblich an den Verhandlungen mit der EU-Kommission über die Änderung des Transfer-Reglements im Rahmen der FIFA/UEFA Task Force beteiligt, jener Kommission, die die Verhandlungen mit der EU-Kommission für die UEFA und die FIFA geführt hat[60].

C. Der Deutsche Fußballbund (DFB)

I. Historische Entwicklung[61]

Der DFB wurde am 28. Januar 1900 von 86 Vereinen im Leipziger Mariengarten gegründet. Der Gründung des DFB gingen im späten 19. Jahrhundert die Gründung zahlreicher Regionalverbände voraus[62]. Erster DFB-Präsident wurde Prof. Dr. Ferdinand Hueppe. 1903 führte der DFB die erste deutsche Fußballmeisterschaft durch. Der VfB Leipzig war der erste deutsche Fußballmeister[63]. 1906 übernahm der DFB auf Verlangen der FIFA die englischen Spielregeln. Am 4. April 1908 fand in Basel das erste Länderspiel der deutschen Nationalmannschaft gegen die Schweiz statt[64]. Ein Antrag des englischen Fußballverbandes im Jahre 1920, den DFB aufgrund des Ersten Weltkrieges aus der FIFA auszuschließen, fand bei der FIFA keine Mehrheit. 1924 trat der DFB dem deutschen Sportbund (DSB) bei. 1938 wurden die Fußballvereine von Österreich und dem Sudetenland dem „Fachamt Fußball“[65] angegliedert. Am 1. Juli 1940

---

56 Art. 23 Abs. 2 Statuten/UEFA.
57 Art. 23 Abs. 1 Statuten/UEFA.
58 Art. 21 Abs. 1 Statuten/UEFA.
59 Art. 24 Abs. 1 Statuten/UEFA.
60 de Kepper, SpuRt 2001, S. 11; WAZ vom 6. März 2001, http://www.waz.de.
61 Niersbach/Michel, 100 Jahre DFB, S. 16 ff..
62 Der Westdeutsche Spielverband wurde am 23. Oktober 1898 in Düsseldorf gegründet.
63 Die Leipziger besiegten den DC Prag 7:2 im Endspiel.
64 Schweiz – Deutschland 3:2.
65 Während der Nazi-Diktatur übernahm das Fachamt die Aufgaben des DFB.

wurde der DFB aufgelöst. Im November 1945 beschloss das Exekutivkomitee der FIFA, dass sportliche Beziehungen zu Deutschland nicht aufrecht erhalten werden können. Am 21. Januar 1950 wurde der DFB in Stuttgart rechtsverbindlich wiedergegründet. Auf Betreiben des englischen Fußballverbandes hob die FIFA - ebenfalls 1950 - ihren Boykott gegen Deutschland auf. Ein von der Schweiz für den DFB gestellter Antrag auf Wiederaufnahme in die FIFA vom gleichen Jahr, wurde allerdings vertagt. Statt dessen nahm die FIFA den Saarländischen Fußballbund auf. Der DFB verlegte 1950 seinen Sitz nach Frankfurt am Main und verabschiedete das Vertragsspielerstatut. Bei der Fußballweltmeisterschaft 1954 in der Schweiz wurde Deutschland erstmals Weltmeister. 1956 wurde der Saarländische Fußballverband, der bis dahin selbständig war, als 16. Landesverband in den DFB aufgenommen. In Berlin wurde 1958 der Deutsche Fußballverband der DDR gegründet (DFV). 1963 wurde die 1. Fußball-Bundesliga als neue höchste Spielklasse eingeführt, sie löste die alten Oberligen ab. Mit der Saison 1974/1975 wurde die 2. Fußball-Bundesliga als zweit höchste Spielklasse eingeführt. Am 20. November 1990 löste sich der DFV in Leipzig auf, gleichzeitig wurde der Nordostdeutsche Fußballverband (NOFV) gegründet. Der neugebildete Regionalverband trat am 21. November 1990 dem DFB bei. Am 19. Dezember 1990 fand das erste Länderspiel einer gesamtdeutschen Nationalmannschaft seit dem 2. Weltkrieg in Stuttgart gegen die Schweiz statt. 1998 änderte der DFB seine Satzung und gibt Profivereinen seitdem die Möglichkeit, sich in Kapitalgesellschaften umzuwandeln. Im Juli 2001 hat der DFB die Liga - Fußballverband e.V. (Ligaverband) gegründet, die die Interessen der Lizenzvereine wahrnimmt und Mitglied im DFB ist[66].

II. Die Struktur des DFB

1. Aufbau und Organisation

Der Deutsche Fußballbund ist als Dachverband der Zusammenschluss der Regional- und Landesverbände, in denen Fußballsport betrieben wird, sowie des Ligaverbandes[67]. Er ist als eingetragener Verein eine juristische Person des Privatrechts im Sinne der §§ 55 ff., 21 BGB. Der DFB ist der einzige Fachverband für den Fußballsport in Deutschland[68]. Oberster Grundsatz des DFB ist die Ausübung des Fußballspiels in Amateurspielklassen und Lizenzligen[69]. Als Verein unterliegt der DFB dem Schutz des Art. 9 Abs. 1 GG, wonach Tätigkeiten, die der Sicherung seiner Existenz- und Funktionsfähigkeiten dienen, vor staatlichen

66 § 16 Satzung/DFB. Siehe auch Präambel Satzung/DFB.

67 Präambel Satzung/DFB; Zum Dachverband: Palandt/Heinrichs, Einf. v. § 21, Rn. 20.

68 Galli, SpuRt 1998, S. 19; Zum sog. „Ein Platz Prinzip“: BGH, NJW 1975, S. 774 f.; Vieweg, JuS 1983, S. 826.

69 Präambel Satzung/DFB.

Eingriffen geschützt sind[70], und er hat das Recht, über seine eigene Organisation und das Verfahren seiner Willensbildung selbst zu bestimmen[71].

Die Mitglieder des DFB unterteilen sich in ordentliche Mitglieder und Ehrenmitglieder (z.B. Ehrenpräsident)[72]. Ordentliche Mitglieder sind die Regional- und Landesverbände sowie der Ligaverband[73]. Die Vereine bzw. Kapitalgesellschaften der Lizenzligen waren bis zur Gründung des Ligaverbandes außerordentliche Mitglieder des DFB[74].

Neben der Satzung, die die Grundstruktur des DFB festlegt, sind die Spielordnung und das Lizenzspielerstatut die beiden wichtigsten vereinsinternen Regelungen für die Lizenzvereine der 1. und 2. Bundesliga. Neben diesen beiden Regelungen verfügt der DFB noch über eine Vielzahl anderer verbandsrechtlicher Ordnungen. Rechtsgrundlage für alle, vom DFB erlassenen Vorschriften, ist § 6 Satzung/DFB. Seit Gründung des Ligaverbandes ist dieser gemäß § 16 ff. Statuten/DFB für die Belange der Lizenzligen zuständig, wobei die Statuten des DFB für diesen einen Regelungsvorbehalt normieren[75].

2. Die Organe des DFB und ihre Aufgaben

a) Allgemeines

Gemäß § 19 Satzung/DFB verfügt der DFB über die folgenden Organe:

- Bundestag (§§ 20 ff. Satzung/DFB)
- Beirat (§§ 57 ff. Satzung/DFB)
- Vorstand (§§ 31 ff. Satzung/DFB)
- Präsidium (§§ 33 Satzung/DFB)
- Bundesausschüsse (§§ 47 ff. Satzung/DFB)
- Rechtsorgane (§§ 38 ff. Satzung/DFB)

Da seit Juli 2001 die Belange der Lizenzligen unmittelbar vom Ligaverband wahrgenommen werden und dieser eine eigene Rechtspersönlichkeit hat, wird im folgendem nur kurz auf die Organe des DFB eingegangen. Im Anschluss

---

70 Jarass/Pieroth, Art. 9 GG, Rn. 9.

71 Jarass/Pieroth, Art. 9 GG, Rn. 9; Buchberger, SpuRt 1996, S. 122.

72 Der ehemalige DFB-Präsident Egidius Braun wurde auf dem DFB-Bundestag 2001 in Magdeburg zum Ehrenpräsidenten ernannt.

73 § 7 Nr. 2 lit. a und lit. b Satzung/DFB.

74 § 7 Nr. 3 Satzung/DFB a.F..

75 § 6 Ziffer 2 lit. b Satzung/DFB.

folgt eine kurze Darstellung des ehemaligen Ligaausschusses, der bis Juli 2001 die Belange der Lizenzvereine repräsentierte.

b) Der Bundestag

Der Bundestag wird alle drei Jahre vom DFB abgehalten[76]. Ihm steht die Beschlussfassung in allen Bundesangelegenheiten zu, soweit diese nicht durch Satzung anderen Organen des DFB übertragen wurden[77]. Der Bundestag wählt neben dem Präsidenten auch alle übrigen Ausschussvorsitzenden und bestimmt über die Satzung und die Ordnungen[78]. Das Präsidium nimmt die Aufgaben des DFB nach § 4 Satzung/DFB wahr, soweit diese keinem anderen Organ übertragen worden sind[79]. Er vertritt den DFB nach außen und innen[80]. Vertreter im Sinne des § 26 BGB sind der Präsident, die gleichberechtigten 1. Vizepräsidenten, der Schatzmeister und der Generalsekretär[81].

c) Der Beirat

Der Beirat besteht aus den Mitgliedern des Präsidiums und des Vorstandes, den Mitgliedern des Ligavorstandes und den Vorsitzenden der Mitgliedsverbände, den Ausschussvorsitzenden, soweit diese nicht im Vorstand sitzen, und je fünf weiteren Vertretern des Ligaverbandes aus der 1. und 2. Bundesliga[82]. Der Beirat ist zuständig zur Beratung von Angelegenheiten grundsätzlicher sport- und gesellschaftspolitischer Bedeutung[83]. In diesem Aufgabenkreis fasst er Entschließungen zur Behandlung im Vorstand und im Präsidium[84].
Bis zur Gründung des Ligaverbandes im Juli 2001, war der Beirat für die Änderungen des Lizenzspielerstatuts zuständig und hatte somit direkten Einfluss auf die Situation der Lizenzfußballer in den Bundesligen[85].

---

76 § 20 Nr. 1 Satzung/DFB.
77 § 24 Nr. 1 Satzung/DFB.
78 § 24 Nr. 2 Satzung/DFB.
79 § 34 Nr. 2 Satzung/DFB.
80 § 34 Nr. 1 Satzung/DFB.
81 § 34 Nr. 2 Satzung/DFB.
82 § 57 Nr. 1 Satzung/DFB.
83 § 58 Nr. 1 Satzung/DFB.
84 § 58 Nr. 1 Satzung/DFB.
85 § 31 Nr. 3 Satzung/DFB a. F..

d) Der Liga-Ausschuss

Der Liga-Ausschuss war der Vorgänger des Ligaverbandes[86] und vertrat bis zu dessen Gründung im Juli 2001 innerhalb des DFB die Interessen der Lizenzvereine[87]. Er war ein Organ des DFB und hatte dessen Interessen bei seiner Amtsführung zu berücksichtigen[88]. Der Liga-Ausschuss entschied über die Lizenzvergabe für Vereine der 1. und 2. Bundesliga sowie für Spieler[89]. Er entschied ebenso über die Spielerlaubnis für einen Spieler mit Bezug auf einen bestimmten Verein und über Anträge und Einsprüche zur Transferliste[90].

D. Die Liga – Fußballverband e.V. (Ligaverband)[91]

Die Liga – Fußballverband (Ligaverband) – so ihre offizielle Bezeichnung[92] - ist seit April 2001 der Zusammenschluss der Lizenzvereine der 1. und 2. Bundesliga. Der Ligaverband hat seine Sitz in Frankfurt am Main[93]. Der Ligaverband ist der einzige Gesellschafter der Deutschen Fußball Liga GmbH (DFL), die das operative Geschäfte des Verbandes führt[94].

I. Historische Entwicklung

Bereits 1998 gab es innerhalb des DFB erste Überlegungen zu einer Strukturreform des Verbandes. Diese Überlegungen führten zur Bildung einer Kommission, die damit beauftragt war, Modelle für diese Strukturreform zu entwickeln. Am 20. Mai 1999 wurde der Abschlussbericht der Kommission den Lizenzvereinen vorgestellt und von diesen einstimmig verabschiedet. Am 30. September 2000 beschloss der DFB auf einem außerordentlichen Bundestag in Mainz die Satzung des Ligaverbandes und den Grundlagenvertrag, der die Beziehung zwischen DFB und Ligaverband regelt. Am 18. Dezember 2000 wurden auf der Gründungsversammlung des Ligaverbandes die 12 Vorstandsmitglieder durch die 36 Lizenzvereine gewählt. Am 23. Februar 2001 wurde der Ligaverband in das Vereinsregister eingetragen. Fünf Tage später, am 28. Februar 2001, beschlossen die Mitglieder des Ligaverbandes die Gründung der Deutschen Fußball Liga GmbH, der DFL. Diese wurde am 9. April 2001 ins Handelsregister

---

86 Zu ihm siehe 2. Teil, D.
87 Siehe § 47 Satzung/DFB a. F..
88 § 47 Satzung/DFB a. F. i.V.m. § 14 Nr. 1 LSt a.F..
89 § 14 Nr. 2 LSt a.F..
90 § 14 Nr. 2 LSt a.F..
91 Zur Beziehung Lizenzspieler – Ligaverband siehe 2. Teil, F; zur Beziehung Lizenzverein – Ligaverband siehe 2. Teil, H.
92 § 1 Abs. 1 Satzung/Ligaverband.
93 § 1 Abs. 2 Satzung/Ligaverband.
94 Hierzu ausführlich: Präambel des Gesellschaftsvertrages der DFL.

eingetragen. Am 28. April 2001 wählte der DFB Bundestag in Magdeburg 10 Vertreter des Ligaverbandes zu Vorstandsmitgliedern des DFB. Mit diesem letzten Akt ist die Bundesliga im 38. Jahr seit ihrer Gründung im Jahre 1963 selbständig geworden.

II. Die Struktur der Liga - Fußballverband e.V. (Ligaverband)"

1. Aufbau und Organisation

Der Ligaverband ist der Zusammenschluss der lizenzierten Vereine und Kapitalgesellschaften der 1. und 2. Bundesliga, die bis zum 28. April 2001 als außerordentliche Mitglieder dem DFB unmittelbar angehörten. Wichtigste Aufgabe des Ligaverbandes ist es, die ihm zur Nutzung vom DFB exklusiv überlassenen Vereinseinrichtungen 1. und 2. Bundesliga zu betreiben, in Wettbewerben der Lizenzligen den deutschen Fußballmeister des DFB und die Teilnehmer an den internationalen Wettbewerben zu ermitteln. Der Ligaverband beteiligt sich aktiv an der Entwicklung, Betreuung und Förderung des gesamten Fußballsports in der Bundesrepublik Deutschland und garantiert durch entsprechende Abgaben aus dem Lizenzspielbetrieb die Finanzierungsgrundlage des DFB.

2. Die Organe der Liga – Fußballverband e.V. und ihre Aufgaben

Die Organe der Liga – Fußballverband e.V. sind gemäß § 15 seiner Satzung:

- der Vorstand (§ 16 Satzung/Ligaverband)
- die Mitgliederversammlung (§ 22 Satzung/Ligaverband)

Daneben hat der Ligaverband zur Wahrnehmung der Geschäftsführung die Deutsche Fußball Liga GmbH (DFL) gegründet, die das operative Geschäft des Ligaverbandes führt.

a) Der Vorstand

Der Vorstand vertritt den Ligaverband gemäß § 26 BGB und besteht aus dem Ligapräsidenten, dem Vizepräsidenten und 10 weiteren Mitgliedern. Die 1. und die 2. Bundesliga stellen je 5 Vorstandsmitglieder[95]. Der Ligapräsident oder der Vizepräsident vertreten den Ligaverband jeweils gemeinsam mit einem anderen Vorstandsmitglied[96]. Die Vorstandsmitglieder werden auf die Dauer von drei Jahren gewählt[97]. Der Ligapräsident soll im Zeitpunkt der Wahl dem Leitungs-

---

95 § 16 Nr. 1 Satzung/Ligaverband.
96 § 16 Nr. 1 Satzung/Ligaverband.
97 § 16 Nr. 2 Satzung/Ligaverband.

gremium eines Mitglieds aus der 1. Bundesliga, der Vizepräsident dem eines Mitgliedes aus der 2. Bundesliga angehören[98]. Der Vorstand ist zuständig für die Geschäfte des Ligaverbandes, soweit sie nicht der Mitgliederversammlung obliegen oder aufgrund der Satzung und des Gesellschaftsvertrages der DFL übertragen worden sind[99].

Zu den Aufgaben des Vorstandes gehören insbesondere die Ausführung der Beschlüsse der Mitgliederversammlung, die abschließende Entscheidung über die Erteilung der Lizenzen an Vereine und Kapitalgesellschaften für die Teilnahme am Wettbewerb für Lizenzligen und die Lizenzerteilung an die Spieler nach Maßgabe des Ligastatuts[100]. Der Ligaverband übt innerhalb des DFB das Vorschlagsrecht für die Vertretung des DFB in den Ausschüssen und Kommissionen der UEFA und der FIFA aus[101].

Der Vorstand ist Aufsichtsrat der DFL[102]. Der Ligapräsident ist oberster Repräsentant des Ligaverbandes und koordiniert die Arbeit des Vorstandes[103]. Er gehört dem DFB-Präsidium als dessen erster Vizepräsident an[104].

b) Die Mitgliederversammlung

Die Mitgliederversammlung setzt sich aus je einem stimmberechtigten Vertreter der lizenzierten Vereine und Kapitalgesellschaften der 1. und 2. Bundesliga zusammen[105]. Der DFB-Präsident hat das Recht, an der Mitgliederversammlung ohne Stimmrecht teilzunehmen[106]. Der Mitgliederversammlung steht die Beschlussfassung in allen Angelegenheiten zu, soweit sie nicht satzungsgemäß dem Vorstand oder der DFL übertragen worden sind[107]. Insbesondere ist die Mitgliederversammlung für die Wahl und die Entlastung des Vorstandes zuständig[108]. Darüber hinaus kann die Mitgliederversammlung die Satzung sowie das Ligastatut ändern und den Grundlagenvertrag mit dem DFB kündigen[109].

98 § 16 Nr. 2 Satzung/Ligaverband.
99 § 17 Nr. 1 Satzung/Ligaverband.
100 § 17 Nr. 2 lit. c) Satzung/Ligaverband.
101 § 17 Nr. 2 lit. e) Satzung/Ligaverband.
102 § 17 Nr. 6 Satzung/Ligaverband.
103 § 17 Nr. 8 Satzung/Ligaverband.
104 § 17 Nr. 8 Satzung/Ligaverband.
105 § 23 Nr. 1 Satzung/Ligaverband.
106 § 23 Nr. 1 Satzung/Ligaverband.
107 § 25 Nr. 1 Satzung/Ligaverband.
108 § 25 Nr. 2 lit. a) und lit. b) Satzung/Ligaverband.
109 § 25 Nr. 2 lit. e) und lit. f) Satzung/Ligaverband.

3. Die Deutsche Fußball Liga GmbH (DFL)

Der Geschäftsführung der DFL obliegen die verantwortliche Leitung des Spielbetriebs der Lizenzligen, die Durchführung der Wettbewerbe der Liga – Fußballverband e.V. sowie die Fortentwicklung der DFL zu einem Dienstleistungsunternehmen der Mitglieder des Ligaverbandes[110]. Der Vorsitzende der Geschäftsführung gehört dem DFB-Präsidium als Vizepräsident an[111]. Die Organe der DFL sind der Geschäftsführer, der Aufsichtsrat und die Gesellschafterversammlung[112]. Einziger Gesellschafter der DFL ist der Ligaverband.

E. Die Beziehungen von DFB und Liga – Fußballverband e.V. zur FIFA und UEFA

I. Die Beziehungen zur FIFA

Alle nationalen Verbände sind – wie oben erläutert[113] - weltweit in dem internationalen Verband FIFA zusammengeschlossen[114]. Innerhalb der FIFA organisieren kontinentale Konföderationen den Fußballsport für einen bestimmten Erdteil. Für Europa ist dies die UEFA. Die Mitglieder der FIFA sind dazu verpflichtet, Fußballspiele nach den innerhalb der Verbandsstrukturen der FIFA allein gültigen Regeln des International Football Association Board durchzuführen, welches für den Fußballsport weltweit die Spielregeln festlegt[115].

Die UEFA ist eine anerkannte Konföderation der FIFA[116], aber kein Mitglied der FIFA, da nur Nationalverbände Mitglied der FIFA sein können. Soweit dies notwendig ist, regelt sie ihre Beziehungen zur FIFA durch Vertrag[117]. Sie erlässt u.a. Ausführungsbestimmungen zu den Transferreglements der FIFA[118]. Der DFB ist gemäß § 3 Nr. 1 seiner Satzung Mitglied der FIFA und hat sich ihren Bestimmungen unterworfen. Bestimmte Regelungen der FIFA hat der DFB zum Bestandteil seiner Satzung erklärt. Unter anderem zählt hierzu das Reglement der FIFA bezüglich des Status und des Transfers von Fußballspielern[119].

---

110 § 19 Nr. 2 Satzung/Ligaverband.
111 § 19 Nr. 3 Satzung/Ligaverband.
112 § 4 Gesellschaftsvertrag/DFL.
113 Siehe oben, 2. Teil, A.
114 Trommer, Transferregelungen, S. 32.
115 Art. 62 Abs. 1 Statuten/FIFA.
116 Art. 3 Abs. 1 Statuten/UEFA.
Art. 9 Abs. 1 lit. c Statuten/FIFA.
117 Art. 3 Abs. 2 Statuten/UEFA.
118 Präambel der UEFA Transferbestimmungen von 1993.
119 § 3 Nr. 1 Satzung/DFB.

Allein zuständig für die Abfassung von Transferbestimmungen ist somit grundsätzlich die FIFA. Sie regelt den Status und die Qualifikation von Fußballspielern, wenn diese aufgrund eines Transfers von einem Nationalverband zu einem anderen wechseln[120]. Jeder Nationalverband ist verpflichtet, sein verbandsinternes Transferwesen durch Erlass eines Reglements zu organisieren, welches durch die FIFA zu genehmigen ist[121].

Gemäß Art. 14 Abs. 9 Transferreglements/FIFA a.F. war es bis zum 1. September 2001 der UEFA übertragen worden, Bestimmungen zur Regelung der Probleme in Bezug auf die Transferentschädigung bei einem Vereinswechsel innerhalb der EU bzw. EWR sowie von Staatsangehörigen der Mitgliedsstaaten von EU und EWR zu treffen. Diese Sonderregelung für die UEFA ist durch die Verabschiedung des neuen Transferreglements obsolet geworden.

Der DFB hat also die Reglements der FIFA zu beachten und umzusetzen; in Bezug auf den Vereinswechsel ist allerdings grundsätzlich nur das FIFA-Reglement maßgebend, womit sich auch erklären lässt, warum die FIFA an den Verhandlungen mit der EU beteiligt war und das verabschiedete Grundsatzpapier in seinen Reglements umzusetzen hat. Gemäß § 3 Ziffer 1 Statuten/DFB gelten die neuen Transfergrundsätze nach Verabschiedung durch das Exekutivkomitee der FIFA auch im Verbandsbereich des DFB.

Die Regelungen des DFB wiederum gelten auch für den Ligaverband als dessen Mitglied[122]. Obwohl allein diese Verweisung ausreichen würde, um die Verbindlichkeit des FIFA-Reglements für den Ligaverband herzustellen, hat der Ligaverband die Verbindlichkeit der internationalen Reglements in seiner Satzung noch einmal ausdrücklich festgestellt[123].

II. Die Beziehungen zur UEFA

Die Beziehungen zur UEFA gestalten sich ähnlich wie die zur FIFA. Gemäß Artikel 5 Abs. 1 Statuten/UEFA können europäische Fußballverbände Mitglied in der UEFA werden. Der DFB ist Mitglied der UEFA[124]. Allerdings ist es für die UEFA möglich, Fußballverbände aufzunehmen, die geographisch zu einem anderen Kontinent gehören[125].

---

120 Präambel des FIFA-Reglement bezüglich Status und Transfer von Spielern (nachfolgend: Transfer-Statuten/FIFA), Anlage 2.
121 Präambel der Transfer-Statuten/FIFA, Anlage 2.
122 § 3 Nr. 2 Satzung/Ligaverband.
123 § 3 Nr. 3 und Nr. 4 Satzung/Ligaverband.
124 § 3 Nr. 2 Satzung/DFB.
125 Art. 5 Abs. 2 Statuten/UEFA.

Ziel der UEFA ist die Förderung des europäischen Fußballs[126]. Sie organisiert zu diesem Zweck die europäischen Vereinswettbewerbe und die Fußballeuropameisterschaft für Nationalmannschaften. Die der UEFA angeschlossenen Nationalverbände haben Bestimmungen in ihren Statuten aufzunehmen, wonach sie, ihre Vereine, die Spieler und die Offiziellen die UEFA-Statuten anerkennen[127]. Der DFB hat sich aufgrund seiner Mitgliedschaft den Statuten der UEFA unterworfen[128]. Auch der Ligaverband erkennt die Bestimmungen der UEFA ausdrücklich an[129] und unterwirft damit sich und die deutschen Lizenzvereine und Lizenzspieler der Satzungshoheit der UEFA.

F. Die Rechtsbeziehung der Lizenzfußballspieler zur Liga – Fußballverband e.V., DFB, UEFA und FIFA

Durch die Gründung des Ligaverbandes hat sich die Qualität der Beziehung der Lizenzspieler zum DFB bzw. jetzt zum Ligaverband nicht grundlegend geändert. Der einzelne Lizenzspieler war stets nur aufgrund des sogenannten Lizenzvertrages in die Organisation des DFB eingebunden. Schlossen früher DFB und Lizenzspieler diesen Vertrag ab, so ist mittlerweile der Ligaverband an die Stelle des DFB getreten, ohne dass sich allerdings in der rechtlichen Bewertung Grundlegendes geändert hätte. Im Ergebnis können daher die Überlegungen, die für die Beziehung der Lizenzspieler zum DFB galten, auf ihre Beziehung zum Ligaverband übertragen werden.

I. Die Rechtsbeziehung der Lizenzfußballspieler zum DFB und zu der Liga – Fußballverband e.V.

Während der nicht-professionelle Fußballspieler seinen Sport als Mitglied eines Vereines ausübt, ist der Lizenzspieler in der 1. bzw. 2. Fußball-Bundesliga weder Mitglied seines Vereines[130] noch Mitglied des Ligaverbandes oder des DFB[131].

Die Frage, wie die Beziehung zwischen DFB und Lizenzspieler ausgestaltet ist, wird teilweise kontrovers diskutiert. Sie ist für die Beurteilung sämtlicher Rechtsbeziehungen mit Hinblick auf den Lizenzspieler von entscheidender Bedeutung.

---

126 Art. 2 Statuten/UEFA.
127 Art. 57 Abs. 1 Statuten/UEFA.
128 § 3 Nr. 2 Satzung/DFB.
129 § 3 Abs. 4 Satzung/Ligaverband.
130 Dies hat steuerliche Hintergründe, siehe unten 1. Teil, G, I.
131 Nasse, SpuRt 1999, S. 142; Meyer-Cording, RdA 1982, S. 13.

Da der DFB bzw. der Ligaverband mit dem Spieler einen Vertrag abschließt (sog. Lizenzspielervertrag), der den Spieler berechtigt, die Verbandseinrichtung „1. Bundesliga“ bzw. „2. Bundesliga“ zu benutzen, sollen zunächst die Ansatzpunkte zur Beantwortung der oben aufgeworfenen Frage dargestellt werden, die sich aus der vertraglichen Beziehung zwischen dem Lizenzspieler und dem DFB, dem Lizenzspielervertrag selbst ergeben.

Der Lizenzspieler ist dem Regelwerk des DFB unterworfen, auch wenn er nicht dessen Mitglied ist. Dies wird ihm spätestens dann klar, wenn ihm ein Schiedsrichter des DFB eine gelbe oder rote Karte zeigt und er daraufhin unter Umständen vom weiteren Spielverlauf ausgeschlossen wird. Grundlage dafür, dass der Schiedsrichter den Spieler von der weiteren Teilnahme an einem Bundesligaspiel ausschließen darf, ist der bereits erwähnte Lizenzspielervertrag.

In § 2 des Lizenzspielervertrages heißt es:

„... Der Spieler erkennt durch diesen Vertrag diese Maßnahmen der DFB-Organe bzw. vom DFB beauftragten Personen als für sich verbindlich an; er unterwirft sich auch insoweit der Vereinsgewalt des DFB.“

Der DFB spricht hier von Vereinsgewalt, was dem Wortlaut nach für eine vereinsrechtliche Verbindung zwischen dem Lizenzspieler und dem DFB spricht.

§ 3 des Lizenzspielervertrages ist mit „Vertragspflichten“ überschrieben und enthält unter anderem den folgenden Passus:

„Der Spieler verpflichtet sich zu sportlichem Verhalten, insbesondere zur Einhaltung aller Regeln des Fußballsports. Die Satzungen und Ordnungen des Ligaverbandes und des DFB, die in ihrer jeweiligen Fassung die allgemein anerkannten Regeln des deutschen Fußball-Sports darstellen, wird der Spieler befolgen.“

Deutlicher wird der Lizenzvertrag in § 3 Abs. 4 Satz 1, wo es heißt:

„Bei Verstößen gegen diese Vertragspflichten ist der Ligaverband berechtigt, gegen den Spieler statt der in § 2 dieses Vertrages vorgesehenen Vereinsstrafe eine Vertragsstrafe gemäß § 315 BGB auszusprechen (...).“

Der Wortlaut des § 3 würde eher für eine reine Vertragsbeziehung zwischen dem Lizenzspieler und dem DFB sprechen. Aufgrund des Lizenzvertrages kann man also zu dem Ergebnis kommen, dass der DFB bzw. der Ligaverband eine zweigleisige Rechtsbeziehung zum Lizenzspieler gewollt hat, nämlich zum einen eine vereinsrechtliche und zum anderen eine vertragliche[132].

In der Literatur wurden in der Vergangenheit verschiedene Ansätze diskutiert. Zum einen wurde die Theorie vertreten, dass die Beziehung zwischen Spieler und DFB bzw. Ligaverband als Ausübung vereinsrechtlicher Satzungsgewalt zu qualifizieren sei. Vereinsrechtliche Satzungsgewalt kann aber nur gegenüber Vereinsmitgliedern ausgeübt werden[133], der Lizenzfußballer ist aber weder Mitglied im DFB noch im Ligaverband. Insofern ist die Frage zu beantworten, wie ein Nichtmitglied der Satzungsgewalt eines Vereines unterworfen werden kann[134]. Hier wird argumentiert, dass die permanente Teilnahme am Spielbetrieb und die damit verbundenen Nutzung der Vereinseinrichtungen zu einer faktischen Integration der Lizenzspieler in den DFB führten[135].

Diskutiert wird auch eine arbeitsrechtliche Komponente des Lizenzvertrages. Bei dieser Diskussion stand die Frage im Mittelpunkt, inwieweit der DFB aufgrund seiner Satzungen und Statuten in das Arbeitsverhältnis des Spielers mit seinem Verein hineinwirkt mit der Folge, dass die Organisation des Fußballsports insgesamt an arbeitsrechtlichen Kriterien zu messen ist[136]. Das BAG hat in einer Entscheidung aus dem Jahre 1979 den DFB bei der Bestimmung von Vertragsstrafen in dem Arbeitsverhältnis Spieler – Verein als Dritten im Sinne des § 317 BGB bewertet, die Frage, ob durch den Lizenzvertrag aber ein Arbeitsverhältnis zwischen dem DFB und dem Spieler zustande gekommen ist, offen gelassen[137]. Auch wird diskutiert, dass der DFB durch die Lizenzvergabe die Ausübung des Berufsfußballs in Deutschland gegenüber dem einzelnen Spieler so umfangreich regelt, dass er „partiell in die Arbeitgeberstellung eingerückt ist“[138]. In der vom Ligaverband aufgestellten „Lizenzordnung Spieler“ (LOS) heißt es allerdings mittlerweile, dass durch den Abschluss des Lizenzvertrages kein Arbeitsverhältnis zwischen dem Ligaverband und dem Spieler zustande kommt[139].

Als weiterer Ansatz wird vertreten, dass sich die Beziehung zwischen dem Lizenzspieler und dem DFB allein auf vertragsrechtlicher Ebene abspielt. Zwischen dem Lizenzspieler und dem DFB bestehen nach dieser Ansicht aufgrund

---

132 Plath, Individualrechtsbeschränkungen, S. 28.
133 MünchKomm/Reuter, § 25, Rn. 18; Staudinger/Coing, § 25, Rn. 10.
134 Plath, Individualrechtsbeschränkungen, S. 28.
135 Baumann, Vereinsstrafgewalt, S. 42; Ernst, Vereinsgewalt, S. 143 ff.
136 Trommer, Transferregelungen, S. 32; Mümmler, Der Spielertransfer, S. 33; Buchner, NJW 1976, S. 2242; Klatt, Berufsfußballspieler, S. 33 ff..
137 BAG, NJW 1980, S. 470, 471; so auch: Meyer-Cording, RdA 1982, S. 14.
138 ArbG Gelsenkirchen, NJW 1977, S. 598, 599; Arens, SpuRt 1994, S. 182.
139 § 1 LOS.

des Lizenzvertrages, einem Vertrag „sui generis“ im Sinne des § 241 BGB, schuldrechtliche Beziehungen wie zwischen gleichrangigen Privatrechtsträgern[140].

Letztlich wird in der Literatur die Theorie von der „gesetzesvertretenden Funktion des DFB-Rechts“ vertreten. Aufgrund der Monopolstellung des DFB bei der Zulassung von Lizenzspielern zum Spielbetrieb handele es sich bei den Satzungen des DFB um „selbst gesetztes Recht des Sports“[141]. Die Rechtsbeziehung zwischen dem DFB und dem Lizenzspieler ist nach dieser Ansicht eine eigenständige subordinationsrechtliche Beziehung[142].
Der BGH sieht die Unterwerfung des Lizenzspielers unter die Disziplinargewalt des Sportverbandes in der Anerkennung des Regelwerkes des DFB durch den Lizenzvertrag[143]. Die Ausweitung des Regelwerkes eines Verbandes oder Vereines auf Nichtmitglieder, setzt eine rechtsgeschäftliche Beziehung zwischen Verein und Nichtmitglied voraus[144]. Diese ergibt sich bei Lizenzspielern aus dem Lizenzvertrag.

Welche Ansicht letztlich den Vorzug erhalten sollte, kann hier dahingestellt bleiben. Alle sind sich darin einig, dass durch den Lizenzvertrag eine rechtliche Verbindung dergestalt zwischen dem Lizenzspieler und dem Verband besteht, dass der Lizenzspieler letztlich dem Regelwerk des DFB unterworfen ist[145].

II. Die Rechtsbeziehung der Lizenzfußballspieler zur UEFA

Wie oben dargestellt ist, unterwirft sich der Fußballspieler durch den Lizenzvertrag den Bestimmungen des DFB[146]. Der DFB wiederum hat sich nach § 3 Nr. 2 Satzung/DFB als Mitglied der UEFA ihren Bestimmungen unterworfen und u.a. auch die Disziplinarordnung der UEFA zum Bestandteil der DFB-Satzung erklärt.

Insofern ergibt sich eine direkte Beziehung zwischen der UEFA und den Lizenzspielern im Rahmen der europäischen Wettbewerbe auf dem Gebiet der

140 Westerkamp, Ablöseentschädigungen, S. 29; Osthoff, Entscheidungsbeschränkungen, S. 132; Pfister, JZ 1995, S. 464.
141 Reuter, NJW 1983, S. 652.
142 Plath, Individualrechtsbeschränkungen, S. 44.
143 BGH, JZ 1995, S. 461, 462; zur privatrechtlichen Beziehung zwischen Spieler, DFB und Verein: OLG Frankfurt, NJW 1973, S. 2208 ff..
144 BGHZ 29, S.352, 359; Lukes, Festschrift für Westermann, S. 333.
145 Baumann, Vereinsstrafgewalt, S. 42; Mümmler, Der Spielertransfer, S. 32 ff.; Westerkamp, Ablöseentschädigungen, S. 29; Plath, Individualrechtsbeschränkungen, S. 47; Burmeister, DÖV 1978, S. 2, der insofern sogar von einer „Leibeigenschaft“ der Spieler spricht.
146 §§ 2, 3 des Lizenzspielermustervertrages.

Sanktionierung von Regelverstößen, denn für alle Streitsachen sportlicher Natur in UEFA-Angelegenheiten zwischen der UEFA und den Verbänden, Vereinen oder Spielern sind ausschließlich die Rechtspflegeorgane der UEFA zuständig[147].

Gemäß § 53 lit. d Statuten/UEFA können die Rechtspflegeorgane der UEFA eine natürliche Person für eine bestimmte Anzahl Spiele oder eine bestimmte oder unbestimmte Zeit vom Spielbetrieb ausschließen (sog. Spielsperre). Obwohl die Lizenzspieler weder Mitglied in ihrem Verein noch im DFB oder der UEFA sind, sind sie der Strafgewalt der UEFA innerhalb der UEFA-Wettbewerbe unterworfen. Es ist grundsätzlich unbedenklich, dass Vereine, die Nichtmitglieder am Vereinsleben teilnehmen lassen, auch ihre Ordnung auf diese ausdehnen[148].

Da der DFB aufgrund seines Verbandscharakters ermächtigt ist eine eigene Rechtsordnung zu schaffen, ist es ihm in der Konsequenz auch möglich, einen eigenen Verbandstrafenkatalog zu schaffen und diesen auch durchzusetzen[149]. Im Rahmen seiner Mitgliedschaft in der UEFA hat der DFB einen Teil seiner Strafgewalt auf die UEFA übertragen, nämlich die mit Bezug auf europäische Wettbewerbe. Im Verhältnis zum Lizenzspieler handelt es sich bei den Vereinsstrafen um Vertragsstrafen im Sinne des § 339 BGB[150]. Die Bestimmung der Strafhöhe kann bei Vertragsstrafen auch einem Dritten gemäß § 317 BGB übertragen werden[151]. Somit ist die UEFA im Verhältnis zum Lizenzspieler ein Dritter im Sinne des § 317 BGB.

III. Die Rechtsbeziehung der Lizenzfußballspieler zur FIFA

Bezüglich der Rechtsbeziehung zwischen den Lizenzspielern und der FIFA, kann weitestgehend auf die obigen Ausführungen verwiesen werden. Einziger direkter Berührungspunkt zwischen den Spielern und der FIFA sind Disziplinarmaßnahmen, die die FIFA gegenüber den Spielern verhängen kann. Die Vorschriften der FIFA sind gemäß § 3 Nr. 1 Satzung/DFB im Verbandsbereich des DFB bindend.

---

147 § 58 Abs. 1 Statuten/UEFA.
148 Westermann, Sportler als Arbeitnehmer, S. 42.
149 Buchberger, SpuRt 1996, S. 122; BGHZ 29, S. 352, 355.
150 Westermann, Sportler als Arbeitnehmer, S. 42.
151 MünchKomm/Gottwald, § 339, Rn. 13.

Art. 44 Abs. 3 Statuten/FIFA folgend kann die Disziplinarkommission gegen Spieler Sanktionen verhängen, wenn diese gegen die Normen der FIFA im Rahmen eines von der FIFA organisierten Wettbewerbs verstoßen haben[152].

Insofern ist die FIFA - gleich der UEFA - mit Bezug auf die Verhängung von Disziplinarmaßnahmen Dritter im Sinne des § 317 BGB im Verhältnis zum Lizenzspieler.

G. Die Rechtsbeziehung zwischen Lizenzfußballspieler und Verein

Nach § 8 Nr. 3 Spielordnung/DFB ist

„Lizenzspieler (...), wer das Fußballspiel aufgrund eines vom Ligaverband lizenzierten Arbeitsvertrages mit einem Verein oder einer Tochtergesellschaft der Lizenzligen betreibt. Das Nähere regelt das Ligastatut."[153]

Die Frage ist, ob der Verband über die Beziehung zwischen Lizenzspieler und Lizenzverein bestimmt. Obwohl die Spielordnung des DFB den Lizenzspieler als Arbeitnehmer sieht, reicht die Bezeichnung des Verhältnisses zwischen Lizenzspieler und Verein als Arbeitsverhältnis allein noch nicht aus, um zwischen den Parteien ein Arbeitsverhältnis im Sinne des § 611 BGB zu begründen[154].

Sowohl in der Literatur als auch in der Rechtsprechung war lange unbestritten, dass das Verhältnis zwischen dem Lizenzspieler und seinem Verein als Arbeitsverhältnis im Sinne des § 611 BGB zu qualifizieren ist[155], denn die vertragliche Beziehung zwischen dem Lizenzspieler und dem Verein ist insbesondere durch die persönliche Abhängigkeit und Weisungsgebundenheit geprägt[156]. Nach der Entscheidung des EuGH in Sachen Bosman ist allerdings darüber diskutiert worden, ob ein Lizenzspieler nicht vielmehr als selbständiger Unternehmer zu behandeln sei[157]. Diese Diskussion wurde vor allen Dingen aus dem Lager der Vereinsmanager initiiert. So haben sowohl der Präsident vom Borussia Dort-

---

152 Art. 22 Abs. 4 Statuten/FIFA.

153 § 8 Nr. 3 SpielO/DFB.

154 BAG, BB 1996, S. 2045, 2045; BAG, DB 1994, S. 2502, 2503; Schimke, Sportrecht, S. 16; Küttner/Bauer, Arbeitnehmer (Begriff), Rn. 12.

155 Kelber, NZA 2001, S. 11; Westermann, Sportler als Arbeitnehmer, S. 36; Arens/Jaques, SpuRt 1997, S. 41; Fischer, H-G., SpuRt 1996, S. 34; Gitter/Schwarz, RdA 1982, S. 37; LAG Berlin, NJW 1979, S. 2582, 2582; BAG, NJW 1980, S. 470, 471; BAG, NJW 1971, S. 855, 856; ArbG Gelsenkirchen, NJW 1977, S. 598, 599; a.A.: Fischer, U., SpuRt 1997, S. 181 ff..

156 Rüsing/Schmülling, SpuRt 2001, S. 53.

157 Bepler, Lizenzfußballer, S.45.

mund, Dr. Gerd Niebaum[158], als auch der Managing Direktor von Bayer Leverkusen, Wolfgang Holzhäuser[159], die Ansicht geäußert, bei Lizenzspielern handele es sich um selbständige Unternehmer.

Nachfolgend soll der Meinungsstand zur rechtlichen Stellung eines Lizenzfußballspielers kurz erörtert werden.

I. Der Lizenzfußballspieler als Vereinsmitglied

Im Verbandsgebiet des DFB betreiben in 26.586 Vereine 6.263.252 Menschen den Fußballsport[160], Lizenzfußballer ist keiner von ihnen. Obwohl eine vereinsrechtliche Beziehung zwischen dem Lizenzspieler und seinem Verein am nächstliegenden erscheint, besteht sie nicht.

Der Lizenzspieler ist aus steuerlichen Gründen nicht Mitglied seines Vereines, da der Verein ansonsten seinen gemeinnützigen Status verlieren würde[161], denn Vorteilszuwendungen an Vereinsmitglieder verletzen die für die Anerkennung als gemeinnützig notwendige Bedingung der Selbstlosigkeit gemäß § 55 Abs. 1 Nr. 1 AO, wonach Vereinsmitglieder weder Gewinnbeteiligungen noch sonstige Zuwendungen aus dem Vereinsvermögen erhalten dürfen[162], und können zum Aberkennen der Gemeinnützigkeit führen.

II. Der Lizenzfußballspieler als selbständiger Unternehmer

Im Anschluss an die Entscheidung des EuGH in Sachen Bosman ist diskutiert worden, ob Lizenzfußballer gerade auch im Hinblick auf ihre Gehälter rechtlich nicht eher wie freiberuflich tätige Entertainer aus der Unterhaltungsbranche oder selbständige Unternehmer zu behandeln seien[163]. Zwar träfen auch auf den Lizenzfußballspieler einige Merkmale eines Arbeitnehmers zu; diese resultierten aber aus der Tatsache, dass Fußball ein Mannschaftssport sei. Lizenzfußballspieler seien daher als Unternehmer zu betrachten, die aufgrund von Kooperationsverträgen tätig werden[164].

---

158 FAZ vom 20. Januar 1996, S. 27.
159 Spiegel-Online vom 1. März 2001.
160 Mitgliederstatistik 2001 des DFB, vgl.: http://www.dfb.de.
161 Weisemann/Spieker, Sport, S. 24, Rn. 42.
162 Tipke/Kruse, § 55 AO, Rn. 4; Kühn/Hofmann, § 55 AO, Ziffer 3 a.; Preis, B., Bundesligafußball, S. 24 ff.; ausführlich: Fritzweiler/Pfister/Summerer, Sportrecht, Rn. 379 ff..
163 Scholz/Aulehner, SpuRt 1996, S. 46; Bepler, Lizenzfußballer, S. 45; Kania, SpuRt 1994, S. 121 ff..
164 Scholz/Aulehner, SpuRt 1996, S. 46.

Auch im Vorfeld der Neuregelung der Transferstatuten der FIFA ist die Ansicht geäußert worden, dass Lizenzspieler eher wie selbständige Unternehmer zu behandeln seien, bzw. dass Vereine Kooperationsverträge mit selbständigen Lizenzspielern abschließen[165]. Auch die Möglichkeit, Lizenzspieler als Mitunternehmer in Spielbetriebsgesellschaften zu integrieren, wurde in diesem Zusammenhang angedacht[166].

III. Der Lizenzfußballspieler als Arbeitnehmer

Um zu der Frage Stellung nehmen zu können, ob ein Lizenzfußballer Arbeitnehmer ist oder nicht, ist es zunächst nötig die Definition des Arbeitnehmerbegriffes herauszuarbeiten. Das Gesetz selbst definiert den Begriff des „Arbeitnehmers" nicht[167]. In Rechtsprechung und Literatur haben sich zu dem Arbeitnehmerbegriff zwei Ansichten herausgebildet.

1. Der Arbeitnehmerbegriff des BAG

Nach dem BAG und der überwiegenden Ansicht verrichtet ein Arbeitnehmer abhängige, fremdbestimmte Arbeit[168].

Arbeitnehmer ist derjenige, der seine vertraglich geschuldete Leistung im Rahmen einer von Dritten bestimmten Arbeitsorganisation erbringt[169]. Eine solche Eingliederung zeigt sich insbesondere durch das Weisungsrecht des Vertragspartners hinsichtlich Inhalt, Durchführung, Zeit , Dauer und Ort der Tätigkeit[170].

2. Der Arbeitnehmerbegriff nach der Mindermeinung

Die Mindermeinung definiert den Arbeitnehmerbegriff schwerpunktmäßig durch eine Gegenüberstellung mit dem selbständigen Unternehmer[171]. Der Unterschied zwischen Arbeitnehmer und Selbständigem liegt im Tragen unternehmerischer Risiken und in der Wahrnehmung unternehmerischer Chancen[172]. Dem Arbeitnehmer sind die unternehmerischen Chancen abgenommen, da er keine unter-

165 So Dr. Gerd Niebaum in der WAZ vom 22. September 2000, http://www.waz.de.
166 So Dr. Gerd Niebaum in der WAZ vom 22. September 2000, http://www.waz.de.
167 Wank, Arbeitnehmer und Selbständige, S. 5 ff..
168 BAG, NZA 1995, S. 622, 622; BAG, NZA 1996, S. 477, 477; Schaub, § 8 I 1 a, S. 73, Rn. 1 ff. m. w. N..
169 BAG, NZA 2000, S. 1102, 1103.
170 BAG, NZA 2000, S. 1102, 1103; BAG, BB 2001, S. 2220, 2221.
171 Wank, Arbeitnehmer und Selbständige, S. 122; ders., DB 1992, S. 91; ders., NZA 1999, S. 227; ders., AuR 2001, S. 297 f.; Küttner/Bauer, Arbeitnehmer (Begriff), Rn. 13, m.w.N..
172 Wank, DB 1992, S. 91; ders., NZA 1999, S. 227.

nehmerischen Entscheidungen trifft, die ihm selbst als Betriebsergebnis zugerechnet werden[173]. Spiegelbildlich ist der Arbeitnehmer allerdings vom Marktrisiko und von dem Risiko, aus persönlichen Gründen an der Arbeitsleistung gehindert zu sein, befreit[174]. Der Arbeitnehmer genießt im Unterschied zum Selbständigen Existenzschutz[175].

IV. Stellungnahme

Der Lizenzspieler und sein Verein schließen einen Vertrag, nach welchem der Lizenzspieler gemäß § 2 MAV/DFL verpflichtet ist,

„seine ganze Kraft und seine sportliche Leistungsfähigkeit uneingeschränkt für den Club einzusetzen, alles zu tun, um sie zu erhalten und zu steigern und alles zu unterlassen, was ihm im allgemeinen und im besonderen vor und bei Veranstaltungen des Clubs abträglich sein könnte.[176]“

In § 2 des Musterarbeitsvertrages der DFL (MAV/DFL) werden die Pflichten des Lizenzspielers im Einzelnen aufgeführt. So ist er unter anderem verpflichtet am Trainings- und Spielbetrieb des Vereines teilzunehmen, und zwar unabhängig davon, ob er eingesetzt wird oder nicht[177]. Er hat sich an den Reisen des Vereines in den vom Verein bestimmten Verkehrsmitteln zu beteiligen[178] und auch den Anweisungen des Trainers bezüglich seiner Lebensführung Folge zu leisten[179].

Der Vertrag zwischen Lizenzspieler und Verein lässt also, der Ansicht des BAG folgend den Schluss zu, dass es sich bei dem Verhältnis zwischen dem Lizenzspieler und seinem Verein um ein Arbeitsverhältnis im Sinne des § 611 BGB handelt, denn der Lizenzspieler ist in der Verrichtung seiner Tätigkeit vom Verein persönlich abhängig und die Art und Weise, wie er seine Tätigkeit als Lizenzspieler auszuführen hat, wird vom Verein bestimmt[180].

Fällt der Lizenzspieler aufgrund einer Verletzung oder einer Spielsperre für den Verein aus, so erhält er weiterhin sein Gehalt[181]. Der Lizenzspieler trägt also nicht das Risiko seiner eigenen Arbeitsleistung. Anderseits ist es dem Lizenz-

173 Wank, Arbeitnehmer und Selbständige, S. 128; ders., NZA 1999, S. 227.
174 Wank, NZA 1999, S. 226 f.; ders., Arbeitnehmer und Selbständige, S. 128.
175 Wank, Arbeitnehmer und Selbständige, S. 75 ff..
176 § 2 MAV/DFL.
177 § 2 lit. a MAV/DFL.
178 § 2 lit. d MAV/DFL.
179 § 2 lit. i MAV/DFL.
180 Preis, B., Bundesligafußball, S. 30.
181 § 7 MAV/DFL.

spieler allerdings auch nicht gestattet für die Dauer das Vertrages für einen anderen Verein Spiele zu bestreiten[182]. Dem Lizenzspieler ist es für die Dauer des Vertrages auch nicht gestattet seine Vereinszugehörigkeit zu wechseln. Er kann also Chancen, die ihm der Arbeitsmarkt bietet, nicht nutzen. Da er weder ein unternehmerische Risiko trägt, noch unternehmerischere Chancen nutzen kann, ist er auch nach der von der Mindermeinung geäußerten Ansicht Arbeitnehmer.

Trotz der auch in jüngster Vergangenheit geäußerten Kritik an der Position des Lizenzspielers als Arbeitnehmer des Vereines, ist an dieser rechtlichen Würdigung auch nach dem im Jahre 2001 erfolgten Übergang des Lizenzfußballs auf die DFL festzuhalten. Ein Lizenzspieler verrichtet eine abhängige, fremdbestimmte Arbeit. Er hat den Anweisungen von Trainer und Management Folge zu leisten, und zwar in noch größerem Umfang als andere Arbeitnehmer, da sein Arbeitgeber ihm Anweisungen erteilen darf, die auch sein Privatleben beeinflussen. Der Wunsch, aus dem Lizenzspieler einen „selbständigen Unternehmer" zu machen, ist verständlich, würde er doch so aus dem Schutzbereich des Arbeitsrechts herausfallen. Insofern bleibt nur die Schlussfolgerung übrig, dass ein Lizenzspieler Arbeitnehmer seines Vereines ist.

V. Exkurs: Die Höhe der Spielergehälter

Der Schutz, den das Arbeitsrecht einem Arbeitnehmer gewähren will, erscheint bei einem Lizenzspieler mit einem Jahresgehalt in Millionenhöhe und einem entsprechenden juristischen Beraterstab zugegebenermaßen unpassend. Aber die Höhe des Gehaltes und der Umfang der Beratungsmöglichkeiten ist bei der Frage, ob eine Person Arbeitnehmer ist oder nicht, nicht von Bedeutung[183].

H. Die Rechtsbeziehung der Vereine zur Liga - Fußballverband e.V., DFB, UEFA und FIFA

Dritte Säule im europäischen und deutschen Lizenzfußball ist neben der Beziehung der Lizenzspieler zu Verein und Verband, die Beziehung zwischen Lizenzverein und Verband. Während die meisten Länder Europas neben dem Verband eine rechtlich selbständige Berufsfußballliga eingerichtet haben, über die die Lizenzvereine organisiert sind und durch die sie sich im Rahmen des Gesamtverbandes Stimme verleihen[184], ist dieser Schritt in der Bundesrepublik Deutschland erst im Sommer 2001 vollzogen worden. Nachfolgend wird daher dargestellt, wie die Situation in Deutschland bis zur Gründung des Ligaverbandes war und wie sie sich nun darstellt.

---

182 § 2 MAV/DFL.
183 Wank, Arbeitnehmer und Selbständige, S. 136 f..
184 Malatos, Berufsfußball, S. 20 ff..

I. Die Rechtsbeziehung der Vereine zur Liga - Fußballverband e.V. und zum DFB

War der DFB bis zur Mitte des Jahres 2001 noch Herr über die Verbandseinrichtungen 1. und 2. Bundesliga und waren die Vereine einzeln als außerordentliche Mitglieder in den DFB integriert, so haben sich die beiden Bundesligen mit dem 1. Juli 2001 rechtlich verselbständigt. Die Interessen der Lizenzvereine innerhalb des DFB werden jetzt mit der Stimme des Ligaverbandes vorgetragen.

1. Die Rechtsbeziehung bis zum 30. Juni 2001

Die Beziehung zwischen den Lizenzvereinen und dem DFB war bis zum 30. Juni 2001 zweigliedrig. Zum einen bestand ein mittelbarer Bezug über die Mitgliedschaft in den einzelnen Regionalverbänden, zum anderen unterwarf sich der Lizenzverein aufgrund des § 4 Lizenzspielerstatut (LSt) durch den sogenannten Lizenzvertrag zwischen ihm und dem DFB den Regelungen des Verbandes und wurde außerordentliches Mitglied im DFB[185]. Der Lizenzvertrag zwischen den Fußballvereinen und dem DFB war als eine auf ein Jahr befristete „gebührenpflichtige Beitrittsvereinbarung" zu verstehen[186].

Mit Erteilung der Lizenz war es dem Lizenzverein gestattet, am Spielbetrieb der 1. bzw. 2. Bundesliga teilzunehmen, welche anders als in anderen europäischen Ländern[187] bis zum 30. Juni 2001 keine eigene Rechtspersönlichkeit besaßen, sondern lediglich Verbandseinrichtungen des DFB waren[188].

Zuständig für die Vergabe der Lizenzen war der Ligaausschuss[189]. Grundlage der Lizenzentscheidung war neben der sportlichen Qualifikation vor allen Dingen die wirtschaftliche Leistungsfähigkeit der Vereine[190]. Insbesondere die mangelnde wirtschaftliche Leistungsfähigkeit führte in der Vergangenheit häufig zum Lizenzentzug bzw. zur Lizenzablehnung[191]. Die Voraussetzungen für die Lizenzvergabe wurden im sogenannten Lizenzierungsverfahren durch den Ligaausschuss geprüft[192].

185 § 7 Nr. 3 Satzung/DFB a.F..
186 Trommer, Transferregelungen, S. 34; § 9 LSt a.F..
187 Malatos, Berufsfußball, S. 50, 55.
188 Malatos, Berufsfußball, S. 55.
189 § 14 Nr. 1 LSt a.F..
190 §§ 5 lit a, 8 LSt a.F..
191 WAZ vom 11. Juni 2001, http://www.waz.de.
192 §§ 14, 14 a LSt a.F..

2. Das Rechtsbeziehung seit dem 1. Juli 2001

Das oben dargestellte Beziehungsgeflecht änderte sich durch die Gründung des Ligaverbandes, so dass sich seit dem 1. Juli 2001 für die Lizenzvereine sowohl ihre Beziehung zum DFB geändert hat, als auch eine neue Beziehung, nämlich die zum Ligaverband, hinzugetreten ist. Am 23. April 2001 war erstmalig der Lizenzierungsausschuss des Ligaverbandes für die Lizenzvergabe an seine Mitglieder, die Lizenzvereine der 1. und 2. Bundesliga, zuständig. Mit dieser Sitzung wurde ein neues Kapitel im deutschen Fußball eröffnet.

a) Die Beziehung zur Liga - Fußballverband e.V.

Seit dem 1. Juli 2001 regelt sich die Beziehung der Lizenzvereine zum DFB über den Ligaverband. Gemäß den Statuten des DFB ist es seine Aufgabe, die Verbandseinrichtungen der 1. und 2. Bundesliga zu verwalten und im geregelten Spielbetrieb unter anderem den deutschen Fußballmeister zu ermitteln[193]. Die Lizenzvereine der 1. und 2. Bundesliga sind Mitglieder im Ligaverband[194]. Sie erwerben die Mitgliedschaft durch Abschluss eines Lizenzvertrages mit dem Ligaverband[195]. Aufgrund dieses Lizenzvertrages unterwerfen sie sich der Satzung des Ligaverbandes und der des DFB[196]. Insofern hat sich durch die Gründung des Ligaverbandes nicht viel an der rechtlichen Situation der Lizenzvereine geändert. Da die Lizenzvereine mit dem Lizenzvertrag immer noch eine „gebührenpflichtige Beitrittsvereinbarung" abschließen, um an dem Spielbetrieb der 1. bzw. 2. Bundesliga teilnehmen zu können, ist ihre Beziehung zum Ligaverband ähnlich der, wie sie zum DFB vor dem 1. Juli 2001 war.

b) Die Rechtsbeziehung zum DFB selbst

Eine Mitgliedschaft der Lizenzvereine im DFB besteht seit dem 1. Juli 2001 nicht mehr, denn Mitglied des DFB ist neben den Regional- und Landesverbänden nur noch der Ligaverband[197]. Eine Beziehung zum DFB besteht für die Lizenzvereine nur noch über den Ligaverband, der die 1. und 2. Bundesliga als Verbandseinrichtung des DFB betreibt[198]. Der Ligaverband ist an die Statuten des DFB gebunden und verpflichtet auch seine Mitglieder, sich diesen Regelungen zu unterwerfen[199].

---

193 § 16 ff. Satzung/DFB; § 4 Satzung/Ligaverband.
194 § 8 Abs. 1 Satzung/Ligaverband.
195 § 8 Abs. 1 Satzung/Ligaverband.
196 § 8 Abs. 3 Satzung/Ligaverband.
197 § 7 Abs. 2 Satzung/DFB.
198 § 16a Abs. 1 Satzung/DFB.
199 § 16b Satzung/DFB.

II. Die Rechtsbeziehung der Vereine zur UEFA und zur FIFA

Die Rechtsbeziehung zwischen den Vereinen und der UEFA bzw. der FIFA gestaltet sich ähnlich wie die der Spieler zur UEFA bzw. zur FIFA. Der Verein ist nicht Mitglied der UEFA oder FIFA, da dies nur die nationalen Dachverbände sein können[200]. Durch den Lizenzvertrag mit dem Ligaverband erkennt der Lizenzverein über seine Mitgliedschaft im Ligaverband dessen Satzung und die des DFB an. Gemäß § 3 Nr. 1 und Nr. 2 Satzung/DFB sind die Statuten der U-EFA und der FIFA im Verbandsgebiet des DFB verbindlich, so dass die Vereine gemäß Art. 51, 52 Statuten/UEFA der Disziplinargewalt der UEFA bzw. gemäß Art. 44 Statuten/FIFA der Disziplinargewalt der FIFA im Rahmen der internationalen Wettbewerbe unterworfen sind. Diese Unterordnung hat der Ligaverband noch einmal ausdrücklich in seiner Satzung hervorgehoben[201]. Wie bei den Spielern stellen daher sowohl die UEFA als auch die FIFA für die Lizenzvereine Dritte im Sinne des § 317 BGB dar.

III. Exkurs: Die Beziehung zwischen der Liga – Fußballverband e.V. und dem DFB

Die Beziehung zwischen dem Ligaverband und dem DFB ist zweischichtig. Der Ligaverband ist Mitglied im DFB[202], so dass es sich um eine vereinsrechtliche Beziehung handelt. Insofern hat der DFB in den §§ 16 ff. Statuten/DFB die Aufgaben seines Mitgliedes „Ligaverband" umrissen und ihm weitestgehend den Betrieb der Lizenzligen übertragen, wobei es in den §§ 16 ff. Statuten/DFB heißt, dass die Ausgestaltung der einzelnen Rechte bzw. Pflichten in den entsprechenden Ordnungen oder vertraglich geregelt wird.
In § 6 Satzung/Ligaverband heißt es:

„Das Verhältnis des Ligaverbandes zum DFB bestimmt sich nach den einschlägigen Bestimmungen der Satzungen und Ordnungen beider Verbände und dem Grundlagenvertrag."

Diese Formulierung macht deutlich, dass zu der vereinsrechtlichen Komponente auch noch eine vertragliche bzw. schuldrechtliche tritt. Bei dieser vertraglichen Komponente handelte es sich um den sogenannten „Grundlagenvertrag" zwischen DFB und Ligaverband. In diesem Grundlagenvertrag war vor Gründung des Ligaverbandes die Satzung des Ligaverbandes verbindlich festgelegt worden. Der Grundlagenvertrag hat mittlerweile keine praktische Bedeutung mehr.

---

200 Art. 5 Abs. 1 Statuten/UEFA.
201 § 3 Abs. 4 Satzung/Ligaverband.
202 § 7 Abs. 1 Satzung/DFB.

Insofern handelt es sich bei der Beziehung zwischen dem DFB und dem Ligaverband um eine rein vereinsrechtliche Beziehung.

I. Zusammenfassung des 2. Teils

Es bleibt festzuhalten, dass sich die Transferbestimmungen der FIFA aufgrund der Verflechtungen der internationalen und nationalen Verbände, letztlich auch auf nationalem Verbandsgebiet durchsetzen.
Der Lizenzspieler ist in dieses Beziehungsgeflecht nach wie vor als Arbeitnehmer seines Vereines eingebunden. An dieser Beurteilung haben weder die gestiegenen Bezüge noch die rechtliche Verselbständigung der Bundesliga etwas geändert.

3. Teil
Die Transferregelung im Lizenzfußball

Die Abwicklung eines Transfers im deutschen Fußballsport richtet sich grundsätzlich nach den Verbandsrichtlinien des DFB bzw. seit dem 1. Juli 2001 nach denen des Ligaverbandes[203]. Einzige Ausnahme ist der Wechsel eines Spielers zwischen Vereinen verschiedener Nationalverbände. Für solche Wechsel gilt des FIFA-Reglement bezüglich des Status und Transfer von Lizenzspielern unmittelbar[204]. Im Laufe der Jahre hat es hinsichtlich der Abwicklung verschiedene Modifikationen gegeben, die teilweise auf betriebswirtschaftliche und teilweise auf rechtliche Gründe zurückzuführen waren. Die sicherlich bedeutendste Modifikation widerfuhr dem Transfersystem im Zuge der Bosman-Entscheidung des EuGH[205] bzw. der Kienass-Entscheidung des BAG[206].

Nachfolgend soll nach kurzer Darstellung der historischen Entwicklung des Spielertransfers im Lizenzfußball zunächst die Ablösereglung dargestellt werden, wie sie im Lizenzfußball vor der Entscheidung des EuGH üblich war, um dann nach einer kurzen Darstellung der betriebswirtschaftlichen und steuerlichen Aspekte der Ablösezahlungen auf die Bosman-Entscheidung bzw. die Kienass-Entscheidung einzugehen.

A. Historische Entwicklung

Der Transfer von Spielern ist so alt wie der Fußballsport. Schon Ende des 19. Jahrhunderts wurden in England, das schon 1885 die Bezahlung von Fußballspielern erlaubte[207], die ersten Transferpläne aufgestellt, um ärmere Klubs vor der Abwanderung von Spielern aufgrund besserer Angebote reicherer Klubs zu schützen und so einen ausgeglichenen Wettbewerb zwischen den Klubs zu ermöglichen[208]. Lange galt der Grundsatz, dass das Ablösesystem für das Überleben des Fußballs notwendig sei, denn nur so könne ein wirtschaftlicher Ausgleich für den Abgang von wechselnden Spielern geschaffen werden[209].

England ist nicht nur das Mutterland des Fußballs, sondern auch das Mutterland des Spielertransfers und der Ablösesummen. Bereits 1905 wurde in England der

---

203 §§ 11 ff. LOS.

204 Präambel Transfer-Statuten/FIFA, Anlage 2; § 14 Nr. 3 LOS.

205 EuGH, Rs. C-415/93, Bosman, Slg. I-1995, S. 4921 ff..

206 BAG, NZA 1997, S. 647 ff..

207 http://www.fussball-geschichte.net.

208 Malatos, Berufsfußball, S. 107.

209 So äußerten sich bereits 1979 der DFB-Ligasekretär Straub in der Stuttgarter Zeitung vom 27. Juni 1979, S. 12 und der Manager von Borussia Mönchengladbach Grasshoff, in dem Nachrichtenmagazin Der Spiegel vom 18. Oktober 1976, S. 113.

erste „Rekordtransfer“ verzeichnet, als der FC Middelsborough 1000 Pfund für den Spieler Alf Commons an den FC Sunderland überwies[210]. Nur 23 Jahre später überwiese der FC Arsenal bereits das Zehnfache an die Bolton Wanderes für den Transfer von David Jack[211]. 1958 klettert der britische Transfer-Rekord auf 45000 Pfund; diese Summe zahlte Manchester United für Albert Quixall an Sheffield Wednesday[212].

Die Geschichte des Transfers von deutschen Spielern begann erst nach dem 2. Weltkrieg. Die Spieler Ludwig Janda und Horst Buthz wechselten 1950 bzw. 1952 in die erste italienische Liga, wobei der FC Turin 75.000 DM Ablöse an den Karlsruher SC für den Spieler Buthz überwies[213]. Kurz vor Einführung der Bundesliga wechselten zahlreiche Spieler aus Deutschland nach Italien, denn dort war Fußball als Beruf bereits gesellschaftsfähig, und die Spieler konnten entsprechend verdienen, während man sich über diese Frage in Deutschland noch stritt[214]. Zu den ersten deutschen „Italien-Legionären“ gehörten unter anderem die Spieler Helmut Haller und Karl-Heinz Schnellinger.

Als der DFB 1963 die Bundesliga gründete, legte er die Höchstgrenze für Ablösesummen auf 100.000 DM fest. Die Vereine hielten sich allerdings bereits zum Start der Bundesliga nicht an diese Grenze. Der FC Schalke 04 etwa heuerte die Spieler Günter Hermann und Hansgeorg Lambert im Paket für 200.000 DM vom Karlsruher SC an und verbarg so einen Verstoß gegen die DFB Bestimmungen, denn die Ablösesumme für den Nationalspieler Herman lag bei 150.000 DM, während die „Beigabe“ Lambert für 50.000 DM ins Ruhrgebiet wechselte und dort nur ein Bundesligaspiel bestritt[215]. 1966 wechselte der Frankfurter Friedel Lutz bereits mit dem Segen des DFB für 175.000 DM zum TSV 1860 München und als Borussia Mönchengladbach 1968 225.000 DM für Horst Köppel an den VfB Stuttgart überwies, sprach niemand mehr von der „100.000 DM-Grenze“[216].

1973 wurde dann die „Millionen-Schallmauer“ durchbrochen, als Günther Netzer für 1, 1 Millionen DM von Borussia Mönchengladbach zu Real Madrid wechselte. Im gleichen Jahr stellte der FC Barcelona den neuen „Transfer-Weltrekord“ auf, als er für die Dienste des Niederländers Johan Cruyff 6,6 Million DM an Ajax Amsterdam zahlte[217]. Nach Günther Netzer wechselte mit Paul Breitner 1974 der nächste Deutsche zu Real Madrid; die „Königlichen“ zahlten

---

210 http://www.fussball-geschichte.net.
211 http://www.fussball-geschichte.net.
212 http://www.fussball-geschichte.net.
213 Stuttgarter Zeitung vom 30. Dezember 1982, S. 16.
214 Stuttgarter Zeitung vom 29. Dezember 1982, S. 13.
215 Kicker Sport Magazin vom 19. Juni 1981, S. 8.
216 Kicker Sport Magazin, a.a.O..
217 http://www.fussball-geschichte.net.

für den Verteidiger des FC Bayern München bereits 2, 5 Millionen DM[218]. 1976 kam es zum ersten Millionentransfer eines Bundesligavereins, als der 1. FC Köln den Belgier Roger van Gool vom FC Brügge verpflichtete[219].

Seit diesem Zeitraum dreht sich das Wechselkarussell immer schneller, und die Ablösesummen werden immer höher. Nur zehn Jahre nach dem Wechsel von Paul Breitner nach Spanien, überwies Inter Mailand an den FC Bayern München für Karl-Heinz Rummenigge bereits 12 Millionen DM. Für den gleichen Karl-Heinz Rummenigge hatte der FC Bayern München 1974 lediglich 23.000 DM an den SV Borussia Lippstadt 08 gezahlt. Der „Transfer-Weltrekord" lag zu diesem Zeitpunkt bereits bei 20 Millionen DM; diese Summe zahlte der FC Barcelona für den Argentinier Diego Maradonna[220].

Dieser Trend setzt sich auch heute noch fort und wurde auch durch die Entscheidung des EuGH in Sachen Bosman nicht gebrochen. Die zehn teuersten Spielertransfers aller Zeiten fanden nach der Bosman-Entscheidung statt. Vorläufiger Höhepunkt war die Verpflichtung des Spielers Zinedine Zidane durch Real Madrid für umgerechnet ca. 150 Millionen DM im Sommer 2001[221]. Der Spitzentransfer der Bundesliga wurde ebenfalls im Sommer 2001 getätigt, als Borussia Dortmund 50 Millionen DM für die Dienste des Spielers Amoroso an den AC Parma überwies[222].

B. Der Spielertransfer im deutschen Fußball vor 1995

Bis zur Entscheidung des EuGH in Sachen „Bosman" im Jahre 1995 war der Spielertransfer in erster Linie von Vereinsinteressen geprägt. Die Abwicklungsmodalitäten sowie die Kritikpunkte an dem damaligen System und die wirtschaftlichen und steuerlichen Auswirkungen sollen nachfolgend kurz dargestellt werden. Ohne die Kenntnis dieses Systems ist eine Beurteilung der Tragweite der Entscheidung in Sachen Bosman sowie des neuen FIFA-Reglements zum Status und Transfer von Spielern nur eingeschränkt möglich. Das neue FIFA-Reglement stellt in Teilbereichen Zustände wieder her, die Anlass für die Bosman-Entscheidung des EuGH und die Kienass-Entscheidung des BAG waren.

---

218 Kicker Sport Magazin vom 19. Juni 1981, S. 8.
219 Kicker Sport Magazin, a.a.O..
220 http://www.fussball-geschichte.net.
221 Frankfurter Rundschau vom 12. Juli 2001, http://www.fr-aktuell.de.
222 Kölner Stadt Anzeiger vom 10. Juli 2001, http://www.ksta.de.

I. Die Abwicklung des Transfers

Wollte ein Lizenzspieler in der Zeit vor der Entscheidung in Sachen Bosman seinen Verein wechseln, so hatte er sich dem nachfolgend geschilderten Verfahren zu unterziehen, in dessen Verlauf er auch mit dem Problem der Ablösezahlung konfrontiert wurde. Neben dem Vertragsschluss zwischen dem Lizenzspieler und dem aufnehmenden Verein benötigte der Lizenzspieler auch die Spielerlaubnis des DFB, die er nur erhielt, wenn er sich einem ordnungsgemäßen „Vereinswechselverfahren“ unterzog[223].

Um das Wechselverfahren einzuleiten, war es zunächst zwingend notwendig, dass der Lizenzspieler auf die sogenannte „Transferliste“ gesetzt wurde[224]. Ohne eine solche Aufnahme war ein Wechsel nicht möglich. Schloss der Lizenzspieler einen Vertrag mit einem neuen Verein ab, obwohl er nicht in die Transferliste aufgenommen war, so war dieser Vertrag aus Sicht des DFB unwirksam[225]. Bei der Aufnahme in die Transferliste handelte es sich, wie in der Literatur vertreten wurde, um ein durch ein Rechtsgeschäft vereinbartes Formerfordernis im Sinne des § 125 Satz 2 BGB[226]. Aufnehmender und abgebender Verein traten nach Aufnahme des Lizenzspielers in die Transferliste in Ablöseverhandlungen ein, denn grundsätzlich hatte der aufnehmende Verein, wenn er einen Spieler eines anderen Vereines verpflichten wollte, eine Ablösezahlung bzw. Ablöseentschädigung an den abgebenden Verein zu zahlen[227].

Dies war und ist die Idealvorstellung. Die Realität sah und sieht anders aus. Bereits 1970 unterzeichnete Klaus Fischer gleichzeitig zwei Arbeitsverträge, einen beim TSV 1860 München und den anderen beim FC Schalke 04, ohne auf die Transferliste gesetzt worden zu sein. In der Winterpause der Saison 2001/2002 sorgte der Wechsel des Spielers Sebastian Kehl vom SC Freiburg zu Borussia Dortmund für Aufregung, da Kehl wohl auch beim FC Bayern München unterschrieben hatte[228]. Dieser Vertrag wäre aber wegen des Verstoßes gegen die rechtsgeschäftlich vereinbarte Formerfordernis nach § 125 Satz 2 BGB nichtig gewesen, da Kehl zum Zeitpunkt der Vertragsunterzeichnung noch nicht in die Transferliste aufgenommen war.

---

223 § 26 a ff. LSt a.F..

224 § 27 LSt a.F..

225 Samstag, Spielerwechsel, S. 69.

226 Samstag, Spielerwechsel, S. 72; ausführlich zu vertraglichen Formerfordernissen: MünchKomm/Einsele, § 125, Rn. 1 ff..

227 § 29 Ziffer 1 LSt a.F..

228 WAZ vom 31. Dezember 2001, http//www.waz.de.

Die Ablöseentschädigung war zwischen den beteiligten Verein frei zu vereinbaren[229], wobei sich in der Praxis ein Verfahren entwickelt hatte, das die Höhe der Ablöseentschädigung ins Verhältnis zu den Jahresbezügen des Spielers setzte[230]. Danach wurden die Jahresbezüge mit einem Spielfaktor zwischen 2 und 5 multipliziert, wobei der Faktor 5 einem Stammspieler der A-Nationalmannschaft entsprach. Bei einem Wechsel ins Ausland wurden allerdings weitaus höhere Zahlungen erzielt[231].

Diesem Modus folgend würde die Ablösesumme für Oliver Kahn, der Torhüter des F.C. Bayern München und der Fußballnationalmannschaft, der einen geschätzten Jahresverdienst von 9 Mio. DM hat[232], bei einem Wechsel innerhalb der Bundesliga bei ca. 45 Mio. DM liegen.

Neben den Ablösezahlungen existierte noch ein sogenanntes System von Handgeldzahlungen[233]. Durch die Handgeldzahlung, die an den Spieler zu leisten war, wurde dieser am Umsatz seines eigenen Verkaufes beteiligt. In der Regel betrug die Höhe des Handgeldes ca. 1/5 der Ablösesumme[234]. Im oben gewählten Beispiel hätte ein aufnehmender Verein neben 45 Mio. DM Ablösesumme noch ein Handgeld in Höhe von 9 Mio. DM an den Spieler Kahn zu zahlen. Dieses Handgeld war allerdings auch dann fällig, wenn der geplante Transfer nicht zustande kam, denn auf diese Weise sollte verhindert werden, dass ein Wechsel durch die Forderung astronomischer Summen als Ablösesumme vom abgebenden Verein blockiert werden konnte[235]. Im Übrigen hat gerade der Transferfall „Deisler" gezeigt, dass das System der Handgeldzahlungen auch heute noch üblich ist. Der Spieler Deisler hatte für seinen Wechsel von Hertha BSC zum F.C. Bayern München ein Handgeld in Höhe von 20 Mio. DM erhalten[236]. Nach der oben dargestellten Berechnungsmethode hätte dies vor der Entscheidung in Sachen „Bosman" den Schluss zugelassen, dass die Ablösesumme für den Spieler Deisler bei 100 Mio. DM gelegen hätte.

Fällig wurde diese Ablöseentschädigung grundsätzlich dann, wenn der Lizenzspieler noch vertraglich an den abgebenden Verein gebunden war. Allerdings war eine Ablöseentschädigung auch dann fällig, wenn der Arbeitsvertrag zwischen dem Lizenzspieler und dem alten Verein beendet war[237], was das System

---

229 § 30 Ziffer 1 LSt a.F..
230 Westerkamp, Ablöseentschädigungen, S. 54.
231 Westerkamp, Ablöseentschädigungen, a.a.O..
232 WAZ vom 7. Dezember 2001, http://www.waz.de.
233 Westerkamp, Ablöseentschädigungen, S. 55.
234 Westerkamp, Ablöseentschädigungen, S. 56.
235 Westerkamp, Ablöseentschädigungen, a.a.O..
236 WAZ vom 22. Oktober 2001, http://www.waz.de.
237 Westerkamp, Ablöseentschädigungen, S. 43.

der Ablösezahlungen zum damaligen Zeitpunkt zunehmend in die Kritik geraten ließ[238]. Daneben existierte aber noch ein Mechanismus, der deutlich machte, wie abhängig der Lizenzspieler von den Vereinen war.

Dieser Mechanismus wurde dann ausgelöst, wenn der Wechsel des Lizenzspielers an der Ablöseentschädigung scheiterte. Für diesen Fall hatte der Lizenzspieler Anspruch auf einen neuen Vertrag bei seinem bisherigen Verein, wobei die Vergütung dem letzten schriftlichen Angebot seines Vereines entsprach[239]. Diese Regelung diente scheinbar dem Schutz des Spielers, führte in der Praxis aber dazu, dass es dem Verein möglich war, entweder einen Spieler mit großem Gewinn zu verkaufen oder aber ihn in einen Vertrag zu zwingen, dessen Konditionen einseitig vom Verein bestimmt wurden[240]. Der Verein konnte entweder die Ablösezahlung so hoch festsetzen, dass er bei einem Verkauf einen Gewinn machen würde, oder er machte als Alternative seinem Spieler ein neues Vertragsangebot zu deutlich verringerten Bezügen, so dass er sein Gehaltsniveau senken konnte. In jedem Fall stand der Verein auf der besseren Seite. Der Spieler hatte für den Fall, dass kein Verein bereit war, die geforderte Ablösesumme zu zahlen, nur die Wahl zwischen einer teilweise massiven Gehaltskürzung oder der Arbeitslosigkeit. Dieses Problem trat insbesondere dann auf, wenn ein Verein von der 1. in die 2. Bundesliga abstieg[241].

II. Die Kritik am System

Die Transfersituation in der Zeit vor der Entscheidung des EuGH in Sachen „Bosman" bot insbesondere in zwei Bereichen Raum für Kritik.

Dies war zum einen die Tatsache, dass eine Ablösezahlung auch dann fällig war, wenn der Vertrag zwischen dem Lizenzspieler und dem abgebenden Verein bereits beendet war, und zum anderen der Umstand, dass es den Vereinen durch geschicktes Taktieren bei den Vertragsverhandlungen möglich war, den Lizenzspieler im Ergebnis vor die Wahl zu stellen, ob er ein weitaus schlechteres Vertragsangebot annehmen oder den Gang zum Arbeitsamt antreten wollte.

Vor diesem Hintergrund führte die rechtliche Bewertung der Ablösepraxis innerhalb der Bundesliga zu dem Ergebnis, dass sie mit Recht und Gesetz nicht vereinbar sei; insbesondere war an einen Verstoß gegen Art. 12 GG zu denken[242]. Aufgrund der übermäßigen Freiheitsbeschränkung des Spielers in Folge

---

238 Westerkamp, Ablöseentschädigungen, S. 76 ff..
239 Westerkamp, Ablöseentschädigungen, S. 47.
240 Westerkamp, Ablöseentschädigungen, a.a.O..
241 Westerkamp, Ablöseentschädigungen, a.a.O..
242 Westerkamp, Ablöseentschädigungen, S. 108 ff..

der Ablösepraxis, war diese gemessen an § 138 BGB sittenwidrig[243]. Die oben dargestellte Ablösepraxis war geeignet, den Lizenzspieler und seine Arbeitskraft über Gebühr einzuschränken und ihm im Extremfall zur bloßen Ware herabzuwürdigen[244]. Die Abhängigkeit des Lizenzspielers ging über das übliche Arbeitgeber-Arbeitnehmer-Abhängigkeitsverhältnis hinaus[245].

Sah man - wie von Seiten des Verbandes und der Vereine im Anschluss an die Entscheidung des EuGH in Sachen „Bosman" häufig argumentiert wurde - in der Ablösentschädigung einen Ausgleich für den vom abgebenden Verein geschaffenen Mehrwert, so verdeutlichte sich die ganze Absurdität des Systems in den Fällen, in denen ein Verein kein Interesse mehr an dem Lizenzspieler hatte und deshalb von einer Vertragsverlängerung Abstand nahm, aber für diesen Lizenzspieler eine Ablöseentschädigung verlangte, obwohl durch die Verweigerung der Vertragsverlängerung zum Ausdruck gebracht wurde, dass der Lizenzspieler für den Verein keinen Wert mehr hatte[246].

III. Die wirtschaftliche Bedeutung der Ablösesumme

Bis zur Entscheidung in Sachen „Bosman" waren es meist die Ablösesummen, die das wirtschaftliche Überleben der Vereine sicherten. Häufig wurden die zukünftig zu erwartenden Transferentschädigungen, die der Spielerlizenz innewohnten, als Sicherheit verwendet[247], um so den für die Erteilung der Lizenz notwendigen Nachweis der wirtschaftlichen Leistungsfähigkeit führen zu können[248]. Wirtschaftlich leistungsfähig war der Verein immer dann, wenn seine Verbindlichkeiten durch entsprechende Eigenmittel gedeckt waren[249].

Obwohl die Ablösesumme mangels Wechsels noch nicht begründet war, ist die Abtretung dieser zukünftigen Forderung zivilrechtlich möglich; von dieser Möglichkeit haben die Vereine regen Gebrauch gemacht[250]. Entscheidend für die vorzeitige Abtretung ist, dass die Höhe der Forderung nach den Richtlinien des DFB zu bestimmen war[251], auf die Person des zukünftigen Schuldners kommt es

---

243 Westerkamp, Ablöseentschädigungen, S. 145; Preis, B. Der Lizenzspieler, S. 63; MünchKomm/Mayer-Maly/Armbrüster, § 138 BGB, Rn. 68 ff.; zur Wirkung der Grundrechte im Sport, ausführlich: Segerer, Wirkung der Grundrechte, S. 199 ff..

244 Westerkamp, Ablöseentschädigungen, S. 138.

245 Westerkamp, Ablöseentschädigungen, a.a.O.; Samstag, Spielerwechsel, S. 105.

246 Westerkamp, Ablöseentschädigungen, S. 144.

247 Trommer, Transferregelungen, S. 42; Schennen, Ablösesummen, S. 272 ff.; Westerkamp, Ablöseentschädigungen, S. 159 ff.; Wertenbruch, ZIP 1993, S. 1294.

248 § 5 Nr. 1 lit d LSt.

249 Galli, SpuRt 1996, S. 80.

250 Trommer, Transferregelungen, S. 42 f..

251 Wertenbruch, ZIP 1993, S. 1294.

insoweit nicht an[252]. Diese Vorgehensweise der Vereine wurde nicht zuletzt durch die o.g. Möglichkeit begünstigt, die zukünftigen Ablösebeträge zu aktivieren[253].

IV. Die steuerrechtliche Bedeutung der Ablösesumme

Die Transferentschädigungen, die ein Verein für einen Spieler zahlt, wurden als Anschaffungskosten für die vom DFB zu erteilende Spielerlaubnis bewertet und stellten einen immateriellen Vermögensgegenstand im Sinne des § 266 Absatz 2 A I 1 HGB dar[254]. Zwar ist die Spielerlaubnis keine Konzession im Sinne dieser Vorschrift, weil es sich nicht um eine behördliche Genehmigung zur Ausübung einer bestimmten Tätigkeit handelt, sie erfüllt aber alle übrigen Anforderungen, die an eine Konzession zu stellen sind[255]. Sie fällt mit dem Ablauf des Arbeitsvertrages weg[256]. Gemäß § 7 Absatz 1 Satz 1 EStG bemisst sich ihre gewöhnliche Nutzungsdauer ausschließlich nach dem Arbeitsvertrag, d.h. nach der rechtlichen Nutzungsdauer[257]. Die Transferentschädigung konnte über die Dauer des Vertrages unter der Beachtung von Optionsmöglichkeiten abgeschrieben werden[258].

Durch diese steuerrechtliche Einstufung der Transferentschädigung, insbesondere durch die Abschreibemöglichkeit, hat diese also direkten Einfluss auf die steuerliche Bewertung des Vereinsvermögens genommen.

C. Die Entscheidung des EuGH in Sachen „Bosman"

Wohl wenige Entscheidungen des EuGH haben für mehr Aufsehen gesorgt als die Entscheidung in der Sache „Bosman". In ersten Reaktionen wurde das Urteil als sportwidrig, lebensfremd und ahnungslos oder als Versuch zur Zerstörung des Vereinsfußballs bewertet[259]. Den beteiligten Richtern wurde vollkommene Ahnungslosigkeit und Dilettantismus vorgeworfen[260].

---

252 RGZ 136, S. 100, 102; MünchKom/Roth, § 398, Rn. 67 f.; Esser/Schmidt, Schuldrecht, § 37 I 2 a.
253 Ströfer, BB 1982, S. 1087 ff..
254 Arens, SpuRt 1996, S. 39, 41.
255 BFH, NJW 1993, S. 222, 222.
256 § 26 Nr. 5 LSt.
257 BFH, NJW 1993, S. 222, 224.
258 Schmidt, EStG, § 7, Rn. 87.
259 FAZ vom 16. Dezember 1995, S. 32 und vom 17. Dezember 1995, S. 32, 43; Süddeutsche Zeitung vom 16. Dezember1995, S. 4 und vom 17. Dezember 1995, S. 43; Die Welt vom 16. Dezember 1995, S. 1 und vom 17. Dezember, S. 3.
260 So Rupert Scholz im Hamburger Abendblatt vom 17. Januar 1996, S. 29.

I. Einleitung

Jean-Marc Bosman war Fußballprofi bei dem belgischen Erstligaverein RC Lüttich. Sein Vertrag war auf den 30. Juni 1990 befristet und sah ein monatliches Salär von BFR 120.000,--[261] einschließlich Prämien vor. Mit Ablauf des Vertrages bot ihm der RC Lüttich einen neuen Vertrag mit dem monatlichen Mindestlohn von BFR 30.000,--[262] an. Als Bosman dieses Angebot ausschlug, wurde er auf die Transferliste gesetzt. Die Höhe der Ablösezahlung, von den beteiligten Parteien als „Ausbildungsentschädigung" deklariert, wurde auf BFR 11.743.000,--[263] festgesetzt. Da sich kein Interessent zeigte, nahm Bosman zum französischen Zweitligaverein US Dünkirchen Kontakt auf und schloss mit diesem einen Vertrag. Der Vertrag sah ein monatliches Gehalt von BFR 100.000,--[264] und ein Handgeld von BFR 900.000,--[265] vor. Zwischen dem RC Lüttich und dem US Dünkirchen wurde ein Vertrag über den zeitweiligen Transfer des Spielers Bosman zu einer Transfersumme von BFR 1.200.000,--[266] abgeschlossen. Fällig wurde diese Entschädigung mit Eingang des Freigabescheins des belgischen Fußballverbandes beim französischen Fußballverband, ferner stand der Vertrag unter der aufschiebenden Bedingung, dass dieser Freigabeschein vor dem ersten Saisonspiel am 2. August 1990 übermittelt werden würde. Da der RC Lüttich Zweifel an der Zahlungsfähigkeit des US Dünkirchen hatte, unterließ er es, diesen Freigabeschein zu beantragen.

Am 8. August 1990 erhob Bosman Klage gegen den RC Lüttich beim Tribunal de première Lüttich. Dieser hat dem EuGH mit Urteil vom 1. Oktober 1993 gemäß Artikel 177 EWG-Vertrag[267] Fragen nach der Auslegung der Artikel 48, 85[268] und 86[269] EWG-Vertrag zur Vorabentscheidung vorgelegt.

---

261 ca. € 2.975,--.
262 ca. € 744,--.
263 ca. € 291.150,--.
264 ca. € 2.480,--.
265 ca. € 22.310,--.
266 ca. € 24.790,--.
267 Jetzt Art. 234 EGV.
268 Jetzt Art. 81 EGV.
269 Jetzt Art. 82 EGV.

II. Die Urteilsgrundsätze bezüglich der Transfer-Entschädigung

Die beiden Kernaussagen lassen sich gemäß den Leitsätzen des Urteils wie folgt zusammenfassen[270]:

Artikel 48 EWG-Vertrag[271] steht der Anwendung von durch Sportverbänden aufgestellten Regeln entgegen, nach denen ein Berufsfußballspieler, der Staatsangehöriger eines Mitgliedstaats ist, bei Ablauf des Vertrages, der ihn an einen Verein bindet, nur dann von einem Verein eines anderen Mitgliedstaats beschäftigt werden kann, wenn dieser dem bisherigen Verein eine Transfer-, Ausbildungs- oder Förderungsentschädigung gezahlt hat.

Artikel 48 EWG-Vertrag steht der Anwendung von durch Sportverbänden aufgestellten Regeln entgegen, nach denen die Fußballvereine bei den Spielen der von diesen Verbänden veranstalteten Wettkämpfe nur eine begrenzte Anzahl von Berufsspielern, die Staatsangehörige anderer Mitgliedstaaten sind, aufstellen können.
Die letztgenannte Urteilsfindung bezieht sich auf die sogenannte Ausländerklausel und ist nicht Gegenstand dieser Untersuchung, so dass nachfolgend lediglich der Wegfall der Transferentschädigungen diskutiert wird.

1. Problemstellung

Die Entscheidung des EuGH in Sachen Bosman betrifft nur die Regelungen über eine Transferentschädigung nach Ablauf der Vertragslaufzeit.

Der Sinn von Transferentschädigungen wurde darin gesehen, dass sie einen Ausgleich für die Ausbildung von jungen Fußballern darstellten und so den kleineren Vereinen als Anreiz dienten, in die Ausbildung zu investieren, da gute Ausbildung auch im Profisport teuer ist. Ferner diente sie als Ausgleich für die „Weiterbildungskosten" der etablierten Vereine.

Im Unterschied zu einer Vertragsaufhebung während der Laufzeit, zu der der abgebende Verein nicht verpflichtet ist und die er sich regelmäßig abkaufen lässt, hat der abgebende Verein bei einem durch Zeitablauf beendeten Vertrag keinen Anspruch auf Zahlung einer Ablösesumme. Ein solcher Anspruch kann seine Rechtsgrundlage nur in der individuellen vertraglichen Absprache zwischen Spieler und Verein haben oder auf einer verbandsrechtlichen Grundlage basieren.

---

270 EuGH, Rs. C-415/93, Bosman, Slg. I-1995, S. 4921, 5081.
271 Jetzt Art. 39 EGV.

Gegen letztere Regelung wendet sich die Bosman-Entscheidung, wobei der EuGH sich insofern auf Art. 48 EGV a.F. beruft; die Auflösung eines Vertrages gegen Zahlung während der Laufzeit ist von der Entscheidung des EuGH nicht betroffen.

2. Die Urteilsgrundsätze bezüglich der Transferentschädigung im Detail

Um in Sachen Bosman entscheiden zu können, musste der EuGH zunächst zu der Frage Stellung nehmen, ob die Vorlage gemäß Art. 177 EGV a.F. überhaupt zulässig war. Ferner bestätigte der EuGH seine Rechtsprechung zu der Frage, ob der Sport überhaupt dem Gemeinschaftsrecht unterliegt, um dann die Frage der Reichweite von Art. 48 EGV a.F. – der eigentlichen Kern der Bosman-Entscheidung – zu beantworten.

a) Die Zulässigkeit der Vorabentscheidung[272]

Die URBSFA, die UEFA und einige nationale Regierungen haben die Zulässigkeit der Vorlage bezweifelt. Sie stützten sich dabei auf drei Argumente.
Erstens seien die Ausgangsverfahren lediglich ein Kunstgriff des Klägers, mit dem eine Vorabentscheidung des EuGH über Fragen herbeigeführt werden solle, die für die Entscheidung der Rechtsstreitigkeit objektiv in keiner Weise erforderlich sei.

Als zweites Argument wurde angeführt, dass die Frage der Ausländerklausel im vorliegenden Fall nicht relevant sei. Da der belgische Cour de cassation die Anträge des Klägers, die in der Satzung der URBSFA enthaltene Ausländerklausel sei auf ihn nicht anwendbar, für unzulässig gehalten habe, bezöge sich der Ausgangsrechtsstreit nicht auf die Anwendung der Ausländerklausel, und der EuGH dürfe daher auch keine Stellungnahme zu dieser Frage abgeben.

Der EuGH hat unter Bezugnahme auf seine Rechtsprechung darauf hingewiesen, dass es gemäß Art. 177 EWG-Vertrag allein Sache des nationalen Gerichts ist, sowohl die Erforderlichkeit einer Vorabentscheidung zum Erlass seines Urteils als auch die Erheblichkeit der dem Gerichtshof von ihm vorgelegten Fragen zu beurteilen[273].

---

272 EuGH, Rs. C-415/93, Bosman, Slg. I-1995, S. 4921, 5058 ff., Tz. 55 – 68.

273 EuGH, Rs. C-125/94, Aprile, Slg. I-1995, S. 2919 ff.; EuGH, Rs. C-143/94, Furlanis costuzioni generali, Slg. I-1995, S. 3633, Tz. 12; EuGH, Rs. C-83/91, Meilicke, Slg. I-1992, S. 4871 ff..

Der EuGH entscheidet nur dann nicht über eine ihm vorgelegte Frage, wenn diese entweder in keinem Zusammenhang mit der Realität oder dem Gegenstand des Ausgangsrechtsstreits steht oder das Problem hypothetischer Natur ist[274].

Beide Fragen hat der EuGH für sich verneint und sich damit folgerichtig für die Beantwortung der ihm vorgelegten Fragen für zuständig erklärt[275].

b) Sport als Teil des Gemeinschaftsrechts

Bereits früh hat der EuGH zu der Frage Stellung genommen, ob EG-Recht auf den Sport anwendbar ist[276]. Voraussetzung für eine Anwendbarkeit der Regelungen des EG-Rechts ist, dass Sport als Teil des Wirtschaftslebens unter den Art. 2 EGV zu subsumieren ist.

In der Vergangenheit hatten gerade die Vereine und Verbände argumentiert, der Sport sei ein von der Geltung des EG-Rechts ausgenommenes, eigenständiges gesellschaftliches Subsystem, und die betroffenen Regelungen seien nicht staatlicher, sondern privater Rechtsnatur[277].

Diesem Argument trat der EuGH in der Bosman-Entscheidung entgegen. Der EuGH hat zwar anerkannt, dass es grundsätzlich schwierig sei, den wirtschaftlichen Aspekt des Fußballs vom sportlichen zu trennen, und dass die Gemeinschaftsbestimmungen über die Freizügigkeit den Regelungen und Praktiken nicht entgegenstehen, die aus nichtwirtschaftlichen Gründen, die mit dem spezifischen Charakter und Rahmen bestimmter Begegnungen zusammenhängen, gerechtfertigt sind[278]. Diese Beschränkung der fraglichen Bestimmungen darf aber nicht weitergehen, als ihr Zweck es erfordert[279]. Trotz dieser Einschränkung lässt der EuGH aber die Schlussfolgerung, die den Lizenzfußball betreffenden Regelungen seien in Gänze von den Bestimmungen des Gemeinschaftsrechts ausgenommen, nicht zu[280].
Vielmehr subsumiert der EuGH den Berufssport insgesamt aufgrund seiner ökonomischen Aktivitäten unter das Tatbestandsmerkmal des „Wirtschaftslebens" im Sinne des Art. 2 EGV, so dass die Grundfreiheiten des Gemeinsamen Mark-

---

274 EuGH, Rs. C-125/94, Aprile, Slg. I-1995, S. 2919 ff.; EuGH, Rs. C-143/94, Furlanis costuzioni generali, Slg. I-1995, S. 3633, Tz. 12; EuGH, Rs. C-83/91, Meilicke, Slg. I-1992, S. 4871 ff..
275 EuGH, Rs. C-415/93, Bosman, Slg. I-1995, S. 4921, 5061, Tz. 67.
276 EuGH, Rs. 36/74, Walrave und Koch, Slg. 1974, S. 1405 ff.; EuGH, Rs. 13/76, Donà/Mantero, Slg. 1976, S. 1333 ff..
277 Hilf/Pache, NJW 1996, S. 1171.
278 EuGH, Rs. C-415/93, Bosman, Slg. I-1995, S. 4921, 5064, Tz. 76.
279 EuGH, Rs. C-415/93, Bosman, Slg. I-1995, a.a.O..
280 Trommer, Transferregelungen, S. 60; Fischer, H.-G., SpuRt 1996, S. 34.

tes uneingeschränkt Anwendung finden[281]. Diese Sichtweise wird letztlich auch durch die Tatsache gestützt, dass der DFB auch Kapitalgesellschaften als Vereinstöchter am Spielbetrieb der 1. und 2. Bundesliga teilnehmen lässt[282].

Nach der Ansicht des EuGH ist der Fußball auch nicht Teil des europäischen Kulturgutes, was ihn insoweit einer Regelung durch EG-Recht gemäß Art. 151 EGV entzogen hätte, denn die vom Ausgangsgericht vorgelegte Frage beziehe sich auf die Tragweite der durch Art. 48 a.F. EGV garantierten Freizügigkeit für Arbeitnehmer und nicht auf die Voraussetzungen für die Ausübung von Gemeinschaftsbefugnissen beschränkten Umfangs[283].

c) Die Drittwirkung des Art. 48 EGV a.F.[284]

Dem Argument, dass die in den Artikeln des EGV aufgestellten Verbote nur Beschränkungen beträfen, die auf staatlichen Maßnahmen beruhen, nicht dagegen Beschränkungen die von Rechtsgeschäften herrührten, deren Urheber Einzelpersonen oder private rechtliche Vereinigungen seien, erteilte der EuGH bereits früh eine Absage[285]. Ohne eine solche Gleichstellung von staatlichen und privaten Akten sieht der EuGH eines der wesentlichen Ziele des EGV, nämlich den freien Verkehr von Waren, Dienstleistungen und Personen gemäß Art. 3 lit. c EGV, gefährdet, da die Beseitigung staatlicher Schranken in ihrer Wirkung durch die Errichtung von Schranken durch privatrechtliche Vereinigungen wieder aufgehoben werden könnte[286].

In der Bosman-Entscheidung hat der EuGH darauf hingewiesen, dass die verschiedenen Arbeitsbedingungen für Lizenzfußballspieler in den verschiedenen Mitgliedstaaten teilweise durch Gesetze oder Verordnungen und teilweise durch von Privatpersonen geschlossene oder vorgenommene Verträge oder sonstige Akte geregelt sind[287] und eine Beschränkung des Art. 48 EGV a.F. auf behördliche Maßnahmen somit zu einer Ungleichbehandlung der Lizenzspieler führen könnte[288].

Betrachtet man dazu noch die Argumentation des EuGH in der Entscheidung „Walrave und Koch", wo es unter Bezug auf Art. 7 Abs. 4 EWGV der Verordnung Nr. 1612/68 heißt, dass das Diskriminierungsverbot auch für Einzelar-

---

281 Trommer, Transferregelungen, S. 60.
282 Borussia Dortmund ist eine KGaA, deren Anteile auch an der Börse gehandelt werden.
283 EuGH, Rs. C-415/93, Bosman, Slg. I-1995, S. 4921, 5064 f., Tz. 78.
284 Ausführlich hierzu: 3. Teil, C, I, 1., b.
285 EuGH, Rs 36/74, Walrave und Koch, Slg. 1974, S. 1405, 1419, Tz. 14/15.
286 EuGH, Rs 36/74, Walrave und Koch, Slg. 1974, S. 1405, 1419 f., Tz.: 16/19.
287 Zu den unterschiedlichen Regelungen in Europa: Malatos, Berufsfußball, S. 104 ff..
288 EuGH, Rs. C-415/93, Bosman, Slg. I-1995, S. 4921, 5066, Tz.: 84.

beitsverträge und sonstige Kollektivvereinbarungen gilt[289], so sind im Ergebnis alle dem Ziel der Freizügigkeit zuwiderlaufenden Bestimmungen nichtig[290], und es ist „von einer unmittelbaren Drittwirkung des Art. 48 EGV qua europarechtlicher Kodifizierung auszugehen."[291].

Insofern kam der EuGH zu dem Schluss, dass Art. 48 EGV a. F. für die von Sportverbänden wie der URBSFA, der FIFA oder der UEFA aufgestellten Regeln gilt, die die Voraussetzungen für die Ausübung einer unselbständigen Tätigkeit durch die Berufssportler festlegt[292].

d) Der Verstoß gegen Art. 48 EGV a.F.

„Bestimmungen, die einen Staatsangehörigen eines Mitgliedstaats daran hindern oder davon abhalten, sein Herkunftsland zu verlassen, um von seinem Recht auf Freizügigkeit Gebrauch zu machen, stellen daher Beeinträchtigungen dieser Freiheit dar, auch wenn sie unabhängig von der Staatsangehörigkeit der betroffenen Arbeitnehmer Anwendung finden"[293].

Mit diesem einen Satz in der Bosman-Entscheidung wandelte der EuGH, ähnlich wie zuvor bei Art. 30 a.F. EGV[294] und Art. 59 a.F. EGV[295], die Arbeitnehmerfreizügigkeit des Art. 48 a.F. EGV von einem Diskriminierungsverbot in ein umfassendes Beschränkungsverbot um[296]. Somit hat der EuGH deutlich herausgestellt, dass Art. 48 a.F. EGV ein allumfassendes Verbot der Freizügigkeit von Arbeitnehmern statuiert[297], und zwar unabhängig von der Frage, ob die entsprechende Vorschrift auch diskriminierend ist.

Letzteres Argument ist im Zusammenhang mit der Bosman-Entscheidung von der UEFA vorgetragen worden. Diese wies darauf hin, dass das System der Ablösesummen für alle Spieler gelten würde, und zwar unabhängig von ihrer jeweiligen Nationalität.
Trotz der Tatsache, dass das diskriminierende Element bei den Regelungen über die Transferentschädigung – im Gegensatz zu denen über die Ausländerklausel – fehlte und diese Regelungen daher auf den ersten Blick mit dem Wortlaut des

---

289 EuGH, Rs 36/74, Walrave und Koch, Slg. 1974, S. 1405, 1420, Tz.: 20/22.
290 Hilf, NJW 1984, S. 519.
291 Trommer, Transferregelungen, S. 62.
292 EuGH, Rs. C-415/93, Bosman, Slg. I-1995, S. 4921, 5067, Tz.: 87.
293 EuGH, Rs. C-415/93, Bosman, Slg. I-1995, S. 4921, 5069, Tz.: 96.
294 EuGH, Rs. 8/74, Dassonville, Slg. 1974, S. 837 ff.; EuGH Rs. 120/78, Cassis de Dijon, Slg. 1979, S. 649 ff..
295 EuGH, Rs. 33/74, van Binsbergen, Slg. 1974, S. 1299 ff..
296 Hober/Tietje, JuS 1996, S. 489.
297 Hober/Tietje, JuS 1996, S. 490.

Art. 48 EGV a.F. übereinstimmten, entschied der EuGH, dass die Transferregelungen gegen den EG-Vertrag verstießen, und erklärte sie für europarechtswidrig. Übergangsfristen zur Anpassung der Transferregelungen gewährte der EuGH nicht.

III. Die Bedeutung der Entscheidung in Sachen „Bosman“

Das folgende, von Parensen angeführte Zitat fasst die Tragweite der Entscheidung in Sachen „Bosman“ treffend zusammen.

„Belgium is famous for two things, so the story goes: Hercule Poirot and putting mayonnaise on chips. In December 1995, though, a third claim to fame was added to the list: the Bosman Ruling.“[298]

Nicht nur wurden sich die Einwohner Europas quasi über Nacht der Existenz des Europäischen Gerichtshofes bewusst, sondern eben dieser Gerichtshof hatte mit einer einzigen Entscheidung dafür gesorgt, dass der europäische Fußball sein Gesicht veränderte. Ein über Jahrzehnte praktiziertes System war verschwunden, und die europäischen Fußballvereine wurden so gezwungen, die Realität eines sich verändernden Europas zu akzeptieren und sich anzupassen[299].

D. Die Entscheidung des BAG in Sachen „Kienass“

Als Reaktion auf die Bosman-Entscheidung des EuGH erklärte das BAG in seiner sogenannten Kiennass-Entscheidung die Aus- und Weiterbildungsentschädigung, die der Deutsche Eishockey Bund (DEB) in § 59 seiner Spielordnung verankert hatte, für unvereinbar mit Art. 12 GG. Aufgrund ihrer Tragweite und der Tatsache, dass diese Entscheidung die Grundsätze der Bosman-Entscheidung auf innerdeutsche Vorgänge übertrug, wird die Entscheidung des BAG auch als der „deutsche Bosman“[300] bezeichnet.

I. Einleitung[301]

Torsten Kienass war Eishockeyspieler beim EHC Dynamo Berlin[302]. Er hatte einen Vertrag, der vom 1. Juli 1991 bis zum 30. April 1993 datierte. Gemäß § 1 dieses Vertrages hat sich der Spieler Kienass unter anderem den Satzungen und Ordnungen des DEB unterworfen. Zum Regelwerk des DEB gehörte unter ande-

---

298 Parensen, Fußball-Bundesliga, S. 70.
299 Zur Entwicklung nach Bosman auch unten, 2. Teil, E, S. 70 ff..
300 Arnes, SpuRt 1997, S. 126.
301 BAG, NZA 1997, S. 647 ff..
302 Jetzt Eisbären Berlin.

rem die Spielordnung. In § 59 dieser Spielordnung war die sogenannte Aus- und Weiterbildungsentschädigung bei einem Spielertransfer geregelt. In Satz 1 heißt es, dass der Verein, der einen Spieler aufnimmt, gegenüber dem abgebenden Verein zur Zahlung einer Aus- und Weiterbildungsentschädigung verpflichtet ist. Weiter heißt es, dass der Wechsel des Spielers nicht von der Zahlung abhängig gemacht werden darf. In § 59 Abs. 4 SpielO ist festgehalten, dass die Aus- und Weiterbildungsentschädigung dem Finanzausgleich der am Spielbetrieb beteiligten Vereine dient.

Aufgrund rückständiger Gehaltszahlungen kündigte der Spieler Kienass am 30. April 1992 und nochmals am 8. Juni 1992 seinen Vertrag mit Dynamo Berlin. Als es im Zuge der Einigung über noch ausstehende Gehaltszahlungen zu Vorwürfen des Prozessbetruges seitens des Vereines kam, kündigte Kienass am 24. Juli 1992 fristlos. Am 23. Juli 1992 hatte er sich bereits mit der Düsseldorfer Eishockey Gemeinschaft (DEG) über einen Wechsel zu dieser bzw. über einen Wechsel, verbunden mit einem Leihgeschäft mit dem EC Ratingen[303] (ECR), geeinigt. In diesem Vertrag wurde festgehalten, dass Transferzahlungen aufgrund des vorgenannten Geschäftes von mehr als 30.000,-- DM zu Lasten des Spielers gehen würden. Entsprechend gewährte die DEG dem Spieler Kienass für höhere Entschädigungszahlungen ein Darlehen.

Vor dem ständigen Schiedsgericht des DEB einigten sich die Eisbären Berlin und die DEG schließlich am 18. September 1992 auf eine Aus- und Weiterbildungsentschädigung von 140.500,-- DM. In dem am 3. Mai 1993 zwischen dem Spieler Kienass und der DEG geschlossenen Vertrages hieß es in § 8, dass der Spieler den Teil der Ablösesumme, der 30.000,-- DM übersteigt, also 110.500,-- DM, selbst zu tragen habe und die DEG ihm hierfür ein Darlehen gewähre.

Im Rahmen seiner arbeitsgerichtlichen Klage verlangte Kienass von seinem ehemaligen Arbeitgeber unter anderem die Freistellung von der Darlehensverbindlichkeit.

II. Die Urteilsgrundsätze

Das BAG entschied, dass Transferentschädigungen, die auch dann verlangt werden können, wenn das Arbeitsverhältnis beim abgebenden Verein beendet ist, gegen die guten Sitten verstoßen[304]. Unbeantwortet blieb die Frage nach der Zulässigkeit des sogenannten „Herauskaufens“ aus noch nicht abgelaufenen Verträgen. Zu zwei Fragen im Zusammenhang mit Transferentschädigungen hat das BAG besonders deutlich Stellung genommen.

303 Jetzt Revier Löwen Oberhausen.
304 BAG, NZA 1999, S. 647, 650.

1. Transferentschädigungen als Ausgleich für Aus- und Weiterbildung

Eine Absage erteilte das BAG dem Glauben, Transferentschädigungen seien als Ausgleich für die Aufwendungen eines Vereines im Bereich der Aus- und Weiterbildung rechtmäßig. Die Transferentschädigung richtet sich regelmäßig nach dem sportlichen „Wert" des Spielers und nicht nach den Kosten seiner Aus- und Weiterbildung[305]. Darüber hinaus sind Ausbildungskosten nach ständiger Rechtsprechung des BAG[306] nur dann erstattungsfähig, wenn sie der Ausbildung des einzelnen eindeutig zuzuordnen sind, was sich aber insbesondere bei der „Ausbildung" von gemeinsam trainierten Sportlern als äußerst schwierig erweisen dürfte. Hinzu kommt noch, dass der durch die Ausbildung bzw. das Training gesteigerte Ausbildungsgrad des einzelnen Spielers bei dem nächsten Einsatz des Spielers sofort abgerufen werden kann[307], so dass sich die von dem einzelnen verursachten Kosten sofort in Nutzen für den Verein umwandeln lassen. Als „Wertsteigerung" bliebe dann nur noch der wohl unmöglich zu beziffernde Erfahrungsgewinn des einzelnen Spielers übrig.

Dass auch nicht Kostengesichtspunkte Grundlage für eine hohe Ablösesumme sind, sondern allein die Frage nach dem sportlichen „Wert" des Einzelnen ausschlaggebend ist, zeigt nicht zuletzt auch die Tatsache, dass die höchsten Ablösesummen für die besten Spieler gezahlt werden[308].

2. Transferentschädigungen zur Gesamtfinanzierung der Vereine

Auch das Argument des Finanzausgleichs zwischen den Vereinen aufgrund von Transferzahlungen sowie die dadurch bedingte Aufrechterhaltung eines ordentlichen Spielbetriebes, rechtfertigt nach Meinung des BAG die Einschränkung der Berufsfreiheit der Spieler durch die Transferzahlungen nicht[309]. Das BAG ist der Ansicht, dass weder das berechtigte Interesse der Vereine am Schutze ihres „Spielervermögens" gemäß Art. 14 GG, noch das durch eine Finanzierung der Vereine untereinander aufgrund von Transferzahlungen vorhandene Interesse an einer sportlichen Chancengleichheit den Eingriff in das Recht auf Berufswahlfreiheit rechtfertigen.

Das BAG erkennt zwar an, dass die Vereine in diesen beiden Punkten durchaus auch schützenswert sind, sieht aber im zum damaligen Zeitpunkt praktizierten

---

305 BAG, NZA 1999, S. 647, 651; Arens, SpuRt 1997, S. 127.
306 BAG, NZA 1996, S. 314 ff. m. w. N.
307 BAG, NZA 1999, S. 647, 651.
308 Dazu Arens, SpuRt 1997, S. 127.
309 BAG, NZA 1997, S. 647, 651.

System einen Interessenskonflikt mit dem Recht der Spieler aus Art. 12 GG und löst diesen Konflikt zu Gunsten der Spieler[310].

III. Die Bedeutung der Entscheidung in Sachen „Kienass“

Für Deutschland war die Kienass-Entscheidung das, was Bosman für Europa war, allerdings kam sie nicht annähernd so überraschend, sondern war nach der EuGH-Entscheidung in Sachen Bosman absehbar. Auf europarechtliche Fragen ging der BAG in seiner Entscheidung nur am Rande ein und begnügte sich mit der Feststellung, dass der europarechtliche Freizügigkeitsgedanke dem Grunde nach der Berufsfreiheit des Grundgesetzes entsprach und insofern europäisches und nationales Recht übereinstimmten[311].

E. Die Entwicklung der Spielertransfers im Anschluss an „Bosman“ und „Kienass“

Obwohl die Entscheidung des EuGH in Sachen „Bosman“ nicht zuletzt auch nach den Schlussanträgen des Generalanwalts Lenz vorhersehbar war, zeigte sich die europäische Fußballgemeinschaft von dem Urteilsspruch überrascht und kritisierte ihn heftig[312]. Da der EuGH den Vereinen und Verbänden keine Übergangsfristen für die Umstellung der Verbandspraktiken gemäß der Bosman-Entscheidung gesetzt hatte und das Urteil während einer laufenden Saison erlassen wurde, mussten zunächst kurzfristige Lösungen gefunden werden, bevor über mittel- bzw. langfristige Lösungen nachgedacht werden konnte.

I. Reaktionen auf „Bosman“ und „Kienass“

Vorherrschende Auffassung war zunächst, dass man versuchen sollte, die vom EuGH in Sachen Bosman festgelegten Grundsätze irgendwie zu umgehen[313]. Die Vertreter der Bundesligavereine und des DFB einigten sich in einer Krisensitzung am 7. Januar 1996 in Gravenbruch darauf, bezüglich der Ausländerregelung bis zum Saisonende nach der alten Regelung zu verfahren[314]. Dieses sogenannte „gentlemen's agreement“ war allerdings nicht justiziabel, und wenn ein Verein ausgeschert wäre, so wären von Seiten des Verbandes keinerlei Sanktionen möglich gewesen. Erstaunlicherweise hielt diese Vereinbarung bis zum Ende der Saison.

---

310 BAG, NZA 1997, S. 647, 651.
311 Arens, SpuRt 1997, S. 127.
312 Parensen, Fußball-Bundesliga, S. 116.
313 Trommer, Transferregelungen, S. 89; Dinkelmeier, Das Bosman-Urteil, S. 122.
314 Kölner Stadt Anzeiger vom 8. Januar 1996, S. 14.

II. Die veränderte Situation aus Sicht der Beteiligten

Die Bosman-Entscheidung hatte unterschiedliche Auswirkungen, je nachdem welchem Zweig der Fußballfamilie der jeweils Betroffene angehörte. Nachfolgend werden die Auswirkungen für den Verband, die Vereine und die Spieler dargestellt.

1. Verbandsebene

Bei der Änderung des Transfersystems gingen die Verbände allerdings auch noch einige Zeit nach der Entscheidung davon aus, dass eine radikale Änderung nicht erforderlich sei. Der DFB entschloss sich daher, für die Saison 1996/1997 das System für Inlandtransfers grundsätzlich beizubehalten, da die Entscheidung in Sachen Bosman keine unmittelbare Auswirkung auf innerstaatliches Recht hatte[315]. Die Transferzahlungen waren nach dem bekannten System zu berechnen, und auf den so ermittelten Wert wurde dann ein Preisabschlag von 50% vorgenommen, so dass die Spieler für die kommende Saison nur noch „halb so teuer waren“[316].

Allerdings wurde schnell deutlich, dass ein solch „preisreduziertes“ Transfersystem auch innerhalb Deutschlands nicht haltbar war. Mit seiner Entscheidung in Sachen „Kienass“ machte das BAG deutlich, dass auch nach deutschem Recht das Verlangen nach Ablösesummen in ungerechtfertigter Weise in die Berufsfreiheit der Spieler eingriff und somit auch die Zahlung von Ablösesummen bei Transfers innerhalb Deutschlands rechtswidrig war. Dies führte dazu, dass ab der Saison 1997/1998 auch bei innerdeutschen Wechseln keine Ablösesumme mehr zu zahlen war.

Mit Wegfall der Transfererlöse war man von Seiten des Verbandes zunächst bemüht, ein alternatives Finanzierungsmodell zu entwickeln, das für einen finanziellen Ausgleich zwischen den Vereinen sorgen sollte und Anreiz für die weitere Nachwuchsförderung bieten würde, denn der Wegfall der Transferzahlungen, über den auch die Nachwuchsförderung finanziert wurde, würde – so befürchtete man von Seiten des DFB – zu einer Reduzierung in der Ausbildung führen. Allerdings war dieses Finanzierungsmodell derart unausgereift und unterfinanziert, dass es im November 1997 endgültig aufgegeben wurde[317].

---

315 Parensen, Fußball-Bundesliga, S. 124; Dinkelmeier, Das Bosman-Urteil, S. 126 f.
316 Parensen, Fußball-Bundesliga, S. 124.
317 Parensen, Fußball-Bundesliga, S. 126.

Da es zu keiner finanziell vernünftigen Lösung kam, befürchtete DFB-Präsident Gerhard Meyer-Vorfelder, dass die Klubs innerhalb der Bundesliga große finanzielle Problem bekommen würden[318].

2. Vereinsebene

Die gravierendste Auswirkung für die Vereine bestand in dem Wegfall ihres wichtigsten Finanzierungsmittels[319]. Die Rechte an dem einzelnen Spieler waren, da nach dem alten System eine Ablösesumme fast garantiert war, ein wichtiger Posten auf der Aktivseite der Vereinsbilanz. Dieser Posten musste nach der Entscheidung des EuGH in Sachen Bosman neu bewertet werden, mit der Folge, dass die Spielerlaubnis aufgrund des Wegfalls der Transferzahlung nicht mehr aktiviert werden durfte[320]. Dies führte dazu, dass viele Vereine in erhebliche finanzielle Schwierigkeiten kamen, was sich unter anderem damit belegen lässt, dass es für die Saison 1996/1997 zu Verzögerungen bei der Lizenzvergabe kam[321]. Hatten die Vereine in der Saison 1993/1994 und 1994/1995 in ihrer Bilanz noch einen durchschnittlichen Gewinn von jeweils etwa 1, 5 Million DM ausgewiesen, so kam es in der Saison 1995/1996 zu einem Einbruch mit einem durchschnittlichen Verlust von ca. 450 000 DM[322]. Die Prognose, dass es nicht allen Vereinen gelingen würde, sich ohne weiteres auf alternative Finanzierungsmittel umzustellen[323], hat sich in der unmittelbaren Zeit nach Bosman zunächst bewahrheitet.

Aufgrund der veränderten Situation auf dem Transfermarkt, wendeten die Vereine bei vielen Spielern die rechtlich umstrittene Vertragsklausel des § 11 Abs. 4 des Musterarbeitsvertrages (MAV) an[324]. Durch diese Klausel war es sowohl dem Verein als auch dem Spieler möglich, die Laufzeit des Vertrags einseitig zu den gleichen Konditionen um ein weiteres Jahr zu verlängern[325], was insbesondere für die Vereine den Vorteil hatte, dass es unter Umständen doch möglich war, eine Ablösesumme zu erzielen. Dies führte dazu, dass § 11 Abs. 4 MAV praktisch bei jedem Transferfall zur Anwendung kam. In der Literatur wurde die Ansicht vertreten, dass § 11 Abs. 4 MAV gegen Art. 12 GG verstoße und einer

318 Kölner-Express vom 16. Dezember 1995, S. 16.
319 Osman, SpuRt 1999, S. 232.
320 Söffing, BB 1996, S. 524; Arens, SpuRt 1996, S. 42; zur Bilanzierung bis zum Fall „Bosman“: Ströfer, BB 1982, S. 1087 ff..
321 Parensen, Fußball-Bundesliga, S. 135.
322 Kicker Sport Magazin Nr. 17 vom 25. Februar 1999.
323 Schroeder, JZ 1996, S. 256.
324 Hamm, AuA 1999, S. 451.
325 Nasse, SpuRt 1997, S. 45.

tiefgreifenden juristischen Prüfung nicht standhalten würde[326]. Insoweit wurde § 11 Abs. 4 MAV als Versuch bewertet, die Abschaffung der Transferregelungen durch die Bosman-Entscheidung zu umgehen. Die im Anschluss an die Bosman-Entscheidung ergangenen Gerichtsbeschlüsse beurteilen diesen Sachverhalt anders und halten § 11 Abs. 4 MAV für wirksam[327]. Obwohl es den Parteien des Arbeitsvertrages grundsätzlich unbenommen bleibt, eine solche Optionsklausel zu vereinbaren, erhielt § 11 Abs. 4 MAV, der immerhin schon seit 1984 in den Arbeitsverträgen stand, durch die Entscheidungen des BAG und des EuGH eine solche Brisanz, dass der DFB sich trotz der positiven Gerichtsbeschlüsse im April 1997 dazu entschloss, den Paragraphen im neuen Musterarbeitsvertrag zu streichen[328].

Als nächstes verfielen die Vereine darauf, mit Spielern, die innerhalb der Mannschaft als Leistungsträger fungierten, langfristige Verträge abzuschließen, so dass ein interessierter Verein den betreffenden Spieler aus dem Vertrag herauskaufen muss. Als Beispiel dient hier die vertragliche Vereinbarung zwischen dem VfL Bochum und dem Spieler Darius Wosz, der im Jahre 1996 einen 7-Jahres-Vertrag bei den Bochumern unterzeichnete[329]. Die Gefahr bei dem Abschluss von langfristigen Verträgen ist allerdings, dass der Verein alleine das Risiko eines Leistungsabfalls des Spielers trägt. Ferner bieten solche „Rentenverträge“ den Spielern wenig Anreiz, ihr Leistungspotential weiter zu steigern. Mit diesen langfristigen Verträgen war also „die latente Gefahr verbunden, plötzlich hochbezahlte Ladenhüter jahrelang durchfüttern zu müssen“[330]. Seit dem Bosman-Urteil wurden in der Bundesliga 83 Verträge mit einer Laufzeit von vier oder mehr Jahren abgeschlossen, vor der Entscheidung waren Verträge mit einer Laufzeit von zwei, maximal drei Jahren die Regel[331]. Wie das Beispiel des Bochumer Spielers Wosz zeigt, sind sie auch keine Garantie gegen die Abwanderung von Leistungsträgern. Werden diese erst einmal von großen Vereinen mit entsprechenden Angeboten umworben, so macht es für den betroffenen Verein in der Regel wenig Sinn, auf Vertragserfüllung des abwanderungswilligen Spielers zu beharren[332].

---

326 Arens/Jaques, SpuRt 1997, S. 45; Nasse, SpuRt 1997, S. 49; Kindler, NZA 2000, S. 749.

327 LAG Köln, NZA 1997, S. 317, 318; LAG Hamm, SpuRt 1999, S. 75, 76; a.A.: ArbG Dortmund, SpuRt 1999, S. 73, 73.

328 Trommer, Transferregelungen, S. 94 f..

329 Zur Saison 1998/1999 wechselte Wosz allerdings für 5, 5 Mio. Ablöse zu Hertha BSC, WAZ vom 19. Mai 1998. Seit der Saison 2001/2002 spielt Wosz wieder für den VfL Bochum.

330 Kicker Sport Magazin vom 14. Dezember 1998, S. 66.

331 Kicker Sport Magazin, a.a.O..

332 Vgl. den Transfer des Spielers Zidane von Turin nach Madrid.

Problematisch wird das Verhalten der Vereine mit Blick auf die Nachwuchsförderung, da zur Zeit der betriebswirtschaftlichen Alternative „buy“ – statt „make“ der Vorzug gegeben wird. Erst wenn diese Alternative erschöpft ist, wird es zu einer langfristigen Investition der Vereine in die Ausbildung kommen, um Einkommensverluste zu vermeiden[333]. Da sich der Fußballbinnenmarkt aber immer mehr auch für ausländische Spieler öffnet, geht z.Zt. der Trend eher dahin, in fertige (ausländische) Spieler zu investieren, anstatt entsprechenden Nachwuchs auszubilden[334]. Offensichtlich muss das Herauskaufen von Spielern aus laufenden Verträgen im Vergleich zu den Ausbildungskosten in der Bundesrepublik, trotz steigender Ablösesummen, immer noch günstiger sein als die Investition in Talentförderung. Dazu kommt sicherlich noch der Faktor, dass ein „fertiger“ Spieler kurzfristig eine Mannschaft verstärken kann, während die Ausbildung von jungen Spielern eher eine mittelfristige Alternative bietet.

3. Spielerebene

Hat sich die Situation nach der Entscheidung in Sachen Bosman für die Vereine, wie oben dargestellt[335], wirtschaftlich verschlechtert, so hat sie sich - gewissermaßen spiegelbildlich - für die Spieler verbessert[336].
Durch das Bosman-Urteil kam es bei den Lizenzspielern zu einer gewaltigen Gehaltssteigerung. Betrugen die Personalkosten der Bundesligavereine in der Saison 1995/1996 im Durchschnitt noch 18, 936 Millionen DM pro Verein, so hatten sie sich nur zwei Jahre später in der Saison 1997/1998 mit durchschnittlich 28, 374 Millionen DM schon um etwa 50% erhöht[337]. Zwischen der Saison 1993/1994 und der Saison 1998/1999 stiegen die Personalkosten sogar um ca. 150% von 11, 967 Millionen DM auf weit über 30 Millionen DM[338].

Durch die verlängerten Vertragslaufzeiten haben sich ebenfalls die wirtschaftlichen Perspektiven der Spieler verbessert, denn sie stehen nicht mehr unter dem gleichen Leistungsdruck, wie dies bei Verträgen mit kürzerer Laufzeit der Fall war. Darüber hinaus haben sie eine verbesserte Verhandlungsposition; dies gilt nicht nur für junge, aussichtsreiche Spieler, sondern auch für solche, für die das Ende ihrer Karriere bereits absehbar ist. So gelang es dem 32-jährigen Spieler Labbadia im Sommer 1998 bei seinem Wechsel von Bremen nach Bielefeld ei-

---

333 Parensen, Fußball-Bundesliga, S. 141.

334 So verpflichtete Borussia Dortmund für die Saison 2001/2002 mit Tomas Rosicky und Jan Koller für ca. 50 Mio. DM zwei tschechische Nationalspieler, sowie für weitere 50 Millionen den Brasilianer Amoroso, WAZ vom 5 Juli 2001, http://www.waz.de.

335 Siehe oben 3. Teil, E, II, 2.

336 Ausführlich zu der veränderten Situation im Lizenzfußball nach dem Bosman-Urteil: Dinkelmeier, Das Bosman-Urteil, S. 124 ff..

337 Kicker Sport Magazin Nr. 17 vom 25 Februar 1999.

338 Kicker Sport Magazin, a.a.O..

nen Vier-Jahres-Vertrag auszuhandeln[339]. Als weiterer wirtschaftlicher Vorteil erweist sich die Praxis, dass die einstmals als Ablöse eingeplanten Summen entweder dem Gehalt des Spielers zugeschlagen werden oder in Form von Sonderzahlungen als zusätzlicher Köder dienen[340]. Diese letzt genannte Praktik hat gerade in jüngster Vergangenheit in den Transferfällen „Deisler" und „Kehl" für Furore gesorgt. Beide Spieler haben vom F.C. Bayern München für ihren Wechsel ein als „Darlehn" deklariertes Handgeld erhalten. Allerdings haben beide Spieler dieses Geld mittlerweile zurückerstattet, Deisler aus steuerlichen Gründen und Kehl, weil er zu Borussia Dortmund wechselte.

Die Kehrseite der „Bosmanmedaille" war für die Spieler der Wegfall der Ausländerbeschränkung in den Mannschaften. Die Vereine machten von der Möglichkeit, mehr Ausländer pro Mannschaft einzusetzen, regen Gebrauch. Bereits in der Saison 1996/1997 spielten 126 Ausländer in der Bundesliga, in der „Bosmansaison" 1995/1996 waren es lediglich 91[341]. Mittlerweile hat sich diese Zahl auf ca. 240 erhöht[342]. Der Grund für diese Entwicklung ist wohl darin zu sehen, dass ausländische Spieler billiger und besser als der deutsche Durchschnittsfußballspieler sind[343].

Allerdings hat sich die Situation für die Lizenzspieler trotz des erhöhten Konkurrenzdrucks aus dem Ausland nach der Entscheidung in Sachen Bosman insgesamt verbessert.

III. Die Transferpraxis im Anschluss an „Bosman" und „Kienass"

Seit der Entscheidung des EuGH in Sachen „Bosman" liegen dem Spielerwechsel keine vom Verband aufgestellten Transferregelungen mehr zugrunde, denn diese existieren nicht mehr[344]. Die Vereine schlossen mit den Lizenzspielern langfristige Verträge ab, in denen für die Dauer des Vertrages das Recht auf ordentliche Kündigung ausgeschlossen wurde[345]. Zur Beendigung solcher langfristigen Verträge bedurfte es daher entweder einer außerordentlichen Kündigung oder eines Aufhebungsvertrages. Dies führte dazu, dass ein Verein, der an der Verpflichtung eines neuen Spielers interessiert war, nicht nur diesem den

339 Kicker Sport Magazin vom 14. Dezember 1998, S. 66.
340 Kicker Sport Magazin, a.a.O..
341 Kicker Sport Magazin vom 16. Dezember 1996, S 10.
342 Gespräch mit Herrn Schütz vom Kicker Sport Magazin am 6. März 2002. Das Kicker Sport Magazin gibt die Quote von Ausländern in der Bundesliga mit ca. 50% an, wobei insgesamt ca. 500 Lizenzspieler in den Kadern der Vereine spielen.
343 Kicker Sport Magazin vom 16. Dezember 1996, S. 10.
344 Kelber, NZA 2001, S. 12; Trommer, Transferregelungen, S. 79.
345 Kelber, NZA 2001. S. 12; zur Wirksamkeit dieser langfristigen Verträge: Arens, SpuRt 1996, S. 40; Gramlich, SpuRt 2000, S. 91.

Wechsel entsprechend schmackhaft machen musste, sondern auch dem alten Verein des zu verpflichtenden Spielers. Dies geschah durch eine zwischen dem alten und dem neuen Verein frei auszuhandelnde „Ablösesumme“. Mit anderen Worten, gegen Zahlung einer bestimmten Summe war der alte Verein bereit, seinen noch laufenden Arbeitsvertrag mit dem wechselwilligen Spieler aufzulösen. Anspruchsgrundlage für diese Ablösesummen waren also nicht generell abstrakt formulierte Verbandsregelungen, sondern die individuelle und einmalige Vereinbarung zwischen dem neuen und dem alten Arbeitgeber[346].

Diese Methode des sogenannten „Herauskaufens“ wurde in der Literatur einhellig als rechtmäßig angesehen, da sich die „Ablösesumme“ des Spielers bei einem Herauskaufen an dessen von ihm beeinflussbaren Marktwert orientiere und er unmittelbar an diesem dreiseitigen Geschäft mitwirkt[347]. Insofern war diese Praxis weder aus europarechtlichen noch unter nationalen Gesichtspunkten zu beanstanden[348]

F. Zusammenfassung des 3. Teils

Die Entscheidungen „Bosman“ und „Kienass“ haben auf europäischer bzw. nationaler Ebene den Berufssport derart stark verändert wie keine andere gerichtliche Entscheidung vor oder nach ihnen. Insbesondere in der Entscheidung in Sachen „Bosman“ vor dem EuGH wurde durch die UEFA noch argumentiert, dass die Ablösezahlungen für das wirtschaftliche Überleben und die Förderung des sportlichen Nachwuchses unverzichtbar seien. Die Zeit im Anschluss an diese Entscheidungen hat dem Berufsfußball allerdings einen bisher unbekannten wirtschaftlichen Aufschwung beschert, von dem alle Beteiligten profitiert haben. Die Entwicklung im Berufsfußball seit 1995 hat gezeigt, dass das wirtschaftliche Überleben der Vereine nicht von Ablösezahlungen abhängig war.

Das Transfersystem, welches sich im Anschluss an die Bosman- und die Kienass-Entscheidung entwickelt hatte, war in der Lage den wachsenden wirtschaftlichen Bedürfnissen des Fußballsportes gerecht zu werden und war rechtlich nicht zu beanstanden.

---

346 Kelber, NZA 2001, S. 12.

347 Kelber, NZA 2001, S. 12; Trommer, Transferregelungen, S. 79; Arens, SpuRt 1996, S. 40; ders., SpuRt 1997, S. 127, jeweils m. w. N..

348 Kelber, NZA 2001, S. 16.

4. Teil
Die Grundsätze für die Änderung des FIFA Reglements betreffend internationale Vereinswechsel

Die EU-Kommission hielt die oben beschriebene Transferpraxis für europarechtswidrig, da der Abschluss langfristiger Verträge eine Umgehung des Bosman-Urteils sei[349]. Aus diesem Grund einigten sich die FIFA und die EU-Kommission im März 2001 auf eine Änderung des FIFA-Reglements betreffs internationaler Vereinswechsel. Diese Einigung wurde vom FIFA- Exekutivkomitee am 7. Juli 2001 verabschiedet. Das Abkommen war und ist unter allen Beteiligten äußerst umstritten und löste heftige Diskussionen aus.

Wesentlich in den neuen Transferstatuten sind insbesondere die Regelungen über eine Trainings- und Ausbildungskostenentschädigung für Lizenzspieler unter 23 Jahren sowie die Regelungen zur Laufzeit und Kündigung der Spielerverträge. Aus Spielersicht ist hier insbesondere die Kündigung aus „sportlichen Gründen" von großem Interesse. Neu ist auch das Verbot des Transfers von minderjährigen Spielern und die Vereinheitlichung der Wechselperioden innerhalb der FIFA.

Nachfolgend sollen die wesentlichen Änderung der FIFA-Statuten erläutert und auf ihre Vereinbarkeit mit dem Europarecht und dem nationalen Recht hin untersucht werden.

A. Der Weg zur Grundsatzvereinbarung und erste Reaktionen[350]

Die EU-Kommission hatte die Entscheidungsträger im Fußball in der Vergangenheit schon einmal zu einer Änderung ihrer Statuten im gemeinschaftsrechtlichen Sinne aufgefordert und zwar nach der Entscheidung des EuGH in Sachen „Donà/Mantero" im Jahre 1976 (!)[351]. Das Ergebnis dieser Aufforderung ist hinlänglich bekannt und endete schließlich im „Bosman-Urteil". Aufgrund dieser Erfahrung drohte die EU-Kommission der FIFA im Mai 2000 damit, die Regelungen bezüglich eines internationalen Vereinswechsels von Lizenzspielern schlicht für unwirksam zu erklären. Im Sommer 2000 löste der Wechsel des portugiesischen Nationalspielers Luis Figo von Barcelona nach Madrid für eine Ablösesumme von 116 Millionen DM die verschärfte Kritik der EU-Kommission aus, nicht zuletzt deswegen, weil der Spieler Figo in seinem Vertrag diese Ablösesumme festgeschrieben hatte. Im September 2000 bildeten die FIFA und die UEFA eine „Task Force", die die Verhandlungen mit der EU-

349 FAZ vom 1. September 2000, S. 34.
350 Sport Informationsdienst (sid) vom 6. Juli 2001.
351 de Kepper, EU und Sport, S. 7; Renz, Freizügigkeit, S. 191 ff..

Kommission bezüglich einer Regelung über Spielertransfers führen sollte. Im Oktober 2000 versuchte die UEFA die Rückendeckung der nationalen Regierungen zu erhalten, um eine Auflösung des bisherigen Transfersystems zu verhindern. Allerdings erklärten lediglich der britische Premierminister Tony Blair und der deutsche Bundeskanzler Gerhard Schröder ihre Unterstützung. Ein erster Entwurf bezüglich der Änderung des Transfersystems wurde von der EU-Kommission im November 2000 als zu vage abgelehnt. Im Dezember 2000 erklärte der Generalsekretär der FIFA, Michel Zen-Ruffin, dass der Hauptstreitpunkt zwischen der EU und der FIFA der Vertragsstatus zwischen den Spielern und den Vereinen sei. Im Februar 2001 kam es zwischen der EU-Kommission und der FIFA sowie der UEFA zu einer ersten Einigung. Am 6. März 2001 wurden in Brüssel schließlich die neuen Transfergrundsätze vorgestellt, welche am 24. März 2001 am Rande des EU-Gipfels in Stockholm unterzeichnet wurden.

Während die Vereinbarung von den Protagonisten als großer Erfolg für den europäischen Fußball gefeiert wird und auch den Beifall der deutschen Vereinigung der Vertragsfußballspieler (VdV) erhält[352], stößt sie im Lager der internationalen Spielergewerkschaft, der Federation of International Football Professionals (FIFPro), sowie bei den deutschen Profivereinen auf heftige Kritik.

Während die FIFPro bereits Klagen vor den höchsten internationalen Gerichten ankündigte[353], sprach der Präsident von Borussia Dortmund, Dr. Gerd Niebaum, von einem „willkürlichen Eingriff in das Recht auf Vertragsfreiheit"[354] und der Schatzmeister des F.C. Bayern München, Prof. Dr. Fritz Scherer, gar von „einem weiteren Schritt zur Vernichtung des Fußballs"[355].

B. Die Reichweite der Grundsatzvereinbarung

Die zwischen der FIFA und der EU-Kommission getroffene Vereinbarung verpflichtet zunächst nur die FIFA, ihr Reglement bezüglich des internationalen Vereinswechsels von Lizenzspielern zu ändern. Diesen Schritt hat die FIFA im Sommer 2001 vollzogen. Seit dem 1. September 2001 gelten die neuen Regelungen für sämtliche Transfers zwischen Vereinen verschiedener Nationalverbände. Der DFB ist als Mitglied der FIFA verpflichtet, seine Regelung bezüglich des Vereinswechsels von Lizenzspielern innerhalb seines Verbandsgebietes denen der FIFA anzupassen. Insofern sind die neuen Regelungen in den Satzungen des DFB bzw. des Ligaverbandes umzusetzen. Die Regelung der FIFA,

352 Kicker Sport Magazin Nr. 21 vom 8. März 2001.
353 Kicker Sport Magazin Nr. 21 vom 8. März 2001, die Klage wurde mittlerweile wieder zurück genommen.
354 Kicker Sport Magazin Nr. 21 vom 8. März 2001.
355 Kicker Sport Magazin Nr. 21 vom 8. März 2001.

welche bereits in Kraft ist, knüpft ausschließlich an die Tatsache eines grenzüberschreitenden Wechsels an, wobei es auf die Staatsangehörigkeit des betroffenen Lizenzspielers nicht ankommt.

Erwähnenswert erscheint an dieser Stelle auch die Tatsache, dass die zwischen der FIFA und der EU-Kommission getroffene Vereinbarung aufgrund der Umsetzung durch die FIFA mittlerweile weltweite Gültigkeit besitzt und sich auch Spielerwechsel z.B. innerhalb Südamerikas nach ihnen zu richten haben.

C. Die rechtliche Bewertung der Grundsatzvereinbarung und der Transferstatuten der FIFA

I. Europarechtliche Vorüberlegungen

1. Ausweitung des EG-Vertrages auf den Sport

Die Frage, die zunächst beantwortet werden muss, bevor überhaupt eine Diskussion der Grundsatzvereinbarung im Hinblick auf den EG-Vertrag erfolgen kann, ist die, ob der EG-Vertrag überhaupt Anwendung auf den Sport findet, denn letztlich hatte die Gründung der Europäischen Union gemäß Art. 2 EUV in erster Linie einen wirtschaftlichen Hintergrund[356].

a) Sport als Teil des Wirtschaftslebens

Gemäß Art. 2 EGV ist es unter anderem Ziel der Europäischen Union, für eine „harmonische, ausgewogene und nachhaltige Entwicklung des Wirtschaftslebens“ zu sorgen[357]. Bereits 1974 hat der EuGH in seiner Entscheidung „Walrave und Koch“[358] darauf hingewiesen, dass der Sport dann Teil des Gemeinschaftsrechts sei, wenn sich seine Ausführung unter Art. 2 EGV subsumieren ließe[359], also in irgendeiner Form wirtschaftlichen Charakter habe.

---

356 Schwarze/Stumpf, EU-Kommentar, Art. 2, Rn. 12; GTE/Jacqué, EU-Kommentar, Art. B, Rn. 2.

357 Schwarze/Hatje, EU-Kommentar, Art. 2, Rn. 12; Lenz/Lenz, EU-Kommentar, Art. 2, Rn. 1.

358 EuGH, Rs. 36/74, Walrave und Koch, Slg. 1974, S. 1405 ff..

359 EuGH, Rs. 36/74, Walrave und Koch, Slg. 1974, S. 1415, 1418.

aa) Lizenzfußballspieler

In der 1976 gefällten Entscheidung des EuGH in Sachen „Donà/Mantero"[360] urteilte der EuGH, dass die Tätigkeit von Fußballvoll- bzw. halbprofis als Teil des Wirtschaftslebens einzustufen sei. Den Standpunkt, dass Profisportler Teil des Wirtschaftslebens sind, vertritt der EuGH seitdem in ständiger Rechtsprechung. Zuletzt bestätigte er diesen in der Sache „Lethonen"[361], wo der EuGH darauf hinweist, dass ein entgeltliches Arbeits- bzw. Dienstverhältnis einen Teil des Wirtschaftslebens im Sinne von Art. 2 EGV ausmacht, sofern dieses von nicht geringem Umfang ist.

Diese Voraussetzungen sind im Lizenzfußball ohne weiteres erfüllt, was nicht zuletzt auch der EuGH in Sachen „Bosman" noch einmal deutlich hervorgehoben hat[362]. Ein Lizenzfußballer ist aufgrund des Verhältnisses von aufgewendeter Zeit, die er seinem Verein zur Verfügung stellt, und Lohn, den er dafür erhält, ohne Frage Teil des Wirtschaftslebens im Sinne des Art. 2 EGV[363].

bb) Amateurfußballspieler

Obwohl aufgrund der tatsächlichen Gegebenheiten im sogenannten „Amateurfußball" die Frage sicherlich berechtigt ist, ob nicht auch diese - zumindest dann, wenn sie in höherklassigen Ligen spielen - Teil des Wirtschaftslebens im Sinne von Art. 2 EG sind, spielt diese Frage in dieser Untersuchung keine Rolle. Gemäß Ziffer A 3.1 und 3.2 des Anhangs zu den Grundsätzen für die Änderung des FIFA-Reglements betreffend internationale Vereinswechsel[364] gelten diese Vereinbarungen nicht für einen Wechsel innerhalb des Amateurlagers bzw. vom Profi- ins Amateurlager, so dass es im Rahmen dieser Untersuchung auf eine weitere Diskussion dieser Problematik nicht ankommt.

b) Die unmittelbare Drittwirkung des Art. 39 EGV

In ständiger Rechtsprechung des EuGH werden die sich aus Art. 39 EG-Vertrag ergebenden Rechte für Arbeitnehmer mit der Ausnahme des Verbleiberechts nach Art. 39 Abs. 3 lit. d EG-Vertrag unmittelbar angewandt[365]. Hierdurch soll den Arbeitnehmern innerhalb der EU eine freie, d.h. von der Staatsangehörigkeit

---

360 EuGH, Rs. 13/76, Donà/Mantero, Slg. I-1976, S. 1333 ff..
361 EuGH, Rs. C-176/96, Lethonen, Slg. I-2000, S. 2681 ff..
362 EuGH, Rs. C-415/93, Bosman, Slg. I-1995, S. 4921, 5063, Tz.: 73.
363 Streinz, SpuRt 1998, S. 5.
364 Grundsatzvereinbarung, Anlage 1.
365 Schwarz/Schneider/Wunderlich, EU-Kommentar, Art. 39, Rn. 2; GTE/Wölker, EU-Kommentar, Art. 48, Rn. 16; Lenz/Scheuer, EU-Kommentar, Art. 39, Rn. 40; So zuletzt: EuGH, Rs. C-281/98, Angonese, Slg. I-2000, S. 4139 ff..

unabhängige Standortwahl für die Ausübung ihrer Tätigkeit ermöglicht werden[366]. Diese Rechtsansicht entwickelte der EuGH insbesondere in den nachfolgend kurz geschilderten Entscheidungen „Walrave und Koch", „Donà/Mantero" und „Haug- Adrion".

aa) Der Fall „Walrave und Koch"

Der Fall „Walrave und Koch"[367] beschäftigte sich mit der Klage zweier niederländischer Schrittmacher gegen den internationalen Radsportverband „Union Cycliste Internationale" (UCI). Dieser schrieb in seiner Satzung vor, dass Schrittmacher und Radrennfahrer demselben Staat anzugehören haben. Die beiden Kläger sahen sich aufgrund dieser Satzung in ihrer Arbeits- und Dienstleistungsfreiheit eingeschränkt, da die beiden Kläger überwiegend mit Radrennfahrern anderer Nationalität zusammen arbeiteten.

Dem EuGH wurde dieser Fall gemäß Art. 177 EG-Vertrag zur Entscheidung vorgelegt. In dem Urteil führte der EuGH mehrere Argumente auf, warum die unmittelbare Drittwirkung der Arbeitnehmerfreizügigkeit und der Dienstleistungsfreiheit zu bejahen sei.

Der EuGH führte zunächst aus, dass Art. 48 und 59 EG-Vertrag a.F. eine Konkretisierung des von Art. 7 EG-Vertrag a.F. normierten allgemeinen Diskriminierungsverbotes aufgrund der Staatsangehörigkeit darstellen[368]. Weiterhin wies der EuGH in seiner Begründung auf das Vertragsziel des EG-Vertrages hin, Hindernisse für den freien Personen- und Dienstleistungsverkehr zu beseitigen, sowie auf die Notwendigkeit der praktischen Durchsetzbarkeit des Vertrages[369]. Das Ziel des EG-Vertrages sei gefährdet, wenn die Beseitigung der staatlichen Schranken dadurch in ihrer Wirkung aufgehoben würde, dass privatrechtliche Vereinigungen kraft ihrer rechtlichen Autonomie derartige Hindernisse aufrichten[370].

Im Ergebnis wendet der EuGH in dem Fall „Walrave und Koch" die Art. 48 und 59 EG-Vertrag a.F. unmittelbar gegenüber kollektiven, privatrechtlichen Regelungen an, um so den durch die Art. 48 und 59 EG-Vertrag a.F. verfolgten Zielen größtmögliche Durchsetzbarkeit zu verschaffen.

---

366 Schwarz/Schneider/Wunderlich, EU-Kommentar, Art. 39, Rn. 2; Grabitz/Randelzhofer, EU-Kommentar, Art. 48, Rn. 25.
367 EuGH, Rs. 36/74, Walrave und Koch, Slg. 1974, S. 1405 ff..
368 EuGH, Rs. 36/74, Walrave und Koch, Slg. 1974, S. 1405, 1418.
369 EuGH, Rs. 36/74, Walrave und Koch, Slg. 1974, S. 1405, 1419.
370 EuGH, Rs. 36/74, Walrave und Koch, Slg. 1974, S. 1405, 1419.

bb) Der Fall „Donà/Mantero“

Im Fall „Donà/Mantero“ hatte sich der EuGH zum erstenmal mit den Lizenzfußballspielern zu befassen[371]. Gegenstand der Entscheidung war die Satzung des italienischen Fußballverbandes, dessen Mitgliedschaft ein Spieler benötigte, um dem Beruf des Lizenzspielers in Italien nachzugehen. Der italienische Fußballverband beschränkte diese Mitgliedschaft aber auf italienische Staatsangehörige. Der EuGH bestätigte in Sachen „Donà/Mantero“ seine Rechtsprechung aus „Walrave und Koch“ und erklärte die Regelung des italienischen Fußballverbandes mit Art. 48 EG-Vertrag a.F. für unvereinbar[372]. Der EuGH bezog im Fall „Donà/Mantero“ die Satzungen eines Monopolverbandes in die unmittelbare Drittwirkung mit ein, was angesichts der Entscheidung aus „Walrave und Koch“ auch konsequent war, da der italienische Fußballverband der einzige Verband ist, der das lizenzierte Fußballspielen in Italien organisiert[373].

cc) Der Fall „Haug-Adrion“

Im Fall „Haug-Adrion“ hatte der EuGH über die Zulässigkeit von behördlich genehmigten Tarifbestimmungen einer Kfz-Versicherung zu entscheiden[374]. Nach der Bestimmung wurde den Versicherungsnehmern, die ein Kfz mit Zollkennzeichen besaßen, ein Schadensfreiheitsrabatt vorenthalten. Da es sich bei diesen Versicherungsnehmern meist um ausländische Staatsangehörige handelte, erklärte der EuGH erstmalig, dass alle Maßnahmen, die sich auf dem Gebiet der Arbeitnehmer- und Dienstleistungsfreiheit diskriminierend aus Gründen der Staatsangehörigkeit auswirkten, mit Art. 6 EG-Vertrag a.F. und den Art. 48, 49 EG-Vertrag a.F. unvereinbar seien[375]. Eine Einschränkung des Verbots auf kollektive Regelungen im Arbeits- bzw. Dienstleistungsbereich nahm der EuGH nicht vor und subsumierte die Tarifbestimmungen der betroffenen Versicherung unter das Diskriminierungsverbot der genannten Grundfreiheiten[376].

dd) Ergebnis zur unmittelbaren Drittwirkung

Wie bereits oben erläutert[377], hat der EuGH in Sachen „Bosman“ erneut zu der Frage der Drittwirkung deutlich Stellung genommen. Aufgrund der Tatsache, dass ohne eine Drittwirkung eine effektive Durchsetzung der Grundfreiheiten

---

371 EuGH, Rs. 13/76, Donà/Mantero, Slg. 1976, S. 1333 ff..

372 EuGH, Rs. 13/76, Donà/Mantero, Slg. 1976, S. 1333, 1342.

373 EuGH, Rs. 13/76, Donà/Mantero, Slg. 1976, S. 1333, 1340, Tz.: 17/18

374 EuGH, Rs. 251/83, Haug-Adrion, Slg. 1984, S. 4277 ff..

375 Jaensch, Drittwirkung, S. 42.

376 Jaensch, Drittwirkung, a.a.O.

377 Siehe 3. Teil, C, II, 2, c, S. 64.

nicht möglich sei, hat der EuGH die ursprüngliche Bestimmung der Grundfreiheiten als Abwehrrechte gegen den Staat auch auf Privatrechtsverhältnisse ausgedehnt[378]. Dies wiegt im Hinblick auf die Arbeitnehmerfreizügigkeit besonders schwer, denn diese wird aufgrund der in vielen Mitgliedstaaten anerkannten Tarifautonomie gerade auch von privater Seite maßgeblich beeinflusst[379].

In der Literatur wird die unmittelbare Drittwirkung unter anderem damit begründet, dass es Sinn und Absicht des EU-Vertrages ist, eine Wirtschaftseinheit herzustellen, wobei die Gleichbehandlung der Arbeitnehmer eine der unmittelbaren Voraussetzungen hierfür ist[380]. Die unmittelbare Drittwirkung, insbesondere des Art. 39 EG, ist daher ständige Rechtsprechung des EuGH[381] und wird auch vom Schrifttum allgemein anerkannt[382].

II. Die Grundsatzvereinbarung im Detail

Das neue Reglement trat am 1. September 2001 in Kraft . Für Verträge zwischen Spielern und Vereinen, die vor diesem Datum abgeschlossen werden, gilt weiterhin die frühere Version des vorliegenden Reglements, das am 1. Oktober 1997 in Kraft trat. Vereine und Spieler haben jedoch die Möglichkeit, falls ausdrücklich vereinbart, Verträge, die nach dem 5. Juli 2001 abgeschlossen wurden, dem vorliegenden Reglement zu unterstellen.

Nachfolgend werden die einzelnen Punkte der Grundsatzvereinbarung dargestellt und diskutiert. Die Diskussion beschränkt sich dabei nicht nur auf die rechtliche Bewertung der Vereinbarung und ihre Übereinstimmung mit der ständigen Rechtsprechung, sondern bezieht auch Fragen bezüglich der Umsetzbarkeit in der Praxis mit ein. Letztere Überlegungen beruhen zum größten Teil auf Gesprächen, die der Verfasser mit verschiedenen Vertretern aus dem Bereich des Lizenzfußballs geführt hat[383].
Die Begutachtung basiert auf dem FIFA-Reglement bezüglich des Status und Transfers von Spielern in der Fassung vom 5. Juli 2001, den Ausführungsbestimmungen zum FIFA-Regelement bezüglich Status und Transfer von Spielern in der Fassung vom 5. Juli 2001, dem FIFA-Zirkular Nr. 769 vom 24. August

378 Hober/Tietje, JuS 1996, S. 488.
379 Hober/Tietje, JuS 1996, S. 488.
380 Nelhans, Freizügigkeit, S. 68 f..
381 So zuletzt in: EuGH, Rs. C-176/96, Lethonen, Slg. I-2000, S. 2681, 2728, Tz.: 32.
382 Nelhans, Freizügigkeit, S. 68 f.; Bleckmann, Freiheit des Gemeinsamen Marktes, S. 676; Streinz, SpuRt 1998, S. 45.
383 Gespräche am 30. Juli 2001 mit Ilja Kaenzig von der Bayer 04 Leverkusen Fußball GmbH, am 5. September 2001 mit Dieter Hoeneß und Ingo Schiller von Hertha BSC und am 19. Dezember 2001 mit Ernst Thoman von der vdv.

2001 und den Grundsätzen für die Änderung des FIFA-Regelements betreffend internationaler Transfers vom 6. März 2001.

Sämtliche oben genannten Dokumente sind im Original in englischer Sprache abgefasst. Die rechtlichen Ausführungen beziehen sich auf das Rechtssystem des englischen „Common Law“, das in einigen Punkten vom kontinentaleuropäischen Recht abweicht. Auf die Problematik der verschieden Rechtssysteme wird an geeigneter Stelle hingewiesen.

1. Der Schutz von Minderjährigen, Art. 12 Transfer-Statuten/FIFA

a) Die Regelung seit dem 1. September 2001[384]

Das neue Reglement setzt Richtlinien für den internationalen Transfer Minderjähriger (d.h. Spieler unter 18 Jahren), um Training und schulische Ausbildung der Spieler in einem stabilen Umfeld zu ermöglichen. Internationale Transfers Minderjähriger sind grundsätzlich verboten. Eine Ausnahme bildet der Umzug der Familie eines Spielers in ein anderes Land aus Gründen, die nichts mit dem Fußballsport zu tun haben[385]. Unzulässig ist der Umzug mit der Familie, falls deren Umzug mit dem Transfer des Minderjährigen zu einem anderen Fußballverein in Zusammenhang steht[386]. Der Wechsel Minderjähriger innerhalb des EU-/EWR-Raumes ist erlaubt, wenn der Spieler das Mindestarbeitsalter in dem Land des aufnehmenden Vereines erreicht hat. In diesem Fall muss aber sichergestellt werden, dass seine sportliche und schulische Ausbildung vom aufnehmenden Verein gewährleistet werden kann[387]. Die Vertragsdauer darf 3 Jahre nicht übersteigen[388]. Die FIFA und die UEFA wollen einen Ehrenkodex ausarbeiten, der von den Nationalverbänden, Ligen und Vereinen befolgt werden soll[389].

b) Europarechtliche Gesichtspunkte

Dass es einem minderjährigen Spieler und seiner Familie verboten sein soll, aus sportlichen Gründen umzuziehen, erscheint bedenklich. Hier wird von Seiten des Verbandes in Art. 18 EGV eingegriffen. Nach Art. 18 EGV ist es jedem Unionsbürger gestattet, sich in den Mitgliedsländern frei zu bewegen und aufzu-

---

384 FIFA Zirkular Nr. 769, Anlage 4.

385 Art. 12 Abs. 1 lit. a Transfer-Statuten/FIFA, Anlage 2.

386 Art. 4 Abs. 1 und Abs. 2 der Ausführungsbestimmungen für das Reglement bezüglich Status und Transfer von Spielern (im Folgenden: Ausführungsbestimmungen/FIFA), Anlage 3.

387 Art. 12 Abs. 1 lit. b Transfer-Statuten/FIFA, Anlage 2.

388 Art. 35 Transfer-Statuten/FIFA, Anlage 2.

389 Art. 3 Ausführungsbestimmungen/FIFA, Anlage 3.

halten[390]. Dies schließt auch das Recht ein, seinen Wohnsitz zu verlegen, wobei es auf die Gründe für diesen Umzug nicht ankommt[391]. Lediglich Überlegungen aus dem Bereich des Kinder- und Jugendschutzes können die vorgenannte FIFA-Regelungen rechtfertigen. Aufgrund der doch recht hohen Einkommenserwartungen die ein Lizenzfußballspieler hat ist es notwendig, Maßnahmen vorzugreifen, die im frühen Alter auf eine spätere Betätigung des Kindes als Lizenzfußballspieler abzielen, ohne dabei die sonstigen Bedürfnisse des Kindes zu berücksichtigen. Insofern erscheint ein möglicher Eingriff in Art. 18 EGV gerechtfertigt.

c) Gesichtspunkte des nationalen Rechts

aa) Verfassungsrechtliche Gesichtspunkte

Im Hinblick auf Art. 12 GG handelt es sich bei diesem Statut um eine sogenannte subjektive Zulassungsvoraussetzung, die mit dem Erreichen eines gewissen Alters wegfällt[392]. Solche Beschränkungen sind schon zum Schutze wichtiger Gemeinschaftsgüter zulässig[393]. Da der Jugendschutz ein solch wichtiges Gemeinschaftsgut ist[394], ist das Verbot von Transfers bzw. Beschäftigung Minderjähriger nicht zu beanstanden. Dies gilt auch aus Sicht der betroffenen Vereine, die einen minderjährigen Spieler verpflichten wollen und ebenfalls von Art. 12 GG geschützt sind.

bb) Arbeitsrechtliche Gesichtspunkte

In Deutschland besteht gemäß §§ 5 Abs. 1 JArbSchG ein absolutes Beschäftigungsverbot für Kinder und Jugendliche unter 15 Jahre. Die Verpflichtung eines Spielers, der jünger als 15 Jahre ist, ist somit grundsätzlich nicht zulässig.

Ausgenommen von diesem Verbot sind Betätigungen Minderjähriger in Spiel und Sport, bei denen sie aus Freude und mit eigenem Interesse und Willen ihre Zeit verbringen[395]. Die Grenze muss da gezogen werden, wo der selbstentwickelte Antrieb der Kinder und Jugendlichen gegenüber einer Weisungsgebundenheit verbunden mit einem Streben nach wirtschaftlichem Vorteil in den Hin-

---

390 Schwarze/Hatje, EU-Kommentar, Art. 18, Rn. 1; GTE/Haag, EU-Kommentar, Art. 8a, Rn. 1; a.A. Lenz/Kaufmann-Bühler, EU-Kommentar, Art. 18, Rn. 1.

391 Schwarze/Hatje, EU-Kommentar, Art. 18, Rn. 6; GTE/Haag, EU-Kommentar, Art. 8a, Rn. 5; a.A. Lenz/Kaufmann-Bühler, EU-Kommentar, Art. 18, Rn. 1.

392 Jarras/Pieroth, Art. 12, Rn. 20a; BVerfGE 9, S. 338, 344; BVerfGE 64, S. 72, 82.

393 von Münch/Kunig, Art. 12, Rn. 55; BVerfGE 13, S. 97, 107; BVerfGE 69, S. 209,218.

394 von Münch/Kunig/Gubelt, Art. 12, Rn. 53; Maunz/Düring/Scholz, Art. 12, Rn. 336; BVerfGE 30, S. 336, 350 f.; 47, S. 109, 116 ff..

395 Taubert, Jugend und Arbeit, Rn. 100.

tergrund tritt[396]. Allerdings zeigt schon der Trainings- und Spielbetrieb von Jugendlichen auch im Alter unter 15 Jahren ein Hinwirken auf den späteren Leistungssport auf, so dass Jugendliche im Alter ab 15 Jahren sicherlich auch bei einem gewissen Leistungsvermögen durch den Sport einen gewissen wirtschaftlichen Vorteil erstreben. Insofern sind bei einer sportlichen Betätigung von Jugendlichen mit Hinblick auf die „Ausbildung zum Lizenzfußballer" die Bestimmungen des JArbSchG zu beachten.

d) Praktische Gesichtspunkte

Die Regelung der Transfer-Statuten/FIFA garantiert zum einen, dass junge Talente neben der sportlichen Förderung auch eine berufliche Qualifikation erhalten. Falls dem Minderjährigen der Sprung in den Lizenzfußball nicht gelingen sollte, stünde ihm durch die berufliche Qualifikation ein zweites Standbein zur Verfügung. Das Risiko des Minderjährigen, sich als „Berufsfußballer" zu versuchen, wird somit deutlich verringert. Dieses könnte im Umkehrschluss eine größere Zuführung von Talenten für den Markt „Berufsfußball" bedeuten.

Durch die deutliche Absage an internationale Vereinswechsel Minderjähriger, sollten insbesondere Tätigkeiten unseriöser Spielervermittler erschwert werden. Hoffnungsvollen Nachwuchstalenten aus Drittländern – hier ist insbesondere an Afrika und Südamerika zu denken – wird so die Chance gegeben, sich in gewohnter Umgebung sportlich zu entwickeln, bevor sie den Sprung in den europäischen Lizenzfußball wagen; eine Entwicklung die sicherlich auch den Fußballmarkt im betroffenen Drittland aufwerten dürfe.

e) Fazit

Die Regelung der Transfer-Statuten/FIFA bezüglich der Einschränkung des Transfers von Minderjährigen ist nicht zu beanstanden. Ihr stehen weder Gesichtspunkte des Europarechtes noch des nationalen Verfassungsrechtes oder Arbeitsrechtes entgegen. Aus praktischer Sicht ist die Neuregelung zu begrüßen, da sie Anstoß für eine positiver wirtschaftliche Entwicklung von Fußballmärkten in Drittländern sein kann.

---

396 Taubert, Jugend und Arbeit, Rn. 101.

2. Die Ausbildungsentschädigung, Art. 13 ff. Transfer-Statuten/FIFA

a) Die Regelung seit dem 1. September 2001[397]

Ziel der Neuregelung ist die Förderung und Intensivierung der fußballerischen Ausbildung junger Spieler. Um diesen Zweck zu erreichen, hat die FIFA erstmals eine Berechnungsgrundlage für die Ermittlung von Ausbildungsentschädigungen in ihren Statuten festgelegt.

Nach der Neuregelung wird eine Ausbildungsentschädigung dann fällig, wenn ein Spieler vor seinem 23. Geburtstag entweder seinen ersten Lizenzvertrag bei einem Verein unterzeichnet, der keinen Beitrag zu seiner Ausbildung geleistet hat, oder als Lizenzspieler den Verein wechselt[398].

Aus praktischen Gründen und um die Vorhersehbarkeit der fälligen Ausbildungsentschädigungen sicherzustellen, werden die Auslagen für Training und Ausbildung nicht für jeden einzelnen Klub berechnet, sondern pauschaliert. In Anwendung dieser Grundsätze werden die Vereine basierend auf ihren Ausbildungsaufwendungen für der Spieler in vier Kategorien eingeteilt:
Kategorie 1 (höchste Kategorie, d.h. mit qualitativ hoch stehendem Trainingszentrum):

- alle Vereine der obersten Spielklasse eines Nationalverbands, die durchschnittlich einen gleichen Betrag in die Ausbildung ihrer Spieler investieren,

Kategorie 2:

- alle Vereine der zweitobersten Spielklasse eines Nationalverbands der Kategorie 1,
- alle Vereine der obersten Spielklasse aller anderen Länder, in denen Lizenzfußball gespielt wird,

Kategorie 3:

- alle Vereine der dritttobersten Spielklasse eines Nationalverbands der Kategorie 1,
- alle Vereine der zweitobersten Spielklasse aller anderen Länder, in denen Lizenzfußball gespielt wird,

---

397 FIFA Zirkular Nr. 769, Anlage 4.
398 Art. 14 und 15 Transfer-Statuten/FIFA, Anlage 2.

Kategorie 4:

- alle Vereine der viertobersten Spielklasse und aller tieferen Spielklassen eines Nationalverbandes der Kategorie 1,
- alle Vereine der drittobersten Spielklasse und aller anderen Spielklassen aller anderen Länder, in denen Lizenzfußball gespielt wird.

Die Kosten und Entschädigungen für die Ausbildung werden pro Land und Kategorie wie folgt festgesetzt:

Die Nationalverbände des EU-/EWR-Raums werden nach Anhörung der Spieler- und Vereinsvertreter die Berechnungsgrundlagen für die Ausbildungsentschädigung bestimmen. Die Nationalverbände legen also für ihre vier Vereinskategorien die Ausbildungsentschädigung fest. Die Berechnung stützt sich auf den so genannten durchschnittlichen Spielerfaktor, der durch das Verhältnis zwischen der Anzahl auszubildender Spieler und den Fußballspielern, die dank der Ausbildung den Durchbruch im Lizenzfußball geschafft haben, bestimmt wird.

Eine Ausbildungsentschädigung wird folgendermaßen veranschlagt:

Der Betrag basiert auf den Aufwendungen für Training und Ausbildung der Vereine. Bei Transfers innerhalb des EU-/EWR-Raums sind die Kosten im Land des Nationalverbandes des abgebenden Vereines maßgebend[399]. Bei allen übrigen Transfers gelten die Kosten im Land des Nationalverbandes des aufnehmenden Vereines[400].

Sind die Aufwendungen für Training und Ausbildung einer Vereinskategorie festgesetzt, wird die Ausbildungsentschädigung, die in einem konkreten Fall an einen Verein gezahlt werden muss, wie folgt berechnet:

Der Betrag, welcher der Kategorie des ausbildenden Vereines entspricht, bei dem der Spieler registriert war, wird mit der Anzahl der Trainingsjahre multipliziert, die der Spieler bei diesem Klub wirklich absolviert hat. Es können höchstens zehn Jahre verrechnet werden. Obschon die Ausbildung vom 12. bis zum 23. Geburtstag andauern kann, sind für die Berechnung der Ausbildungsentschädigung nur die effektiven Trainingsjahre bis zum 21. Geburtstag maßgeblich[401]. Nur die Jahre, in denen der Spieler nachweislich trainiert wurde, werden

---

399 Art. 7 Abs. 4 Ausführungsbestimmungen/FIFA, Anlage 3.

400 Art. 7 Abs. 3 Ausführungsbestimmungen/FIFA, Anlage 3.

401 Art. 13 Transfer-Statuten/FIFA, Anlage 2, S. 215 und Art. 7 Abs. 1 Ausführungsbestimmungen/FIFA, Anlage 3.

berücksichtigt[402]. Falls es offensichtlich ist, dass ein Spieler seine Ausbildung vor seinem 21. Geburtstag abgeschlossen hat, werden weniger als 10 Jahre für die Berechnung herangezogen, d.h. nur die Jahre zwischen dem 12. Geburtstag und dem Alter zum Zeitpunkt des tatsächlichen Abschlusses der Ausbildung[403].

Innerhalb des EU-/EWR-Raums stützt sich die Entschädigung im Prinzip auf die Trainings- und Ausbildungskosten des Landes des abgebenden Vereines, der den Spieler ausgebildet hat[404]. Es gelten die folgenden Regeln:

- Wechselt der Spieler zu einem Klub derselben Kategorie, gelten die Kosten dieser Kategorie.

- Wechselt der Spieler von einer niedrigeren in eine höhere Kategorie, werden die Trainingskosten beider Kategorien interpoliert.

- Wechselt der Spieler von einer höheren in eine niedrigere Kategorie, werden die Trainingskosten des Vereines der niedrigeren Kategorie verrechnet.

- Wechselt der Spieler von einem Verein der Kategorie 1, 2 oder 3 zu einem Klub der Kategorie 4, ist keine Entschädigung zu entrichten[405].

Innerhalb des EU-/EWR-Raums sollen für die Ausbildungsentschädigung Höchstbeträge festgelegt werden.

Nach Ansicht der FIFA wäre die folgende Berechnung der Höchstbeträge logisch:

Die durchschnittlichen Kosten pro Verein einer bestimmten Kategorie werden durch die durchschnittliche Anzahl Spieler dividiert, die einen Lizenzvertrag von den ausbildenden Vereinen in dieser Kategorie erhalten.

---

402 Art. 13 Transfer-Statuten/FIFA, Anlage 2.

403 In den ersten Jahren der Umsetzung muss für alle Ausbildungsjahre, die in die gleiche Kategorie fallen und vor Inkrafttreten des Transfer-Statuten liegen, mit demselben Betrag gerechnet werden. Dies ist unvermeidlich, da noch keine Vergleichswerte früherer Jahre zur Verfügung stehen. Sobald die Kosten für 2001 und 2002 bekannt sind, bilden sie die Grundlage für die Berechnung jedes einzelnen Trainingsjahres.

404 Art. 7 Abs. 4 Ausführungsbestimmungen/FIFA, Anlage 3.

405 Art. 7 Abs. 4 Ausführungsbestimmungen/FIFA, Anlage 3.

Zur Verdeutlichung der Neuregelung dient folgendes Beispiel[406]:

Ein Spieler unterzeichnet seinen ersten Vertrag mit 19 Jahren bei dem deutschen Verein C der Kategorie 1. Zwischen dem 12. und 16. Jahr trainierte er bei dem portugiesischen Klub A der Kategorie 3. Zwischen dem 16. bis 19. Jahr spielte er beim portugiesischen Verein B der Kategorie 2.

Klub C muss eine Ausbildungsentschädigung für 7 Jahre bezahlen, die auf Pro-rata-Basis gemäß den ganzen Jahren nachweislich geleisteter Ausbildung und der Kategorie, welcher der Verein angehört, berechnet wird, ferner eine Entschädigung gemäß Kategorie 2 für 3 Jahre an Klub B (vorausgesetzt der Spieler verließ den Verein B während des vierten Ausbildungsjahres) und eine Vergütung gemäß Kategorie 3 für ein Jahr sowie gemäß Kategorie 4 für drei Jahre[407] an Verein A (angenommen der Spieler verließ Klub A nach vier vollen Ausbildungsjahren)[408].

Die Entschädigung für Training und Ausbildung ist vom neuen Verein an die Vereine, die zur Ausbildung des Spielers beigetragen haben, spätestens 30 Tage nach Unterzeichnung des ersten Lizenzvertrages oder bei nachfolgenden Transfers spätestens 30 Tage nach der neuen Registrierung des Spielers zu überweisen[409]. Es obliegt dem neuen Verein, die Ausbildungsentschädigung zu berechnen und den Verteilerschlüssel für die Zahlung an die Vereine festzulegen, bei denen der Spieler zuvor gespielt hat.

b) Europarechtliche Gesichtspunkte

aa) Der Standpunkt des EuGH zur Ausbildungsentschädigung

In der Bosman-Entscheidung sind sowohl der Generalanwalt Lenz[410] als auch der Gerichtshof selbst[411] auf die Frage eingegangen, ob der Ersatz von Ausbildungskosten eine Transferzahlung rechtfertigen könne.

Die UEFA hat das Argument vorgetragen, dass die Transferzahlungen unter anderem als Ersatz für die Ausbildung des Spielers dienen und somit im Ergebnis der Nachwuchsförderung dienten. Ohne eine solche finanzielle Umverteilung

---

406 FIFA-Zirkulr Nr. 769, Anlage 4.

407 Die Beträge für Spieler von 12 bis 15 Jahren errechnen sich immer auf der Basis der Trainings- und Ausbildungskosten der Kategorie 4 (vgl. Art. 7 Abs. 2 Ausführungsbestimmungen/FIFA, Anlage 3).

408 Art. 5 Abs. 4 lit. b Ausführungsbestimmungen/FIFA, Anlage 3.

409 Art. 9 Abs. 1 Ausführungsbestimmungen/FIFA, Anlage 3.

410 EuGH, Rs. C-415/93, Bosman, Slg. I-1995, S. 4921, 5021.

411 EuGH, Rs. C-415/93, Bosman, Slg. I-1995, S. 4921, 5072.

von den reichen Vereinen auf die armen würde es zu einem sportlichen Ungleichgewicht kommen. Der EuGH hat zugebilligt, dass die von der UEFA vorgetragenen Gründe eine Beeinträchtigung der Arbeitnehmerfreizügigkeit rechtfertigen könnten[412]. Beschränkungen wären allerdings nur dann gerechtfertigt, wenn sie verhältnismäßig sind, d.h., sie müssen geeignet sein, den verfolgten Zweck zu gewährleisten, und dürfen über das erforderliche Maß zur Zweckerreichung nicht hinausgehen[413].

In Deutschland wurde die Transferzahlung vor der Bosman-Entscheidung wie folgt ermittelt:

Aus den Eckwerten des letzten Jahresgehalts, dem Gehaltsangebot des abgebenden Vereines und dem Gehaltsangebot des neuen Vereines wurde ein arithmetisches Mittel gebildet. Dieser Wert wurde mit einem altersabhängigen Zuschlag bzw. Abschlag, der zwischen + 2 bei einem 18-jährigen Spieler und – 2 bei einem 35-jährigen Spieler und dem Multiplikator des aufnehmenden Vereines, der dessen wirtschaftliche Leistungsfähigkeit repräsentiert, multipliziert[414]. Ähnlich wurde in den anderen EU-Staaten verfahren.

Diese Methode macht deutlich, dass die tatsächlichen Kosten der Ausbildung völlig unberücksichtigt blieben. Der EuGH war deshalb der Ansicht, dass sich diese Transferregelung nicht zur Förderung der Nachwuchsarbeit eigne, da nicht systematische Jugendarbeit und betriebener Aufwand, sondern Zufälle und Unwägbarkeiten darüber entscheiden, welche Vereine zu welcher Zeit welche Transferentschädigung erhalten[415]. Aufgrund der oben dargestellten Berechnungsmethode stand fest, dass sich die Höhe der Ausbildungsentschädigung gerade nicht an dem für die Ausbildung betriebenen Aufwand orientiert. Die Widersprüchlichkeit dieser Argumentation wurde von Arens in deutlicher Weise herausgestellt, als er zu bedenken gab, wie hoffnungslos untalentiert

(...) Spieler vom Kaliber eines Romario oder eines Ronaldo seien, für die Transferentschädigungsforderungen in Größenordnungen von 30 Mio. oder 70 Mio. DM genannt werden, wenn sie Aus- und Weiterbildungskosten in dieser Höhe verschlungen haben.“[416]

---

412 Hilf/Pache, NJW 1996, S. 1172; Trommer, Transferregelungen, S. 72; EuGH, Rs. C-415/93, Bosman, Slg. I-1995, S. 4921, 5071, Tz.: 106.
413 Hilf/Pache, NJW 1996, S. 1172.
414 Parensen, Fußball-Bundesliga, S. 99.
415 Hilf/Pache, NJW 1996,, S. 1172; EuGH, Rs. C-415/93, Bosman, Slg. I-1995, S. 4921, 5072, Tz.: 109.
416 Arens, SpuRt 1997, S. 127.

Als Konsequenz hat der EuGH in Sachen Bosman Zahlungen von Aus- und Weiterbildungsentschädigungen als versteckte Transferzahlungen mit Art. 39 EGV für nicht vereinbar erklärt[417].

bb) Der Standpunkt der europarechtlichen Literatur

Im Zuge der Entscheidung des EuGH in Sachen Bosman hat sich auch die Literatur mit den europarechtlichen Aspekten der Ablösesumme beschäftigt und diese einer kritischen Bewertung unterzogen. Einigkeit besteht darin, dass ein Verstoß gegen europäische Normen vorliegt[418]. Differenziert wird allerdings bezüglich der Frage, ob dieser Verstoß gerechtfertigt werden kann.

Nach der Ansicht von Plath ist eine die Freizügigkeit beschränkende Regelung eines Sportverbandes dann gerechtfertigt, wenn sie dem Schutz der Interessen des Sportes diene und dem Verhältnismäßigkeitsgrundsatz genüge[419]. Transferentschädigungssysteme dienten der Nachwuchsförderung sowie dem Erhalt des sportlichen und finanziellen Gleichgewichts zwischen den Vereinen, und sie seien auch erforderlich, um die Wahrung dieser Grundinteressen sicherzustellen[420]. Ein System, das den aufnehmenden Verein im Fall eines Spielerwechsels dazu verpflichte, an den abgebenden Verein eine angemessene Transferentschädigung zu zahlen, sei insofern - entgegen der Auffassung des EuGH - mit dem Recht auf Freizügigkeit aus Art. 48 EGV a.F. vereinbar[421].

Krogmann kommt zu dem Ergebnis, dass die Transferregelungen, wie sie vor der Entscheidung des EuGH in Sachen Bosman bestanden, auch vor dem Hintergrund der EG-grundrechtlich gewährten Vereinigungsfreiheit keinen Bestand haben können[422]. Zwar sei anzuerkennen, dass dem Transfersystem eine wirtschaftliche Bedeutung nicht abzusprechen sei und die Abschaffung dieses Systems nach der Bosman-Entscheidung die Vereine gezwungen habe, andere wirtschaftliche Wege zu gehen, allerdings reiche diese Veränderungen nicht aus, um die von der Vereinigungsfreiheit gewährleistete Bestandsgarantie der Sportverbände als gefährdet anzusehen[423]. Zum einen habe es schon immer nationale Unterschiede in den Transfersystemen gegeben, und zum anderen hätten die betroffenen Verbände selbst zwar auf eine angespanntere Haushaltssituation der Vereine hingewiesen, den wirtschaftlichen Ruin der Lizenzvereine aber nicht als

417 EuGH, Rs. C-415/93, Bosman, Slg. I-1995, S. 4921, 5073, Tz.: 114.
418 Plath, Individualrechtsbeschränkungen, S. 201; a.A.: Schellhaß, RdA 1984, S. 218 ff..
419 Plath, Individualrechtsbeschränkungen, a.a.O..
420 Plath, Individualrechtsbeschränkungen, a.a.O..
421 Plath, Individualrechtsbeschränkungen, a.a.O..
422 Krogmann, Grundrechte, S. 229.
423 Krogmann, Grundrechte, S. 218.

zwingend notwendig erachtet[424]. Insofern habe der EuGH richtigerweise die EG-Rechtswidrigkeit der mit dem Transfersystem verbundenen Freizügigkeitsbeschränkung festgestellt[425].

Auch Pfister ist von der Rechtswidrigkeit der Ablösesummen überzeugt, denn jeder EU-Angehörige soll innerhalb der EU, jeder Deutsche innerhalb Deutschlands ohne künstlich aufgerichtete Schranken oder Erschwernisse seinen Arbeitsplatz suchen und wechseln können; ob die Schranken von einem Staat oder von (privaten) Verbänden errichtet werden, spiele keine Rolle[426]. Allerdings erkennt Pfister an, dass das Heranführen eines Jugendspielers an eine Profikarriere mindestens in Höhe der dafür aufgewandten Kosten ausgleichspflichtig sein könnte[427]. Dies würde aber bedeuten, das nur für den ersten Wechsel eine Entschädigung zu zahlen sei[428]. Eine solche Entschädigung muss sich aber an den Kosten orientieren, die dem einzelnen Spieler persönlich zugerechnet werden können, was bei einer Mannschaftssportart sehr schwierig sein dürfte[429].

cc) Stellungnahme

Kern der Kritik des EuGH an dem alten Transfersystem war die Tatsache, dass es sich bei den als „Ausbildungsentschädigung" deklarierten Kosten, ausgehend von der oben dargestellten Berechnungsgrundlage, in Wirklichkeit um verdeckte Transferzahlungen handelte. Bei der Forderung einer Transferentschädigung steht der Gedanke „Das wird er Euch bringen!" im Vordergrund, während bei der Forderung nach einer Ausbildungsentschädigung ausschließlich der Gedanke „Das hat er uns gekostet!" eine Rolle spielt[430]. Somit stellt sich auch bei der Neuregelung die Frage, ob sich die „Ausbildungsentschädigung" tatsächlich an den entstandenen Kosten für die Ausbildung orientiert oder ob nicht doch wieder Berechnungsgrundlagen herangezogen werden, die mit den Ausbildungskosten in keinerlei Zusammenhang stehen.

424 Krogmann, Grundrechte, S. 218.
425 Krogmann, Grundrechte, S. 229.
426 Pfister, Das Bosman-Urteil, S. 159.
427 Pfister, Das Bosman-Urteil, S. 164.
428 Pfister, Das Bosman-Urteil, S. 164.
429 Pfister, Das Bosman-Urteil, S. 164.
430 Stopper, SpuRt 2000, S. 4.

Drei Punkte fallen bei der Neuregelung besonders ins Auge:

1. In Art. 7 Nr. 1 Ausführungsbestimmungen/FIFA wird normiert, dass für die Berechnung der Ausbildungsentschädigung die Kosten des abgebenden Vereines maßgebend sind.

2. In Art. 7 Nr. 3 Ausführungsbestimmungen/FIFA heißt es dann, dass die Ausbildungsentschädigung grundsätzlich auf den Trainings- und Ausbildungskosten im Land des neuen Vereines basierten.

3. In Art. 7 Nr. 4 Ausführungsbestimmungen/FIFA wird dann für die EU/EWR eine Ausnahme gemacht. Die Kosten werden auf der Grundlage des abgebenden Vereines festgelegt, wobei für den Fall, dass der Spieler von einer niedrigeren in eine höhere Kategorie wechselt, die Durchschnittskosten beider Kategorien herangezogen werden und bei dem umgekehrten Wechsel die Kosten der niedrigeren Kategorie (also des neuen Vereines) zu Grunde gelegt werden.

Grundsätzlich ist eine Orientierung der Entschädigung an den Kosten vorgesehen, allerdings wird sich die Ausbildungsentschädigung in den meisten Fällen zumindest teilweise auch an den „Kosten" eines Vereines orientieren, der den Spieler gar nicht ausgebildet hat. Diese Bestimmung führt in der Praxis dazu, dass einmal die Kosten des abgebenden und einmal die Kosten des aufnehmenden Vereines maßgebend sind. Wechselt ein junger Spieler von Deutschland nach England, so sind die Kosten des deutschen Vereines, also des ausbildenden Vereines, maßgebend. Wechselt derselbe Spieler aber von Brasilien nach England, so sind dann die Kosten des englischen Vereines, also des aufnehmenden Vereines, maßgebend, während die Kosten des ausbildenden brasilianischen Vereines und damit auch die tatsächlichen Ausbildungskosten völlig unerheblich sind.

Sowohl die Tatsache, dass bei den meisten Transfers die Kosten des neuen Vereines ausschlaggebend sind, als auch die Problematik der Mischkalkulation beim Wechsel von einer niedrigeren in eine höhere Kategorie lassen den Schluss zu, dass der Hintergrund für die getroffenen Regelungen eher wirtschaftlicher Natur ist. Es entscheiden also wieder Zufälle die Höhe der zu zahlenden Ausbildungsentschädigung und nicht die tatsächlichen Kosten[431]. Mit diesem Argument hat der EuGH in der Bosman-Entscheidung das Vorbringen der UEFA, dass hier Gelder für die Nachwuchsförderung gezahlt würden, entkräftet.

---

[431] EuGH, Rs. C-415/93, Bosman, Slg. I-1995, S. 4921, 5072, Tz. 109.

Auch der Ansicht von Plath muss im Zusammenhang mit der hier von der FIFA geschaffenen Ausbildungsentschädigung widersprochen werden. Wenn Plath argumentiert, dass Transferentschädigungssysteme der Nachwuchsförderung und dem Erhalt des sportlichen Gleichgewichts dienen, so hat die Zeit zwischen der Bosman-Entscheidung und der Verabschiedung des neuen FIFA-Reglements bewiesen, dass der Fußballsport keine ausgeklügelten Transfersysteme benötigt, um sportlich attraktiv und wirtschaftlich leistungsfähig zu bleiben. Insbesondere haben mehrere Bundesligavereine in der Vergangenheit große Summen in die Nachwuchsförderung investiert, ohne durch ein entsprechendes Transfersystem abgesichert zu sein[432]. Der von Plath angeführte Rechtfertigungsgrund des „sportlichen und finanziellen Gleichgewichts zwischen den Vereinen“[433] kann daher nicht zur Rechtfertigung der Neuregelung herangezogen werden.Folgender europarechtlicher Gesichtspunkt ist bei der Bewertung der Regelung ebenfalls noch zu berücksichtigten:

Nach dem Reglement muss immer dann eine Trainings- und Ausbildungsentschädigung gezahlt werden, wenn der Spieler vor dem Ende seiner Ausbildung, was spätestens mit Vollendung des 23. Lebensjahres erreicht ist, ins Profilager oder innerhalb des Profilagers wechselt. Offen bleibt die Frage, was passiert, wenn ein Amateur, der älter als 23 Jahre ist, seinen ersten Profivertrag unterschreibt. Hier könnte man noch argumentieren, dass Art. 20 Transfer-Statuten/FIFA in Verbindung mit Art. 14, 15 Transfer-Statuten/FIFA für diesen Fall vorsieht, dass keine Entschädigung gezahlt wird, da die Ausbildung als abgeschlossen gilt. Mit welchen Konsequenzen muss man aber rechnen, wenn jemand mit 24 Jahren seinen ersten Profivertrag unterschreibt, obwohl er vorher noch überhaupt keinen Fußballsport betrieben hat? Im Grunde genommen legen die Transfer-Statuten/FIFA hier fest, dass jeder über 23 ausgebildeter Fußballspieler ist. Wenn man nach den Grundsätzen des EuGH und BAG vorgeht, die eine Ausbildungsentschädigung für zulässig halten, die sich an den tatsächlichen Kosten orientiert, so würde eine solche Altersbeschränkung hierzu im Widerspruch stehen. Ausbildung ist keine Frage des Alters, und Kosten für die Ausbildung können auch noch nach dem 23. Lebensjahr entstehen. An dieser Stelle würde also der Zufallsfaktor „Alter“ über die Frage der Kostenerstattung entscheiden. Da der EuGH aber im Fall Bosman eine Kostenerstattungspflicht, die vom Zufall abhängt mit Art. 39 EGV für unvereinbar hält, ist davon auszugehen, dass auch die Begrenzung der Zahlungspflicht auf ein Höchstalter unvereinbar ist.

---

432 Hertha BSC, Bayer Leverkusen, SC Freiburg.
433 Plath, Individualrechtsbeschränkung, S. 201.

Insofern ist die von der FIFA formulierte Regelung zur Ausbildungsentschädigung wegen mangelnder Transparenz und fehlender genauer Zuordnung der Kosten zu den einzelnen Kostträgern (auszubildende Spieler) als nicht europakonform abzulehnen.

c) Gesichtspunkte des nationalen Rechts

aa) Verfassungsrechtliche Gesichtspunkte

Die Ausübung des Sportes fällt bei Berufssportlern und den sogenannten Vertragsamateuren in den Schutzbereich des Art. 12 GG[434]. Ein Beruf ist eine auf Dauer angelegte Erwerbstätigkeit, wobei bereits eine Nebenbeschäftigung oder gar eine wenig erträgliche Beschäftigung diesen Anforderungen genügt[435]. Wird nun als Voraussetzung für die Spielberechtigung für einen neuen Verein eine Entschädigung für die Aus- und Weiterbildung verlangt, so stellt dieses Entschädigungsverlangen - wobei unerheblich ist, ob die Freigabeerklärung von der Zahlung abhängig ist - nach der vom Bundesverfassungsgericht entwickelten Dreistufentheorie[436] einen Eingriff in die sogenannte Berufswahlfreiheit dar. In die Berufswahlfreiheit darf aber nur dann eingegriffen werden, wenn dadurch ein überragendes Gemeinschaftsgut, das der Freiheit des Einzelnen vorgeht, geschützt werden soll[437]. Die Rechtsprechung erkennt durchaus an, dass der Breitensport Fußball angesichts seiner beträchtlichen Popularität und sozialen Bedeutung als wichtiges Gemeinschaftsgut angesehen werden kann und die Aufrechterhaltung der Funktionsfähigkeit durch Förderung einer guten Jugendarbeit und Jugendausbildung auch sinnvoll ist[438]. Allerdings stellen die Forderungen von Aus- und Weiterbildungsentschädigungen keine geeignete Maßnahme zur Sicherung der Funktionsfähigkeit dar[439]. Die sportliche Zukunft junger Amateurspieler ist nicht mit Sicherheit vorhersehbar, und nur eine begrenzte Anzahl von ihnen schafft tatsächlich den Durchbruch zum Berufssportler, so dass die Entschädigungszahlungen von einem Eventualitäts- und Zufallscharakter gekennzeichnet sind und eher wirtschaftlichen Zwecken einzelner Vereine dienen und nicht ideellen Zwecken oder der Gemeinschaft[440]. Darüber hinaus orientiert

---

434 BGH, NJW 1999, S. 3552, 3552; OLG Oldenburg, NZA-RR 1999, S. 9, 9; Rechtsausschuss des DBB, SpuRt 1998, S. 207, 209.

435 Schmidt-Bleibtreu/Klein, Art. 12, Rn. 6; von Münch/Kunig/Gubelt, Art. 12, Rn. 10; Maunz/Düring/Scholz, Art. 12, Rn. 19 f..

436 BVerfG, NJW 1958, S. 1035 ff; ausführlich: AK-GG-Rittstieg, Art. 12, Rn 39 ff..

437 BVerfG, NJW 1958, S. 1035, 1038; von Münch/Kunig/Gubelt, Art. 12, Rn. 44 f.; AK-GG-Rittstieg, Art. 12, Rn. 97; BK-GG-Abraham, Art. 12, Anm. II 4.

438 BGH, NJW 1999, S. 3552, 3553.

439 BGH, NJW 1999, S. 3552, 3553;BAG, NZA 1997, S. 647, 651; a. A.: Reuter, NJW 1983, S.654.

440 BGH, NJW 1999, S. 3552, 3553.

sich die Aus- und Weiterbildungsentschädigung auch nicht an den vom einzelnen Spieler tatsächlich verursachten Kosten, sondern wird eher pauschal veranschlagt, was weiter dafür spricht, dass Eingriffe in die Berufsfreiheit der Spieler nicht gerechtfertigt sind[441].

Bei „reinen" Amateuren wird hier argumentiert, dass insbesondere Jugendspieler „auf dem Weg zum Berufsspieler" sind und auch die freie Wahl der „Ausbildungsstätte" von Art. 12 GG geschützt ist[442]. Andernfalls wären Amateursportler über das grundgesetzlich verankerte Recht auf freie Entfaltung der Persönlichkeit nach Art. 2 Abs. 1 GG geschützt[443].

(1) Vereinsautonomie, Art. 9 GG

Sportvereine sind Vereinigungen im Sinne des Art. 9 GG, da sie ein längerfristiger, freiwilliger Zusammenschluss von natürlichen Personen zu einem gemeinsamen Zweck sind[444]. Somit steht auch den Sportvereinen das aus Art. 9 Abs. 1 GG abgeleitete Grundrecht zu, wonach Tätigkeiten der Vereinigung, die der Sicherung ihrer Existenz- und Funktionsfähigkeit dienen, sowie ihre Selbstbestimmung über die eigene Organisation, das Verfahren ihrer Willensbildung und die Führung ihrer Geschäfte geschützt sind[445].

Die Jugendarbeit und die Heranbildung fähiger Sportler wird bei einem Sportverein regelmäßig in den Bereich dieser grundrechtlich geschützten Vereinigungsfreiheit fallen[446]. Die „Aufwandsentschädigung" für die Ausbildung der Jugendsportler mag zwar für den Verein eine wirtschaftliche Bedeutung haben, sie ist aber nicht mit dem Vereinszweck verbunden, denn eine Forderung dieser Art knüpft nicht an die Intensität der Jugendarbeit an und überlässt es weitgehend dem Zufall, ob ein Jugendspieler den Sprung ins „Profilager" schafft.

Selbst wenn man die Forderung einer „Ausbildungsentschädigung" dem Schutzbereich des Art. 9 GG zurechnen würde, könnten die Vereine hieraus keinen Nutzen ziehen, da einem gemeinsam verfolgten Vereinszweck durch die Ver-

---

441 BAG, NZA 1997, S. 647, 651; OLG Oldenburg, NZA-RR 1999, S. 9, 10; a.A.: AG Frankfurt a.M., SpuRt 1998, S. 203, 204; Rechtsausschuß des DLV, SpuRt 1998, S. 205, 206. Die letzte Entscheidung gilt für Leichtathleten, bei denen eine individuelle Zuordnung der Ausbildungskosten möglich ist.

442 Schimke, SpuRt 1998, S. 209.

443 Schimke, SpuRt 1998, S. 209; Rechtsausschuß des DBB, SpuRt 1998, S. 207, 208.

444 Jarass/Pieroth, Art. 9, Rn. 3; von Münch/Kunig/Löwer, Art. 9, Rn 24; Maunz/Düring/Scholz, Art. 9, Rn. 57.

445 Jarass/Pieroth, Art. 9, Rn. 9; von Münch/Kunig/Löwer, Art. 9, Rn. 21; Maunz/Düring/Scholz, Art. 9, Rn. 69; BVerfGE 50, S. 290, 354; BVerfGE 80, S. 244, 253.

446 BGH, NJW 1999, S. 3552, 3553; BGH, SpuRt 2000, S. 19, 21.

einsautonomie kein weitreichenderer Schutz vermittelt werden kann als einem individuell verfolgten Zweck[447]. Die privatrechtlichen Beziehungen eines Vereines zu anderen Privatrechtssubjekten sind nicht anders zu beurteilen als entsprechende Beziehungen unter natürlichen Personen[448]. Mit dem Verlangen nach einer Aus- und Weiterbildungsentschädigung nimmt der Verein wie jedermann am Rechtsverkehr teil und bedarf daher nicht des speziellen Grundrechtschutzes von Art. 9 GG, es gelten vielmehr die materiellen (Individual-)Grundrechte[449].

Unterstellt man, dass der vorliegende Art. 9 GG zugunsten der Vereine anwendbar ist, so würde dies am Ergebnis nichts ändern, da der Freiheit der Berufswahl eindeutig Vorrang zukäme, denn diese ist nur aufgrund überragend wichtiger Verbandsinteressen durch Art. 9 GG einschränkbar[450].

(2) Privatautonomie, Art. 2 Abs. 1 GG

Nach der ständigen Rechtsprechung des Bundesverfassungsgerichts ist die allgemeine Vertragsfreiheit Teil der durch Art. 2 Abs. 1 GG geschützten allgemeinen Handlungsfreiheit und sichert somit die Privatautonomie[451]. Die Privatautonomie besteht jedoch nur im Rahmen der geltenden Gesetze, die ihrerseits an die Grundrechte gebunden sind, so dass der Privatautonomie Schranken gesetzt werden[452]. Diese Schranke ist Voraussetzung dafür, dass freie Selbstbestimmung herrscht, und insbesondere dann unerlässlich, wenn einer der Vertragsteile ein so starkes Übergewicht hat, dass er vertragliche Regelungen einseitig setzen kann und somit für den anderen Teil Fremdbestimmung bewirkt[453].

Zu bedenken ist allerdings, dass die Begrenzung der Vertragsfreiheit zum Schutze des einen Teils gleichzeitig in die Freiheit des anderen Teils eingreift[454]. Wird die Zulässigkeit von Vertragsklauseln mit Rücksicht auf die Berufsfreiheit des für den Arbeitgeber tätig werdenden Arbeitnehmers eingeschränkt, bewirkt das einen Eingriff in die Freiheit der Berufsausübung des Arbeitgebers[455]. Die kollidierenden Grundrechtspositionen sind in ihrer Wechselwirkung zu sehen

---

447 BVerfG, NJW 1980, S. 2123, 2124; BVerfG NJW 1979, S. 699, 706; Jarass/Pieroth, Art. 9, Rn. 10; Maunz/Düring/Scholz, Art. 9, Rn 69; Dreier/Bauer, Art. 9, Rn. 39 f..

448 BVerfG, NJW 1996, S. 1203, 1204.

449 BVerfG, NJW 1986, S. 772, 772.

450 Streinz, SpuRt 2000, S. 226.

451 BVerfG, NJW 1986, S. 1859, 1860; von Münch/Kunig/Kunig, Art. 2, Rn. 16; Maunz/Düring/di Fabio, Art. 2, Rn. 76 ff..

452 BAG, NZA 1994, S. 937, 939; Dreier/Dreier, Art. 2, Rn. 36 ff.; von Münch/Kunig/Kunig; Art. 2, Rn. 76 ff..

453 BVerfG, NJW 1994, S. 36; BAG, NZA 1994, S. 937, 939; ausführlich: Preis, Vertragsgestaltung, S. 216 ff..

454 BAG, NZA 1994, S. 937, 939.

455 BAG, NZA 1994, S. 937, 939.

und so zu begrenzen, dass sie für alle Beteiligten möglichst weitgehend wirksam werden[456]. Das Individualarbeitsrecht ist durchgehend von der strukturellen Unterlegenheit des einzelnen Arbeitnehmers gegenüber dem einzelnen Arbeitgeber geprägt[457].

bb) Arbeitsrechtliche Gesichtspunkte

Die arbeitsrechtliche Frage nach der sogenannten „Ausbildungsentschädigung" ist insbesondere vor Gerichten schon des öfteren gestellt worden, und zwar auch außerhalb des Sports[458].

Im Mittelpunkt der Entscheidungen außerhalb des Sports standen dabei die Fragen, inwieweit ein Arbeitnehmer Kosten seiner eigenen beruflichen Aus- und Weiterbildung zu tragen hat[459]. Nach Ansicht des BAG sind einzelvertragliche Vereinbarungen, wonach Ausbildungskosten, die der Arbeitgeber aufwendet, vom Arbeitnehmer zurückzuzahlen sind, grundsätzlich zulässig [460]. Die Rückzahlungsklausel muss aber vom Standpunkt eines verständigen Betrachters aus einem begründeten und zu billigenden Interesse des Arbeitgebers entsprechen und dem Arbeitnehmer insgesamt nach Treu und Glaube zuzumuten sein[461]. Dies ist insbesondere dann der Fall, wenn der Arbeitnehmer die erworbenen Kenntnisse und Fähigkeiten auch außerhalb des Betriebes verwerten und beruflich aufsteigen kann[462]. Nach ständiger Rechtsprechung kann der Arbeitgeber aber höchstens den Betrag zurückverlangen, den er tatsächlich aufgewandt hat[463]. Verlangt der Arbeitgeber mehr als die angefallenen Kosten, so handelt es sich nicht mehr um die Rückzahlung von Ausbildungskosten, sondern um Vertragsstrafen[464]. Bemessungsgrenze für die Erstattung von Ausbildungskosten sind also die tatsächlich angefallenen Kosten.

Auch im Bereich des Sports haben sich deutsche Gerichte und Rechtsausschüsse bereits mit der Frage von Aus- und Weiterbildungsentschädigungen befasst[465].

---

456 BAG, NZA 1994, S. 937, 939.
457 BAG, NZA 1994, S. 937, 940.
458 BAG, NZA 1995, S. 1108 ff.; BAG, NZA 1995, S.727 ff.; BAG, NJW 1996, S. 1916 ff.; BAG, NZA 1994, S. 937 ff..
459 Schaub, § 176, V, S. 1730 ff..
460 BAG, NZA 1994, S. 937, 938.
461 BAG, NZA 1994, S. 937, 938.
462 BAG, NZA 1994, S. 937, 940.
463 BAG, NZA 1994, S. 937, 941.
464 BAG, NZA 1994, S. 937, 941.
465 LAG Berlin, NJW 1979, S. 2582 ff.; BGH, NJW 1999, S. 3552 ff.; BAG, NZA 1997, S. 647 ff.; BGH, SpuRt 2000, S. 19 ff.; Rechtsausschuß des DBB, SpuRt 1998, S. 207 ff.; AG Frankfurt a.M., SpuRt 1998, S. 203 ff.; Rechtsausschuß des DLV, SpuRt 1998, S. 205 ff.; OLG Oldenburg, NZA-RR 1999, S. 9 f..

Ausgehend von der Rechtsprechung unterliegen die Klauseln, wonach bei dem Wechsel eines Sportlers eine Aus- bzw. Weiterbildungsentschädigung fällig ist, der gerichtlichen Inhaltskontrolle gemäß §§ 138, 242 BGB[466]. Nach ständiger Rechtsprechung wird eine solche gerichtliche Inhaltskontrolle jedenfalls für die Verbände und Vereine bejaht, die im wirtschaftlichen oder sozialen Bereich eine überragende Machtstellung innehaben[467]. Dies gilt im Bereich des Fußballsports sowohl für den DFB als auch für die ihm angeschlossenen Regionalverbände[468]. Da nicht nur der Fußballsport in Deutschland in hierarchischen Verbandsstrukturen geordnet ist und eine wettkampfmäßige Ausübung außerhalb dieser Verbandstrukturen nicht möglich ist, sondern fast alle Sportarten so organisiert sind, gilt dieser Grundsatz auch in Anwendung auf andere Sportarten[469].

Ferner besteht aufgrund der Ausgestaltung der Trainings- und Ausbildungsentschädigung die Möglichkeit, dass es sich bei Verträgen zwischen Vereinen und Spielern unter 23 Jahren um Verträge handelt, in denen ausbildungsähnliche Maßnahmen gewährt werden. Dies hätte nach § 19 BBiG zur Folge, dass § 5 BBiG Anwendung finden würde. § 5 Abs. 1 BBiG schützt die Entschlussfreiheit des Auszubildenden hinsichtlich seiner beruflichen Weiterentwicklung für die Zeit nach Beendigung der Ausbildung[470]. Nach § 5 Abs. 2 Ziffer 1 BBiG ist es verboten, von einem Auszubildenden „Lehrgeld“ zu verlangen[471]. Die Kostentragungspflicht bezüglich der Ausbildungskosten betrifft den neuen Verein, so dass dies gegen § 5 Abs. 2 Ziffer 1 BBiG sprechen könnte. Allerdings stellt die Tatsache, dass ein Verein, der einen Spieler verpflichtet, der unter 23 Jahre alt ist, eine Ausbildungsentschädigung zahlen muss, eine Maßnahme dar, die den Auszubildenden in seinem beruflichen Weiterkommen hindert, so dass die Aus- und Weiterbildungsentschädigung, unter der Voraussetzung, das BBiG findet über § 19 BBiG Anwendung, gegen § 5 Abs. 1 BBiG verstößt und somit nichtig wäre.

cc) Die Ansichten in der nationalen Literatur

Auch die Literatur hat sich mit der Frage befasst, inwieweit sich die Ablösezahlungen im Lizenzfußball und die damit verbundenen Einschränkungen für die betroffenen Lizenzspieler als Erstattung von „Ausbildungskosten“ rechtfertigen lassen.

---

466 BGH, NJW 1999, S. 3552, 3552.; Rechtsausschuss des DLV, SpuRt 1998, S. 205, 205; bei Amateursportlern: OLG Oldenburg, NZA-RR 1999, S. 9, 9.
467 BGHZ 105, S. 306, 318; Palandt/Heinrichs, § 25, Rn. 9.
468 OLG Oldenburg, NZA-RR 1999, S. 9, 9; BGH, NJW 1999, S. 3552, 3552.
469 Rechtsausschuß des DLV, SpuRt 1998, S. 205, 205.
470 Haase/Richard/Wagner, BBiG, S. 72.
471 Haase/Richard/Wagner, BBiG, S. 73.

Parensen vertritt die Auffassung, dass Vereine die allgemein einsetzbare Ausbildung der Spieler finanzieren und den Lizenzspielern ein Gehalt zahlen, das oft nicht mit ihrer Produktivität korrespondiere[472]. Wechselt ein Spieler den Verein, so können beim abgebenden Verein Kapitalverluste entstehen, ohne dass sich die Trainingsinvestionen und Gehaltszahlungen des alten Vereines amortisiert hätten[473]. Aus diesem Grund sei ein Schutz vor Kapitalverlusten über die Transferentschädigung des aufnehmenden Vereines nötig[474]. Da ein Spieler nur dann wechsele, wenn er ein höheres Gehaltsangebot des aufnehmenden Vereines erhält und dieser den Spieler nur dann verpflichte, wenn die Summe aus Spielergehalt und Transferentschädigung gleich oder kleiner sei als die zu erwartende Wertschöpfung, stelle die Transfersumme beim abgebenden Verein lediglich einen Ausgleich für die durch die Abwanderung des Spielers entgehende zukünftige Nettowertschöpfung dar[475]. Ein Wechsel fände nur dann statt, wenn der Spieler im neuen Verein eine höhere Wertschöpfung erwirtschaftet als im alten, was dem wohlfahrtstheoretischen Ideal entspräche[476]. Da der Spieler einen Eigennutz aus dem Transfer ziehe, denn er erzielt ein höheres Gehalt und wechselt auf einen produktiveren Arbeitsplatz, sei seine Freizügigkeit auch nicht eingeschränkt[477]. Das mit dem Transfersystem verfolgte Oberziel sei eine erhöhte Chancengleichheit der Vereine, sowohl in sportlicher als auch in wirtschaftlicher Hinsicht, und hinter dem Transfersystem stecke die ökonomisch richtige Erkenntnis, die Attraktivität des Wettbewerbs müsse erhöht werden, um die Bundesliga für Zuschauer, werbetreibende Wirtschaft und Sponsoren interessanter zu machen[478].

Auch Westerkamp geht von einer Rechtswidrigkeit des Transfersystems aus, da seiner Ansicht nach alle Bestimmungen, so sie die freie Wahl des Arbeitsplatzes bzw. des Berufes des Lizenzspielers beschränken, dann gegen Art. 12 Abs. 1 Satz 2 GG verstieße, wenn sie nicht aufgrund eines Gesetzesvorbehaltes geregelt seien[479]. Da das Lizenzspielerstatut aber lediglich zu der Vielzahl von Ordnungen des DFB gehöre und nicht Teil der Satzung des DFB sei, es aber für die Satzung eines Vereines schon zweifelhaft sei, ob sie eine objektive Rechtsnorm im Sinne des § 134 BGB darstelle, könne die Ordnung erst recht keine objektive Rechtsnorm seien[480]. Aus diesem Grund sei daher bereits ein Verstoß gegen den Verfassungsgrundsatz der Berufsfreiheit gemäß Art. 12 Abs. 1 GG zu beja-

---

472 Parensen, Fußball-Bundesliga, S. 92.
473 Parensen, Fußball-Bundesliga, a.a.O..
474 Parensen, Fußball-Bundesliga, S. 100.
475 Parensen, Fußball-Bundesliga, S. 101; so auch Schellhaß, RdA 1984, S. 220.
476 Parensen, Fußball-Bundesliga, S. 101.
477 Parensen, Fußball-Bundesliga, S. 101; so auch Schellhaß, RdA 1984, S. 222.
478 Parensen, Fußball-Bundesliga, S. 101.
479 Westerkamp, Ablöseentschädigungen, S. 119.
480 Westerkamp, Ablöseentschädigungen, S. 120.

hen[481]. Auch dem Argument, dass die Ablöseentschädigung für die geleistete Ausbildungsarbeit des abgebenden Vereines gezahlt würde, könne nicht gefolgt werden, da es nicht gerade selten vorkomme, dass ein Spieler die in ihn seitens des neuen Vereines gesetzten Erwartungen nicht erfüllen könne[482]. Darüber hinaus beruhe der Marktwert eines Spielers auf vielen Faktoren, die nicht alle vom Verein zu beeinflussen seien[483]. Im Bereich der Werbung werde der Wert eines Spielers als Werbeträger gerade auch aufgrund seiner Persönlichkeit bestimmt, und es wäre daher unbillig, dem Verein die Ausbeutung dieser Einnahmequellen alleine zu überlassen[484].

Nach der Auffassung von Samstag richtet sich die Ablösesumme allein nach dem Marktwert des Spielers, so dass sie nicht als Entschädigung für eine Ausbildung anzusehen sei[485]. Sie könne auch keine Aufwandsentschädigung sein, da der Spieler für die Leistung des Vereines seine Arbeitskraft als Gegenleistung gibt[486]. Die Ablösesumme würde also tatsächlich nur dafür gezahlt, dass der Spieler abgegeben wird, obwohl er als freier Mensch nach Ablauf seines Arbeitsvertrages aus sich heraus das selbständige Recht habe, seinen Arbeitsplatz zu wechseln und sich nach seinem Belieben wieder zu binden[487]. Der Lizenzspieler sei, anders als andere Arbeitnehmer, durch eine Verbandsbestimmung bei jedem Arbeitsplatzwechsel gezwungen, seinen Wert taxieren und somit letzten Endes Dritte bei einem Vereinswechsel mitbestimmen zu lassen[488]. Die Zahlung einer Ablösesumme als Voraussetzung für einen Vereinswechsel sei somit als Verstoß gegen die Rechtsordnung abzulehnen[489].

dd) Stellungnahme

Wie auch der EuGH, verlangt die deutsche Rechtsprechung im Rahmen der Ausbildungsentschädigung eine Orientierung an den tatsächlichen Kosten[490], so dass auch nach deutschem Recht die vorgesehene Grundlage zur Berechnung der Aus- und Weiterbildungsentschädigung nicht statthaft sein dürfte. Darüber hinaus ist es ständige Rechtsprechung des Bundesarbeitsgerichts, dass bei der Vereinbarung von Rückzahlungsklauseln - und um nichts anderes handelt es sich bei einer Kostenerstattungspflicht von Ausbildungskosten - die Tatsache,

481 Westerkamp, Ablöseentschädigungen, a.a.O..
482 Westerkamp, Ablöseentschädigungen, S. 133.
483 Westerkamp, Ablöseentschädigungen, S. 134.
484 Westerkamp, Ablöseentschädigungen, a.a.O..
485 Samstag, Spielerwechsel, S. 105.
486 Samstag, Spielerwechsel, a.a.O..
487 Samstag, Spielerwechsel, a.a.O..
488 Samstag, Spielerwechsel, S. 106.
489 Samstag, Spielerwechsel, S. 108.
490 BAG, NZA 1997, S. 647, 651, m. w. N.

dass die Früchte der Ausbildung genutzt werden können, zu berücksichtigen sind[491]. Fußballvereine sind in der Lage, die Ergebnisse der Ausbildung ständig abzurufen, da ihre „Auszubildende" nicht durch Lehrgänge aus dem Betriebsalltag herausgenommen werden, sondern vielmehr einem „Training on the job" unterzogen werden und jeden Samstag in der Bundesliga das Ergebnis ihrer Ausbildung präsentieren dürfen. Im Individualarbeitsrecht wird der Nutzen der Ausbildung für den ausbildenden Arbeitgeber dadurch berücksichtigt, dass sich die Rückzahlungsverpflichtung mit zunehmender Nutzung mindert[492]. Eine solche Regelung fehlt in den neuen Bestimmungen völlig. Es stellt sich somit die Frage, warum ein Verein, der an einem jungen Spieler interessiert ist, dessen vollständige Ausbildungskosten tragen soll, wenn doch der abgebende Verein bereits Nutzen aus der Ausbildung gezogen hat. Im Ergebnis müsste dies bei den Vereinen zu der wirtschaftlichen Überlegung führen, überwiegend junge Spieler zu verpflichten, um diese dann kurz vor Ende ihrer „Ausbildungszeit" zu verkaufen, weil für diese trotz abgelaufenen Vertrages eine „Ausbildungsentschädigung" zu erzielen ist, obwohl ihr Können unter Umständen bereits über Jahre genutzt worden ist und somit auch in wirtschaftlichen und sportlichen Erfolg umgemünzt wurde. Dies läuft darauf hinaus, dass Vereine aus jungen Spielern doppelten Nutzen ziehen können.

Von einer Anwendung des § 5 BBiG über die Verweisungsnorm des § 19 BBiG ist allerdings nicht auszugehen. Fußball ist zwar ein Beruf, aber keiner, den man im Sinne des BBiG erlernen kann. Bei der „Ausbildung" von Fußballern steht die Förderung von vorhandenem Talent im Vordergrund. Einer Person, der die entsprechenden Anlagen fehlen, wird auch über eine noch so gute Ausbildung nicht das Fußballspiel auf Profiniveau beibringen können.

Im Rahmen einer verfassungs- und arbeitsrechtlichen Beurteilung der Neuregelung muss daher hier der Ansicht von Parensen Ansicht eine Absage erteilt werden. Parensen geht fehl in der Annahme, dass jeder Wechsel eines Lizenzspielers zu einer Nettowertschöpfung bei dem neuen Verein führt und diese Nettowertschöpfung durch die Transfersumme lediglich abgeschöpft wird. Diese Annahme mag in manchen Bereichen durchaus zutreffen, insbesondere dann, wenn der Output unabhängig von inneren Faktoren ist. Bei einem Lizenzspieler ist aber das Leistungsvermögen nicht generell zu messen, da es abhängig ist von vielen Faktoren, von denen manche zu beeinflussen sind und manche nicht. Ziel eines jeden Lizenzspielers ist es, sein Können auf dem Rasen zu präsentieren. Für diese Gelegenheit sind viele Spieler auch bereit, Entscheidungen zu treffen, die wirtschaftlich sinnlos erscheinen. So wechselte zum Beispiel der Spieler Bobic in der Winterpause der Saison 2001/2002 von Borussia Dortmund zu dem

491 BAG, NZA 1997, a.a.O.; BAG, AP Nr. 10 zu § 611, Ausbildungsbeihilfe.
492 BAG, NZA 1997, S. 647, 651.

englischen Klub Bolton Wanderers. Dieser Wechsel bedeutet sowohl sportlich als auch finanziell einen Abstieg für Bobic, allerdings steht Bobic in England in der Stammformation seiner Mannschaft, was in Dortmund nicht der Fall war. In der Sommerpause vor der Saison 2002/2003 hat Bobic, der mittlerweile wieder bei Borussia Dortmund gelandet war[493], durch einen Wechsel zu Hannover 96 ebenfalls erheblich Gehaltseinbußen hinnehmen müssen[494]. Allerdings ist Bobic bei den Niedersachsen wieder Stammspieler. Auch der Spieler Jancker will unbedingt seinen Verein Bayern München verlassen, um zu Hertha BSC zu wechseln, da Jancker sonst seine Chance auf eine WM-Teilnahme 2002 schwinden sieht[495]. Das ist sportlich vielleicht eine verständliche Entscheidung, für die Jancker bereit ist, finanzielle Einbußen hinzunehmen; aber hier bleibt kein Raum für eine Nettowertschöpfung.

Auch aus nationaler Sicht ist daher davon auszugehen, dass die Regelung der FIFA zur Ausbildungsentschädigung nicht gesetzeskonform ist.

d) Praktische Gesichtspunkte

Kritisiert werden die Regelungen zur Ausbildungsentschädigung auch aus der Praxis heraus. Ausschlaggebend für diese Kritik ist die Tatsache, dass gemäß Art. 9 Ziffer 2 Ausführungsbestimmungen/FIFA der neue Verein für die Berechnung und Verteilung der Ausbildungsentschädigung zuständig ist, was natürlich auch bedeutet, dass er die Kosten hierfür zu tragen hat. Gerade bei Transfers des EU/EWR-Raums mit Drittländern (insbesondere Afrika, Südamerika) dürfte sich diese Aufgabe als äußerst schwierig erweisen und gerade kleinere Vereine vor unlösbare Probleme stellen. Hinzu kommt noch die Frage, ob die administrativen Kosten der Vereine für diese Umverteilung nicht als Kosten der Ausbildung auf die Entschädigungszahlung aufgeschlagen werden dürften, mit der Folge, dass jüngere Spieler teurer werden. Auch geht die Intention der Klausel nach Einschätzungen aus der Praxis fehl, da Vereine Spieler nicht ausbilden, um diese zu verkaufen, sondern um sie ihren Profimannschaften zuzuführen. Auf jeden Fall wird durch die Ausbildungsentschädigung kein Boom im Nachwuchsbereich zu erwarten sein. Aus Sicht der Praxis ist somit neben der Frage einer evtl. rechtlichen Zulässigkeit insbesondere die der praktischen Machbarkeit zu verneinen.

---

493 Bobic war von den Bolton Wanderes lediglich ausgeliehen worden.

494 Handelsblatt vom 13./14. September 2002, S. 48.

495 Jancker wechselte nicht zu Hertha BSC, nahm allerdings an der WM 2002 teil und wechselte anschließend zu Udinese Calcio, Italien.

e) Fazit

Die von der FIFA festgelegte „Ausbildungsentschädigung“ stellt einen Eingriff in die gemäss Art. 12 GG geschützte Berufswahlfreiheit da und verstößt gegen Art. 39 EGV.

Nicht die Kosten stehen im Vordergrund, sondern wieder der Lizenzspieler als Handelsobjekt. Der Lizenzspieler wird durch die hier geregelte Ablösesumme zum „Objekt“ eines „Kaufvertrages“ degradiert, denn wirtschaftlich stellt eine Ablösesumme nichts anders dar als einen Kaufpreis. Für den Wechsel eines jungen Spielers eine Entschädigung zu verlangen, die in keinem Verhältnis zu den Kosten steht, die er verursacht, und eine solche Entschädigung obendrein zu der Tatsache zu verlangen, dass der Verein die Früchte seiner Investition ständig abrufen kann, ist weder mit der europäischen noch mit der nationalen Rechtsordnung zu vereinbaren.

Gemäß Art. 17 Transfer-Statuten/FIFA wird die Entschädigung bei einem Spieler unter 23 Jahren bei einem Wechsel nach Vertragsende auf die Trainings- und Ausbildungsentschädigung beschränkt. Im Zusammenhang mit dem vorgenannten Art. 17 Transfer-Statuen/FIFA ist der nachfolgende Art. 18 Transfer-Statuen/FIFA so zu verstehen, dass bei einer einvernehmlichen Vertragsaufhebung neben der Trainings- und Ausbildungsentschädigung auch noch eine Transferzahlung zu leisten ist. Auch unter Hinzuziehung der Regelungen bezüglich der Vertragsstabilität lässt sich die Frage nach der Zahlung einer Transfersumme neben der Transfer- und Ausbildungsentschädigung nicht eindeutig beantworten. Allerdings soll auf diese Problematik erst unter der Rubrik „Vertragsstabilität“ näher eingegangen werden[496].

Unklar ist auch die Frage, wie die Trainings- und Ausbildungskosten im einzelnen ermittelt werden sollen. In den vorliegenden Bestimmungen lässt sich kein Berechnungsschlüssel ermitteln, so dass anhand der Regularien eine Überprüfung evtl. Kosten gar nicht stattfinden kann.

---

496 Siehe unten, 4. Teil, C, II, Nr. 3.

3. Die Vertragsstabilität, Art. 21 ff. Transfer-Statuten/FIFA

a) Die Regelung seit dem 1. September 2001[497]

Für die Vereine, die Spieler und die Öffentlichkeit ist Vertragsstabilität im Fußball von grundlegender Bedeutung. Für die Beziehungen zwischen Spielern und Vereinen sollten daher gesetzliche Grundlagen bestehen, die den besonderen Ansprüchen des Fußballs gerecht werden und ein Gleichgewicht zwischen den Einzelinteressen der Spieler und Vereine herstellen sowie die Regelmäßigkeit und die rechtmäßige Durchführung eines Wettbewerbs gewährleisten.

Die neuen Transfer-Statuten versuchen aus diesem Grund sicherzustellen, dass bei einem Vertragsabschluss zwischen einem Verein und einem Spieler der Vertrag von beiden Parteien eingehalten wird. Einseitige Vertragsauflösungen, insbesondere während der ersten zwei oder drei Jahre (je nach Alter der Spieler), sollen vermieden werden. Die Transfer-Statuten tragen aber auch dem Umstand Rechnung, dass Spieler für eine einseitige Auflösung eines langjährigen Vertrags eine sportspezifische Begründung ('sportlich triftiger Grund') vorbringen können, die durch entsprechende Klauseln eines normalen Arbeitsvertrags und des früheren FIFA-Reglements betreffend Status und Transfers von Spielern nicht abgedeckt ist.

Die Transfer-Statuten halten fest, dass ein Verein, der einen Spieler verpflichten möchte, der noch bei einem anderen Verein unter Vertrag steht, sowohl den Spieler als auch dessen Verein vor Aufnahme von Vertragsverhandlungen gleichzeitig informieren muss. Bei Zuwiderhandlungen wird eine Geldstrafe verhängt[498]. Liegt schließlich ein Vertragsbruch vor, werden sportliche Sanktionen ausgesprochen. Ein Verein, der einen anderen Verein zu einem einseitigen Vertragsbruch mit einem Spieler anstiftet, kann mit sportlichen Sanktionen belegt werden. Gegen einen Verein, der einen Spieler zum einseitigen Vertragsbruch anstiftet, können ebenfalls sportliche Sanktionen verhängt werden. Ferner können sportliche Sanktionen gegen den vertragsbrüchigen Verein oder den Spieler ausgesprochen werden.

Folgenden Sanktionen sind möglich:

Ein Spieler, der seinen Vertrag während des ersten oder zweiten Jahres (oder nur während des ersten Jahres, falls der Spieler bei Vertragsunterzeichnung bereits 28 Jahre alt war) bricht, kann für offizielle Spiele seines neuen Vereines in der neuen Spielzeit gesperrt werden.

---

497 FIFA Zirkular Nr. 769, S. 12, Anlage 4.

498 Art. 13 Abs. 2 Ausführungsbestimmungen/FIFA, Anlage 3.

Bricht ein Spieler seinen Vertrag während des dritten oder, wenn er bei Vertragsabschluss bereits 28 Jahre alt war, während des zweiten Jahres, wird in der Regel keine Spielsperre ausgesprochen, falls er den Vertrag unter Berücksichtigung der Kündigungsfrist ordnungsgemäß gekündigt hat[499].

Stiftet ein Verein einen Spieler zum Vertragsbruch an, kann diesem bis zu 12 Monate nach Vertragsbruch untersagt werden, neue Spieler aus dem In- und Ausland registrieren zu lassen. Falls ein Verein einen Spieler registrieren lassen möchte, der seinen Vertrag in den ersten zwei oder drei Jahren gebrochen hat, wird angenommen, dass der Klub den Spieler zum Vertragsbruch angehalten hat. In diesem Fall greifen üblicherweise die Disziplinarmaßnahmen, es sei denn, der Verein kann diese Vermutung widerlegen[500].

Bricht ein Verein den Vertrag während der ersten zwei oder drei Jahre, kann diesem untersagt werden, bis zu 12 Monate nach Vertragsbruch neue Spieler aus dem In- und Ausland registrieren zu lassen[501]. Liegt ein Vertragsbruch nach den ersten zwei oder drei geschützten Jahren vor, werden gegen den Spieler oder die Vereine in der Regel keine der obigen Sanktionen verhängt.

Ausnahmefälle:

- für den Spieler, falls dieser die Vertragskündigung nicht fristgerecht eingereicht hat[502],

- für den Verein, falls dieser den Vertrag nicht fristgerecht gekündigt hat[503] oder falls der neue Verein den Spieler erwiesenermaßen zum Vertragsbruch mit seinem alten Verein angestiftet hat, da die Verpflichtung des Spielers nicht automatisch als Anstiftung zum Vertragsbruch angesehen wird[504].

Sofern die vorgenannten Bestimmungen eingehalten werden, bedeutet allein die Kontaktaufnahme und anschließende Registrierung eines Spielers[505], der seinen Vertrag nach den geschützten ersten zwei oder drei Jahren gebrochen hat, noch nicht, dass der neue Verein den Spieler zum Vertragsbruch angehalten hat. Der

---

499 Art. 23 Abs. 1 lit. b Transfer-Statuten/FIFA, Anlage 2.
500 Art. 23 Abs. 2 lit. c Transfer-Statuten/FIFA, Anlage 2.
501 Art. 23 Abs. 2 lit. a Transfer-Statuten/FIFA, Anlage 2.
502 Art. 21 Abs. 2 lit. c Transfer-Statuten/FIFA, Anlage 2. Diese Bestimmung setzt eine Kündigungsfrist von 15 Tagen im Anschluss an das letzte offizielle Saisonspiel des Klubs fest, bei dem der Spieler registriert ist.
503 Art. 21 Abs. 2 lit. c Transfer-Statuten/FIFA, Anlage 2.
504 E contrario Art. 23 Abs. 2 lit. c Transfer-Statuten/FIFA, Anlage 2.
505 Art. 13 Abs. 2 Ausführungsbestimmungen/FIFA, Anlage 3.

neue Verein hat daher nicht zwangsläufig mit sportlichen oder finanziellen Sanktionen zu rechnen.

Vertragsbrüche während der laufenden Spielzeit sind in jedem Fall verboten und werden erst am Ende der Saison rechtskräftig, außer es liegt ein triftiger Grund für die Vertragsauflösung vor[506]. Ein Wechsel während der laufenden Saison ist also nicht möglich. Das Urteil bezüglich der Sanktionen durch die Kammer zur Beilegung von Streitigkeiten, welche Teil der FIFA-Spielerstatut-Kommission ist, hat spätestens 60 Tage nach Einreichung des Falles bei der Kammer oder gegebenenfalls bei einem nationalen Schiedsgericht für Sport zu erfolgen[507].

Die Parteien können gegen jedes Urteil der Kammer zur Beilegung von Streitigkeiten beim Schiedsgericht des Fußballs Berufung einlegen, deren Mitglieder in solchen Fällen von Spielern und Vereinen ausgewählt werden[508]. Jedes Urteil der FIFA-Spielerstatut-Kommission kann beim Schiedsgericht des Fußballs angefochten werden.

Vertragsbrüche sind ungeachtet des Zeitpunktes, zu dem sie erfolgen, auch Gegenstand von Schadenersatzforderungen[509]. Die Höhe der Entschädigung kann im Vertrag festgehalten werden oder anhand objektiver Kriterien, die in den Transfer-Statuten teilweise aufgeführt sind, berechnet werden[510].

Eine Schadenersatzklage kann bei einem nationalen Gericht erhoben werden oder bei der Kammer zur Beilegung von Streitigkeiten der FIFA eingereicht werden. Die Kammer hat innerhalb von 60 bis 90 Tagen nach Einreichung der Klage über den Fall zu entscheiden[511]. Bei der Urteilsfindung berücksichtigt die Kammer, wie in allen anderen Fällen auch, die jeweiligen Absprachen, Gesetze und/oder Arbeitsverträge, die in den betreffenden Ländern bestehen, sowie die Besonderheit des Sports[512]. Die Parteien können gegen das Urteil der Kammer zur Beilegung von Streitigkeiten das Schiedsgericht des Fußballs anrufen. Die Entschädigung, die im Zusammenhang mit einem Vertragsbruch von der Kammer zur Beilegung von Streitigkeiten bestimmt wurde, muss spätestens einen Monat nach Urteilseröffnung bezahlt werden[513]. Berufungen beim Schiedsgericht des Fußballs haben keine aufschiebende Wirkung[514]. Die FIFA-

506 Art. 21 Transfer-Statuten/FIFA, Anlage 2.
507 Art. 42 Abs. 1 lit. b Satz 1 und Satz 2 Transfer-Statuten/FIFA, Anlage 2.
508 Art. 42 Abs. 1 lit. c Transfer-Statuten/FIFA, Anlage 2.
509 Art. 21 Transfer-Statuten/FIFA, Anlage 2.
510 Art. 22 Transfer-Statuten/FIFA, Anlage 2.
511 Art. 42 Abs. 1 lit. b Satz 3 Transfer-Statuten/FIFA, Anlage 2.
512 Art. 43 Transfer-Statuten/FIFA, Anlage 2.
513 Art. 14 Abs. 1 Ausführungsbestimmungen/FIFA, Anlage 3.
514 Art. 42 Abs. 1 lit. c Transfer-Statuten/FIFA, Anlage 2.

Spielerstatut-Kommission kann gegen die Partei, die des Vertragsbruchs schuldig ist und der Entschädigungszahlung nicht innerhalb eines Monats nachgekommen ist, Disziplinarmaßnahmen verhängen[515]. Hat ein Spieler den Vertragsbruch begangen und die von der Kammer festgesetzte Entschädigung nicht innerhalb eines Monats bezahlt, trägt der neue Verein eine Mithaftung, ungeachtet der Frage, ob er den Spieler zum Vertragsbruch angestiftet hat[516]. Falls dieser Klub die Zahlung nicht innerhalb der Monatsfrist leistet, die auf den Zeitpunkt seiner Mithaftung folgt, kann auch dieser von der FIFA-Spielerstatut-Kommission mit Disziplinarmaßnahmen belegt werden[517].

Eine einseitige Vertragsauflösung kann unter Umständen rechtens sein. Ein Verein oder ein Spieler können im Sinne des herkömmlichen Arbeitsvertrags oder der bestehenden FIFA-Richtlinien einen triftigen Grund für eine Auflösung anführen[518]. Die neuen Statuten sehen jedoch spezifisch für die Spieler die Möglichkeit einer Vertragsauflösung bei Vorliegen von so genannten „sportlich triftigen Gründen“ vor[519].

Ein sportlich triftiger Grund soll fallspezifisch unter Berücksichtigung der einzelnen Fakten beurteilt werden[520]. Als sportlich triftiger Grund für einen Vertragsbruch gilt u.a., wenn der Spieler nach Abschluss der Saison belegen kann, dass er in weniger als 10 % der offiziellen Spiele seines Vereines eingesetzt wurde[521]. Ob ein Spieler einen sportlich triftigen Grund für eine Vertragsauflösung hat, kann nur am Ende der Saison und vor Ablauf der betreffenden Registrierungsperiode im Land des ehemaligen Vereines festgestellt werden[522].

Unabhängig davon kann ein Spieler aber die Kammer zur Beilegung von Streitigkeiten anrufen, um feststellen zu lassen, ob ein triftiger Grund für eine sofortige Vertragsauflösung vor Ende der Saison vorliegt. Aufgrund der spezifischen Umstände kann die Kammer zur Beilegung von Streitigkeiten zum Schluss gelangen, dass das Verhalten des Vereines einem Vertragsbruch gleichzusetzen ist. In diesem Fall hätte der Spieler die Möglichkeit, den Klub mit sofortiger Wirkung zu verlassen. Der Klub könnte mit sportlichen Sanktionen belegt und zu einer Schadensersatzzahlung verpflichtet werden. Die Kammer fällt innerhalb

---

515 Art. 14 Abs. 2 Ausführungsbestimmungen/FIFA, Anlage 3.

516 Art. 14 Abs. 3 Ausführungsbestimmungen/FIFA, Anlage 3.

517 Art. 14 Abs. 4 Ausführungsbestimmungen/FIFA, Anlage 3.

518 Die FIFA-Spielerstatut-Kommission entwickelte unter den alten FIFA-Transfer-Statuten die Praxis, dass für einen Spieler bei mehrmonatigem Zahlungsrückstand seines Gehalts seitens des Vereins ein triftiger Grund für eine vorzeitige Vertragsauflösung vorliegt.

519 Art. 24 Transfer-Statuten/FIFA, Anlage 2.

520 Art. 24 Transfer-Statuten/FIFA, Anlage 2.

521 Art. 12 Ausführungsbestimmungen/FIFA, Anlage 3.

522 Art. 24 Transfer-Statuten/FIFA, Anlage 2.

von 30 Tagen nach Einreichen des Falles ein Urteil zu den Vertragselementen der Klage des Spielers. Spätestens 30 Tage nach der Urteilsverkündung entscheidet die Kammer über sportliche Sanktionen und Schadensersatzzahlungen. Die Parteien können beim Schiedsgericht des Fußballs gegen das Urteil der Kammer zur Beilegung von Streitigkeiten Berufung einlegen[523]. Ein Einspruch hat jedoch keine aufschiebende Wirkung[524].

Liegt ein sportlich triftiger Grund vor, muss entschieden werden, ob eine Entschädigung zu zahlen ist und wie hoch diese ausfällt[525]. Wird auf Zahlung einer Entschädigung entschieden, muss die Entschädigungssumme unter dem Betrag liegen, der bei einem missbräuchlichen Vertragsbruch fällig gewesen wäre, da der Verein zumindest teilweise für den Vertragsbruch verantwortlich ist, und sie darf grundsätzlich nicht die Gehaltszahlungen, die dem Spieler bis Vertragsende noch zustehen, überschreiten.

Der Spieler wird zu keiner Schadenersatzzahlung verpflichtet, falls für die Vertragsauflösung ein triftiger Grund vorliegt. Sein ehemaliger Verein kann aber zu einer Entschädigungszahlung an den Spieler verurteilt werden, falls dieser durch sein Verhalten seinen Teil des Vertrags ungerechtfertigt gebrochen hat.

b) Allgemeine Erörterungen zur Vertragsstabilität

Durch die vorgenannten Regelungen zur Vertragsstabilität hat die FIFA gleich mehrere Bereiche in den Arbeitsverhältnissen der Lizenzfußballspieler neu geregelt.

Unter dem Oberbegriff „Vertragsstabilität" finden sich Vorschriften zu den Fragen der Vertragsbeendigung[526], der Vertragslaufzeit[527] und evtl. Entschädigungszahlungen[528]. Um den Problemfelder, welche die Regelung zur Vertragsstabilität, die neben den Regelungen zur Ausbildungsentschädigung einen Kernbereich der neuen FIFA Transfer-Statuten darstellt, gerecht zu werden, werden die drei o.g. Bereiche jeweils einzeln betrachtet und auf ihre Konformität mit europäischem und nationalem Recht überprüft. An die rechtliche Prüfung schließt sich eine Bewertung hinsichtlich praktischer Bedenken an.

---

523 Art. 42 Abs. 1 lit. b Satz 1 Transfer-Statuten/FIFA, Anlage 2.
524 Art. 42 Abs. 1 lit. c Transfer-Statuten/FIFA, Anlage 2.
525 Art. 24 Transfer-Statuten/FIFA, Anlage 2.
526 Art. 21 Ziffer 2 lit. a und lit. c, Art. 24 Transfer-Statuten/FIFA, Anlage 2.
527 Art. 21 Ziffer 1 Transfer-Statuten/FIFA, Anlage 2.
528 Art. 22 Transfer-Statuten/FIFA.

c) Europarechtliche Gesichtspunkte

Vorangestellt wird zunächst die Erörterung der einzelnen aufgeworfenen Fragen aus europarechtlichen Gesichtspunkten.

aa) Die Regelungen betreffend die Vertragsbeendigung, Art. 21 Ziffer 2 lit. a) und lit. b), 24 Transfer-Statuten/FIFA

(1) Erörterung

Das Europarecht trifft selbst keine Regelung zur Vertragsbeendigung, sondern überlässt dies dem jeweiligen nationalen Gesetzgeber[529]. Eine Ausnahme besteht nach Art. 39 Abs. 2 EGV dann, wenn eine innerstaatliche Ungleichbehandlung einzelner Arbeitnehmer aufgrund ihrer Staatsangehörigkeit vorliegt. Expressis verbis fallen nach Art. 40 lit. c) auch unterschiedliche Fristen für Arbeitnehmer unterschiedlicher Staatsangehörigkeit unter diesen Vorbehalt.

(2) Stellungnahme

Die von der FIFA vorliegend verabschiedeten Regelungen zur Vertragsbeendigung richten sich an alle Lizenzspieler und alle nationalen Verbände gleichermaßen. Da eine Ungleichbehandlung basierend auf unterschiedlichen Nationalitäten der Lizenzspieler nicht vorliegt, sprechen auch keine europarechtlichen Gesichtspunkte gegen diesen Teil der Regelung.

bb) Die Kündigung zum Saisonende, Art. 21 Ziffer 2 lit. c) Transfer-Statuten/FIFA

(1) Erörterung

Nach Ablauf der Schutzfrist gewährt Art. 21 Ziffer 2 lit. c) der Transfer-Statuten/FIFA sowohl dem Verein als auch dem Spieler binnen 15 Tagen nach dem letzten offiziellen Spiel der Landesmeisterschaft das Recht, den Vertrag zu kündigen. Gemäß Art. 21 Ziffer 2 lit. a der Transfer-Statuten/FIFA zieht eine solche Handlung keinerlei Sanktionen nach sich, mit der Ausnahme von evtl. Sanktionen gegen einen Verein, auf dessen Anstiftung es zum Vertragsbruch kam[530], wobei mit dem Wort „Vertragsbruch" hier die Kündigung gemeint ist.

---

529 EuGH, C-189/91, Kirsammer-Hack, Slg. I-1983, S. 6215 ff.; zur Frage der Zulässigkeit von § 23 Abs. 1 KSchG: Lenz/Coen, Art. 136, Rn. 4.

530 Art. 21 Abs. 2 lit. a Transfer-Statuten/FIFA, Anlage 2.

(2) Stellungnahme

Nach der Kündigung des Vertrages bestehen keinerlei vertragliche Verbindungen mehr zwischen dem Spieler und seinem (ehemaligen) Verein. Den Wechsel des Spielers in einer solchen Situation ohne Sanktionen zuzulassen ist mit Blick auf die Entscheidung des EuGH in Sachen Bosman nur konsequent. Die Regelung steht somit mit europäischen Normen im Einklang.

cc) Die Regelungen zur Vertragslaufzeit, Art. 21 Ziffer. 1 Transfer-Statuten/FIFA

Die Frage der Vertragslaufzeit war einer der Gründe, warum die EU-Kommission die FIFA an den Verhandlungstisch gezwungen hat[531]. Die EU stieß sich an der Tatsache, dass im Fußball Vertragslaufzeiten eher rein deklaratorischen Charakter haben und Spieler, wenn sie den entsprechenden Druck ausüben, ohne größere Probleme wechseln können[532].

(1) Erörterung

Die Verträge der Spieler unterliegen im Rahmen der Neuregelung einer Schutzfrist von drei bzw. zwei Jahren, abhängig vom Alter des Spielers bei Vertragsschluss. Während dieser Schutzfristen dürfen die Verträge nur mit „triftigen Grund“ bzw. von Seiten des Spielers auch mit „sportlich triftigem Grund“ gekündigt werden[533].

(2) Stellungnahme

Auch hier gilt der Grundsatz, dass das europäische Recht selbst keine Detailregelungen trifft. Solche Regelungen verstießen nur dann gegen Normen des EG-Vertrages, wenn sie Unterschiede hinsichtlich der Nationalität machten. Konkret bedeutet dies: Würde die Klausel die Schutzfrist für Spieler, die in ihrem Heimatland spielen, einschränken, so läge ein Verstoß gegen Normen des EG-Rechts vor. Von der Regelung der FIFA sind aber alle Verträge betroffen, und zwar unabhängig von der Nationalität der Spieler oder ihres jeweiligen Spielortes. Die Differenzierung nach dem Alter mit Bezug auf die länger der Schutzfristen ist ebenfalls nicht zu beanstanden.

531 FAZ vom 1. September 2000, S. 34.

532 Dies gilt trotz Neuregelung immer noch. So wechselte der brasilianische Weltmeister Ronaldo im September 2002 von Inter Mailand nach Real Madrid, obwohl ihn die Mailänder nicht ziehen lassen wollten, vgl. WAZ vom 2. September 2002, http://www.waz.de.

533 Art: 21 Ziffer 1 lit. a und lit. b Transfer-Statuten/FIFA, Anlage 2.

dd) Die Entschädigungszahlung, Art. 21 Ziffer 1 und Ziffer 2 Transfer-Statuten/FIFA

(1) Erörterung

Einseitige Vertragsbrüche sind seit dem 1. September 2001 ungeachtet des Zeitpunkts, zu dem sie erfolgen, auch wieder Gegenstand von Schadensersatzforderungen[534]. Die Höhe der Entschädigung kann im Vertrag festgehalten werden oder anhand objektiver Kriterien berechnet werden[535].

Nach den neuen Statuten müssen allerdings zwei Zeitpunkte bei der Entschädigungszahlung unterschieden werden.

In Art. 21 Ziffer 1 lit. a der Transfer-Statuten/FIFA heißt es:

„Falls während der ersten drei Jahre[536] ein einseitiger Vertragsbruch ohne Vorliegen eines triftigen Grundes oder eines sportlich triftigen Grundes erfolgt, werden sportliche Sanktionen verhängt und es wird eine Entschädigung fällig."

In Art. 21 Ziffer 2 lit. a der Transfer-Statuten/FIFA heißt es:

„Ein einseitiger Vertragsbruch ohne triftigen Grund oder ohne sportlich triftigen Grund nach den ersten drei bzw. zwei Jahren zieht keine sportlichen Sanktionen nach sich, (...). Eine Entschädigung wird fällig."

Da hier zwei Sachverhalte vorliegen, die sich in einem kleinen, aber wichtigen Detail unterscheiden, erscheint eine differenzierte Betrachtung angebracht.

(a) Europarechtliche Einordnung der Entschädigungszahlung nach Art. 21 Ziffer 1 lit. a Transfer-Statuten/FIFA

Die Entschädigungszahlung nach Art. 21 Ziffer 1 lit. a der Transfer-Statuten/FIFA wird dann fällig, wenn eine einseitige Vertragsauflösung entweder von Seiten des Vereines oder des Spielers während der Schutzphase des Vertrages vorliegt und diese ohne entsprechenden Grund erfolgt.

Entscheidend aus europarechtlicher Sicht ist, dass ein bestehender Vertrag zum Zeitpunkt der Fälligkeit bestand. Anders als in der Entscheidung des EuGH in

---

[534] Art. 21 Transfer-Statuten/FIFA, Anlage 2.

[535] Art. 22 Transfer-Statuten/FIFA, Anlage 2.

[536] Bei Spielern ab 28 Jahren gilt das gleiche während der ersten zwei Jahre, vgl. Art. 21 Ziffer 1 lit. b) Transfer-Statuten/FIFA, Anlage 2.

Sachen Bosman, ist hier also grundsätzlich von einem noch bestehenden Arbeitsverhältnis zwischen dem Lizenzspieler und dem Verein auszugehen.

(b) Europarechtliche Einordnung der Entschädigungszahlung nach Art. 21 Ziffer 2 lit. a Transfer-Statuen/FIFA

Anders stellt sich die Situation bei einer Entschädigungszahlung nach Art. 21 Ziffer 2 lit. a Transfer-Statuten/FIFA dar. Hier ist die Schutzfrist des Vertrages ausgelaufen und der Spieler hat somit die Möglichkeit, ohne Vorliegen eines Grundes gemäß Art. 21 Ziffer 2 lit. c der Transfer-Statuten seinen Vertrag innerhalb von 15 Tagen nach dem letzten offiziellen Meisterschaftsspiel zu kündigen. Macht der Spieler von diesem Recht Gebrauch, bestehen für ihn auch keine vertraglichen Verpflichtungen mehr gegenüber seinem alten Verein.

Beendet eine Seite den Vertrag nach der Schutzphase, so wird ein solches Verhalten zwar nicht sportlich sanktioniert, es wird aber dennoch eine Entschädigungszahlung fällig.

(2) Stellungnahme

Die Zahlung einer Entschädigung als Ausgleich für den Bruch eines bestehenden Vertrages stößt auf keinerlei europarechtliche Bedenken. Insbesondere liegt hier kein Verstoß gegen Art. 39 EGV vor, da der Vertrag ja noch besteht. Die Einschränkung, der sich aus Art. 39 EGV ergebenden Freizügigkeit des Arbeitnehmers, kann aber nur dann gegeben sein, wenn der Arbeitnehmer ohne die Entschädigungszahlung in der Wahl seines Arbeitsplatzes frei wäre. Das ist er aber gerade nicht, da er vertraglich noch an seinen Verein gebunden ist. Anders stellt sich die Situation bei der Entschädigung nach Art. 21 Ziffer 2 lit. a Transfer-Statuten/FIFA dar. Für diesen Fall eine Entschädigungszahlung zu verlangen könnte, gegen Art. 39 EGV verstoßen[537].

Durch diese Regelung wird der Spieler in seiner Berufsfreiheit eingeschränkt. Die Situation, die hier gegeben ist, ist die gleiche, wie sie in der Entscheidung „Bosman" des EuGH vorgelegen hat. In diesem Fall konnte der Verein, den der Spieler verlassen wollte, eine Entschädigungszahlung für diesen verlangen, obwohl keine vertragliche Bindung mehr gegeben war.

Eine Entschädigungszahlung kann nicht mehr verlangt werden, wenn der Vertrag gekündigt ist und somit keinerlei vertragliche Bindung mehr zwischen dem Spieler und seinem Verein besteht.

---

537 EuGH, Rs. C-415/93, Bosman, Slg. I-1995, S. 4921, 5069 ff., Tz. 99 – 104.

ee) Europarechtliches Fazit

Die meisten Regelungen zu dem Punkt der Vertragsstabilität sind aus europarechtlicher Sicht bedenkenlos. Ausnahme bildet hier die Regelung des Art. 21 Ziffer 2 lit. a Transfer-Statuten/FIFA. Sie gewährt verlangt auch nach dem Ablauf der Schutzfrist die Zahlung einer Entschädigung, obwohl der Spieler den Vertrag kündigen kann. Hier ist die Situation insofern undurchsichtig, da sich die Frage, wie das Verhältnis zwischen „Vertragsbruch", also Kündigung und Entschädigungszahlung nicht deutlich wird.

Der letzt genannten Regelungen stehen daher erhebliche europarechtliche Zweifel entgegen.

d) Gesichtspunkte des nationalen Rechts

Hier ist zunächst zu bemerken, dass die ursprüngliche Fassung der FIFA-Transfer-Statuten auf dem Grundsatzpapier beruhen, welches am 6. März 2001 zwischen der EU und der FIFA in englischer Sprache verabschiedet wurde. Im Rahmen der Übersetzung haben sich hier einige terminologische Schwierigkeiten offenbart, die u.a. auf den Umstand zurückzuführen sind, dass das Englische Common Law Terminologien kennt, die dem deutschen Recht – auch in der Übersetzung – unbekannt sind. So kennt das deutsche Recht nur den Begriff des ordentlichen oder außerordentlichen Kündigungsgrundes, während ihm der „triftige Grund" als Rechtsbegriff unbekannt ist. Von daher stellt sich die Frage, wie der Begriff des „triftigen Grundes" im deutschen Rechtssystem zu verstehen ist.

Für diese Betrachtung sollte man sich kurz noch einmal das System vergegenwärtigen, welches bis zum In-Kraft-Treten der Neuregelungen galt.

Wenn ein Verein und ein Spieler einen auf eine bestimmte Zeit befristeten Arbeitsvertrag abschlossen, so war dies wegen der sich aus Art. 2 GG, §§ 241, 305, 620 BGB ableitenden Vertragsfreiheit grundsätzlich zulässig[538]. Der Vertrag endete dann ohne Kündigung mit Zeitablauf und ohne Rücksicht auf etwaige Kündigungsbeschränkungen[539]. Ausgenommen waren Verträge mit einer Laufzeit von über 5 Jahren. Hier erhielt der Spieler als Arbeitnehmer nach § 624 BGB nach dem 5. Jahr ein gesetzliches Kündigungsrecht. Die außerordentliche Kündigung blieb während der gesamten Vertragslaufzeit zulässig[540]. Für die ordent-

538 Schaub, § 39, I, 1, S. 272, Rn. 1.
539 Schaub, § 39, V, S. 296, Rn. 100.
540 Schaub, a.a.O..

liche Kündigung bestand die Auslegungsregel, dass sie während der Laufzeit im Zweifel ausgeschlossen sein soll, dass aber die Möglichkeit bestehe, diese Auslegungsregel zu widerlegen[541]. Der Musterarbeitsvertrag des DFB sah in § 9 den Abschluss eines befristeten Arbeitsvertrages vor und räumte keiner der Vertragsparteien für die Dauer des Vertrages das Recht ein, das Arbeitsverhältnis ordentlich zu kündigen[542]. Diese Vorgehensweise war in der Bundesliga Alltag und nach deutschem Arbeitsrecht nicht zu beanstanden[543].

Ausgehend von diesem Standpunkt lassen sich nun die Neuerung der FIFA sowohl verfassungsrechtlich als auch arbeitsrechtlich im einzelnen Bewerten.

aa) Verfassungsrechtliche Gesichtspunkte

Die einzelnen aufgeworfenen Fragen werden nachfolgend aus verfassungsrechtlichen Gesichtspunkten erörtert. Um Wiederholungen zu vermeiden, wird bezüglich der Regelungsinhalte auf die oben gemachten Erläuterungen verwiesen[544] und nachfolgend nur dann Stellung genommen, wenn sich verfassungsrechtliche Besonderheiten ergeben.

Das Verfassungsrecht findet entweder im Wege der verfassungskonformen Auslegung oder über die §§ 138, 242 BGB Einzug in den Vertrag zwischen den Lizenzspielern und den Vereinen[545].

(1) Die Regelungen betreffend der Vertragsbeendigung, Art. 21 Ziffer 2 lit. a) und lit. b), 24 Transfer-Statuten/FIFA

(a) Erörterung

Art. 12 GG schützt einheitlich sowohl die Wahl eines Berufes als auch dessen Ausübung[546]. Zur Wahlfreiheit zählt zunächst die Entscheidung überhaupt einen Beruf ausüben zu wollen.

Art. 12 GG schützt allerdings auch den Entschluss, einen einmal ausgeübten Beruf zu wechseln[547]. Voraussetzung für einen Berufswechsel ist es aber, ein evtl.

---

541 Schaub, a.a.O.; Gramlich, SpuRt 2000, S. 91.
542 Bepler, Lizenzfußballer, S. 55.
543 Kelber, NZA 2001, S. 13.
544 4 Teil, C, II, 3., c.
545 BVerfG, NJW 1958, S. 257, 257 ff.; MünchKomm/Mayer-Maly/Armbrüster, § 138, Rn. 20.
546 Jarras/Pieroth, Art. 12, Rn. 1; von Münch/Kunig/Gubelt, Art. 12, Rn. 1; Dreier/Bauer, Art. 12, Rn. 25.
547 Jarras/Pieroth, Art. 12, Rn. 8; BVerfGE 68, S. 256, 267; BVerfGE 62, S. 117, 146.

bestehendes Arbeitsverhältnis beenden zu können, so dass Art. 12 GG grundsätzlich auch die Möglichkeit einer Kündigung schützt[548]. Der Schutz umfasst aber nur die generelle Möglichkeit zu kündigen. Die Kündigungsdetails selbst werden dabei von Gesetzen und Regelungen bestimmt, die keinen Verfassungsrang haben[549]. Lediglich ein völliger Ausschluss sowohl der ordentlichen als auch der außerordentlichen Kündigungsrechte wäre mit Art. 12 GG unvereinbar[550].

(b) Stellungnahme

Da durch die vorliegenden Regelungen Kündigungs- bzw. Beendigungsmöglichkeiten grundsätzlich gewährt werden, stehen den Regelungen insoweit keine verfassungsrechtlichen Gesichtspunkte entgegen.

(2) Die Kündigung zum Saisonende, Art. 21 Ziffer 2 lit. c) Transfer-Statuten/FIFA

Hier gilt im Ergebnis das oben Genannte[551], da die Frage, inwieweit die vorliegenden Fristen rechtmäßig sind, keine Frage von Verfassungsrang ist.

(3) Die Regelungen zur Vertragslaufzeit, Art. 21 Ziffer. 1 Transfer-Statuten/FIFA

(a) Erörterung

In der unterschiedlichen Länge der jeweiligen Schutzfristen von zwei bzw. drei Jahren könnte ein Verstoß gegen den allgemeinen Gleichheitssatz des Art. 3 Abs. 1 GG zu sehen sein. Dies setzt voraus, dass ein identischer Sachverhalt durch dieselbe Stelle unterschiedlich behandelt wird[552].

Weitere Voraussetzung für einen Verstoß gegen Art. 3 Abs. 1 GG ist, dass die Ungleichbehandlung willkürlich geschieht[553]. Als Differenzierungsgrund kommt

---

548 von Münch/Kunig/Gubelt, Art. 12, Rn 25; Maunz/Düring/Scholz, Art. 12, Rn. 50.

549 von Münch/Kunig/Gubelt, Art. 12, Rn 25; Maunz/Düring/Scholz, Art. 12, Rn. 50.

550 Maunz/Düring/Scholz, Art. 12, Rn. 50; Reuter, RdA 1973, S. 346 ff.; ders., RdA 1978, S. 348 ff..

551 4. Teil, C, II, 3., d, aa.

552 Jarass/Pieroth, Art. 3, Rn. 3 f.; von Münch/Kunig/Gubelt, Art. 3, Rn. 10; Dreier/Heun, Art. 3, Rn. 13 ff., 21.

553 Jarass/Pieroth, Art. 3, Rn. 11; Dreier/Heun, Art. 3, Rn. 29; AK-GG-Stein, Art. 3, Rn. 29; BVerfGE 71, S. 39, 51.

insoweit jede vernünftige Erwägung in Betracht[554]. Insbesondere kommen Praktikabilitätsgesichtspunkte[555] und finanzielle Gesichtspunkte[556] als vernünftige Erwägung in Frage.

(b) Stellungnahme

Die FIFA differenziert bei den Schutzfristen nach dem Alter bei Vertragsabschluss. Die kürzere Schutzfrist bei älteren Spielern wird dabei von der Überlegung getragen, dass Berufssportler ihren Beruf nur begrenzte Zeit ausüben können. Älteren Sportlern soll daher die Möglichkeit eingeräumt werden, durch kürzere Vertragslaufzeiten flexibler auf den sich ständig verändernden Arbeitsmarkt für Berufsfußballer reagieren zu können[557]. Da diese Überlegung eine vernünftige Erwägung gemäß Art. 3 Abs. 1 GG darstellt, ist ein Verstoß nicht gegeben.

(4) Die Entschädigungszahlung, Art. 21 Ziffer 1 und Ziffer 2 Transfer-Statuten/FIFA

(a) Erörterung

Bei den statuierten Entschädigungszahlungen ist auch aus verfassungsrechtlicher Sicht eine Differenzierung angebracht.

(aa) Verfassungsrechtliche Einordnung der Entschädigungszahlung nach Art. 21 Ziffer 1 lit. a Transfer-Statuten/FIFA

Der Vereinbarung einer Entschädigungszahlung – egal welcher Rechtsnatur – für den Fall, dass eine Vertragspartei ihre Vertragspflichten nicht erfüllt, stehen keine verfassungsrechtlichen Bedenken entgegen. Dies gilt grundsätzlich auch für die Absicherung der Arbeitnehmerpflichten[558].

---

554 Jarass/Pieroth, Art. 3, Rn. 12; AK-GG-Stein, Art. 3, Rn 29; ständige Rechtsprechung des BVerfG, vgl. BVerfGE 1, S. 14, 52.

555 BVerfGE 60, S. 68, 78; Dreier/Heun, Art. 3, Rn. 31;Maunz/Düring/Herzog, Art. 3, Anhang, Rn. 26.

556 BVerfGE 46, S. 299, 311; von Münch/Kunig/Gubelt, Art. 3, Rn. 25; Jarrass/Pieroth, Art. 3, Rn. 12.

557 Die offiziellen Verlautbarungen der FIFA geben allerdings keinen Grund für die unterschiedliche Behandlung an.

558 Schaub, § 51, III, Nr. 7, S. 408, Rn. 18; BAG, NJW 1985, S. 91, 92.

(bb) Verfassungsrechtliche Einordnung der Entschädigungszahlung nach Art. 21 Ziffer 2 lit. a Transfer-Statuen/FIFA

Nach Art. 21 Ziffer 2 lit. a Transfer-Statuten/FIFA wird –wie bereits oben erläutert[559] – eine Entschädigung für den Fall der Vertragskündigung ohne Grund verlangt, wobei das Verhältnis zwischen Entschädigung und Kündigungsgrund unklar ist.

Dieses Verlangen könnte einen Verstoß gegen Art. 12 GG darstellen. Art .12 GG ist bei der Auslegung und Anwendung privater Vorschriften zu beachten[560].

(b) Stellungnahme

Spiegelbildlich zum europäischen Recht erfolgt auch die verfassungsrechtliche Bewertung der Entschädigungszahlungen. Zahlungen im Rahmen eines bestehenden Vertragsverhältnisses sind – auch für Arbeitnehmer – verfassungsrechtlich unbedenklich. Zahlungen nach Vertragsbeendigung verstoßen gegen Art. 12 GG und sind daher verfassungsrechtlich nicht haltbar. In diesem Zusammenhang steht Art. 12 GG der Vereinbarung einer Entschädigungszahlung für eine Zeit nach Vertragsbeendigung entgegen[561].

(5) Verfassungsrechtliches Fazit

Die vorgenannten Neuregelung bezüglich der Vertragsstabilität sind mit der genannten Ausnahme des Art. 21 Ziffer 2 lit. a der Transfer-Statuen/FIFA verfassungsrechtlich unbedenklich.

bb) Arbeitsrechtliche Gesichtpunkte

Zum Abschluss der rechtlichen Untersuchung ist zu prüfen, ob die Neuregelungen der FIFA bezüglich der Vertragsstabilität aus arbeitsrechtlicher Sicht bedenklich erscheinen. Um auch hier Wiederholungen zu vermeiden, werden anschließend nur arbeitsrechtliche Gesichtspunkte erörtert.

---

559 4. Teil, C, II, 3., c, dd.

560 Jarass/Pieroth, Art. 12, Rn. 16; Maunz/Düring/Scholz, Art. 12, Rn 73 f..

561 BAG, NZA 1997, S. 647, 648; LAG Berlin, NJW 1979, S. 2582, 2582.

(1) Die Regelungen betreffend der Vertragsbeendigung, Art. 21 Ziffer 2 lit. a) und lit. b), 24 Transfer-Statuten/FIFA

Aufgrund der FIFA Transfer-Statuten lassen sich zwei Gründe unterscheiden; der „triftige Grund“ und der „sportlich triftige Grund“. Wie diese beiden Gründe arbeitsrechtlich zu beurteilen sind, wird nachfolgend erörtert.

(a) Die Rechtliche Einordnung des „triftigen Grundes“

Soweit in den Transfer-Statuten von einem „triftigen Grund“ die Rede ist, ist ein außerordentlicher Kündigungsgrund im Sinne des § 626 BGB gemeint. Danach müssen für eine Kündigung zunächst kündigungsrelevante Tatsachen objektiv vorliegen; weiterhin sind die Umstände des Einzelfalls und die beiderseitigen Interessenslagen zu beachten bzw. abzuwägen[562].

Grundsätzlich können sich sowohl der Spieler als auch der Verein im Rahmen des § 626 BGB auf die vom BAG bereits anerkannten außerordentlichen Kündigungsgründe stützen, da sie sich als Arbeitnehmer und Arbeitgeber gegenüber stehen. So stellt die Nichtzahlung des Gehalts für einen Lizenzspieler - wie für jeden anderen Arbeitnehmer auch - einen außerordentlichen Kündigungsgrund im Sinne des § 626 BGB dar[563], während umgekehrt der Verein seinem Spieler kündigen könnte, wenn dieser eigenmächtig seinen Urlaub verlängert[564].

(aa) Die Rechtsprechung zu § 626 BGB

Unter Berücksichtigung der Besonderheiten im Berufsfußball haben die Arbeitsgerichte in der Vergangenheit bei folgenden Sachverhalten einen außerordentlichen Kündigungsgrund im Sinne des § 626 BGB angenommen:

Aus Sicht des Vereines hat das ArbG Rostock einen außerordentlichen Kündigungsgrund dann für gegeben gesehen, wenn der Lizenzspieler einer Zweitligamannschaft sich weigert, in der Amateurmannschaft zu spielen[565].

Nach Ansicht des LAG Düsseldorf liegt ein Verstoß gegen arbeitsvertragliche Treuepflichten insbesondere dann vor, wenn sich Spieler durch Annahme einer Siegprämie bestechen lassen. Derartige Siegprämien von anderen Vereinen werden nicht in uneigennütziger Weise gegeben, sondern in der bekannten Absicht, einen Vorteil zu erlangen. Ein Arbeitnehmer ist verpflichtet, seinen Arbeitgeber

---

562 Tschöpe/Kappelhoff, Arbeitsrecht, Teil 3 E, Rn. 18.
563 Palandt/Putzo, § 626, Rn. 57.
564 LAG Düsseldorf, NZA 1985, S. 779, 780.
565 ArbG Rostock, Urt. v. 25.08.1994, Az.: 2 Ca 94/94, n.v..

unverzüglich hierüber zu berichten. Geschieht dies nicht, kann dem Arbeitnehmer fristlos gekündigt werden[566].

Nach § 611 BGB ist die Lohnzahlung die Hauptleistungspflicht des Arbeitgebers, so dass ein Zahlungsverzug für den Arbeitnehmer stets ein wichtiger Kündigungsgrund im Sinne des § 626 BGB ist[567]. Die FIFA-Spielerstatuten-Kommission entwickelte daher unter dem alten FIFA-Reglement die Praxis, dass für Spieler bei mehrmonatigem Zahlungsrückstand seines Gehaltes seitens des Vereines ein triftiger Grund für die vorzeitige Vertragsauflösung vorliegt[568]. Nach Ansicht des Landgerichts Kaiserslautern ist allerdings die Kündigung eines befristeten Trainervertrages wegen Erfolglosigkeit nicht möglich[569]. Erfolglosigkeit ist kein Kündigungsgrund im Sinne des § 626 BGB[570]. Inwieweit diese Entscheidung, die die Entlassung eines Fußballamateurtrainers betraf, auch auf Lizenzspieler umzusetzen ist, wurde in der Rechtsprechung bisher nicht entschieden.

(bb) Die Literatur zum § 626 BGB

Die oben dargestellten allgemeinen Kündigungsgründe werden sowohl im Hinblick auf das Kündigungsrecht des Vereins, als auch auf das des Spielers, von der Literatur ebenfalls so bewertet[571]. Für die Lizenzspieler von Bedeutung ist insofern sicherlich die Tatsache, dass ein Arbeitsplatzwechsel, also die Möglichkeit, einen günstigeren Arbeitsplatz anzutreten, keinen Kündigungsgrund im Sinne des § 626 BGB darstellt[572]. Dies gilt auch für den Fall, dass ein „Traumangebot" vorliegen sollte[573].

(cc) Fazit zum „triftigen Grund"

Der von den FIFA Transfer-Statuen benannte „triftige Grund" ist im Ergebnis also der außerordentliche Kündigungsgrund des § 626 BGB. In diesem Zusammenhang ergeben sich durch die geänderten Transfer-Statuten keinerlei Neuerungen im Hinblick auf die außerordentliche Kündigung der Arbeitsverhältnisse von Lizenzfußballspielern.

566 LAG Düsseldorf, DB 1972, S. 1443, 1443.
567 Palandt/Putzo, § 626, Rn. 57.
568 FIFA-Zirkular Nr. 769, Anlage 4, Fußnote 78.
569 LG Kaiserslautern, SpuRt 1996, S. 24.
570 LG Kaiserslautern, a.a.O..
571 MünchKomm/Schwerdtner, § 626, Rn. 44 ff..
572 MünchKomm/Schwerdtner, § 626, Rn. 160.
573 MünchKomm/Schwerdtner, § 626, Rn. 160.

Auf den Punkt gebracht bedeutet dies für den Spieler: Zahlt der Verein das Gehalt nicht pünktlich, kann der Spieler kündigen[574]. Auf der anderen Seite kann der Verein z.B. kündigen, wenn der Spieler eigenmächtig seinen Urlaub verlängert.

(b) Der „sportlich triftige Grund"

Bei Verträgen, die auf Grundlage der Neuregelung abgeschlossen werden, besteht für den Spieler auch die Möglichkeit, den Vertrag aus „sportlich triftigen Gründen" zu kündigen[575]. Dass dieser Kündigungsgrund nur den Spielern zusteht, stößt auf keine Bedenken. Arbeitsrecht ist auch Schutzrecht für den Arbeitnehmer, denn der Arbeitnehmer ist für die Bestreitung seines Lebensunterhalts auf seine Arbeitsleistung angewiesen und somit wirtschaftlich vom Arbeitgeber abhängig[576]. Dies erklärt unter anderem, warum viele gesetzliche Vorschriften, die gegenseitige Rechte und Pflichten der Arbeitsvertragsparteien regeln, nicht zum Nachteil des Arbeitnehmers abgedungen werden können[577].

Die rechtliche Bewertung des „sportlich triftigen Grundes" ist schwierig, da bisher eine Kündigung aus „sportlichen Gründen" sowohl dem Arbeitsrecht als auch dem Verbandsrecht unbekannt war.

(aa) Der „sportlich triftige Grund" als Kündigungsgrund nach § 626 BGB

(aaa) Erörterung

Aufgrund der Einordnung des „triftigen Grundes" als außerordentlicher Kündigungsgrund würde es naheliegend erscheinen, auch in dem „sportlich triftigen Grund" einen außerordentlichen Kündigungsrecht nach § 626 BGB zu sehen. Insbesondere könnte hier argumentiert werden, dass der „sportlich triftige Grund" eine individualrechtliche Erweiterung des § 626 BGB darstellt.

Eine solche Betrachtungsweise verbietet sich jedoch, da die individualrechtliche Erweiterung des § 626 BGB um einzelne Gründe, die zu einer außerordentlichen Kündigung im Sinne des § 626 BGB berechtigen, unzulässig ist[578]. Einer solchen Vereinbarung stehen die zwingend festgelegten gesetzlichen Kündigungs-

---

574 Mit Blick auf die sog. „Kirch-Krise" ist die Zahlungsunfähigkeit einzelner Vereine nicht mehr unbedingt von der Hand zuweisen.
575 Art. 24 Transfer-Statuten/FIFA, Anlage 2.
576 Schaub, § 2, II, Nr. 1, S. 3, Rn. 5 f..
577 Schaub, a.a.O..
578 MünchArbR/Wank, § 120, Rn. 25.

fristen entgegen, die durch die bloße Festlegung eines Sachverhalts als wichtiger Grund umgangen werden könnten[579].

Eine außerordentliche Kündigung des Arbeitsverhältnisses wäre aber für den Fall möglich, dass der „sportlich triftige Grund“ die Voraussetzungen eines außerordentlichen Grundes erfüllt.

Nach § 626 Abs. 1 BGB ist das Arbeitsverhältnis aus wichtigem Grund kündbar[580]. Ein wichtiger Grund ist dann gegeben, wenn Tatsachen vorliegen, die unter Berücksichtigung aller Umstände und unter Abwägung der Interessen beider Vertragsteile dem Kündigenden die Fortsetzung des Vertragsverhältnisses unzumutbar machen. Nach der ständigen Rechtsprechung des Bundesarbeitsgerichtes ist dabei zunächst zu prüfen, ob die Tatsache überhaupt geeignet ist, einen wichtigen Grund zu bilden. Daran anschließend wird im Rahmen der Zumutbarkeit geprüft, ob alle Umstände des Einzelfalles bei der Interessenabwägung berücksichtigt und widerspruchsfrei gewürdigt worden sind[581].

Dies setzt somit voraus, dass sportliche Gründe geeignet sind, eine außerordentliche Kündigung auszusprechen. Man ist zunächst aus Vereinssicht geneigt daran zu denken, dass mangelnde Leistungsbereitschaft bei dem einzelnen Spieler durchaus einen solchen sportlichen Grund darstellen könnte, denn nicht zuletzt werden Lizenzspieler aufgrund ihrer individuellen Leistung mit der Überlegung verpflichtet, der Mannschaft sportlichen Erfolg zu bescheren. Aber genau da liegt auch das Problem. Fußball ist ein Mannschaftssport[582]. Es ist unmöglich, den Erfolg oder Misserfolg einer Mannschaft an einem einzelnen Spieler festzumachen. Die Rechtsprechung hat daher konsequenterweise der „Erfolglosigkeit“ die Eignung als wichtigen Grund im Sinne des § 626 BGB abgesprochen[583]. Andere Gründe, wie z.B. das Nichterscheinen zum Training, die eigenmächtige Urlaubsverlängerung oder die Nichtbefolgung der Anweisungen des Trainers stellen, auch ohne den Bezug zum Sport, nach ständiger Rechtsprechung einen wichtigen Grund im Sinne des § 626 BGB dar[584].

Es überrascht daher nicht, dass die FIFA in ihren Statuten lediglich dem Spieler die Möglichkeit zur Kündigung aus sportlichen Gründen einräumt. Aber auch

---

579 MünchArbR/Wank, a.a.O..

580 Schaub, § 125, V, Nr. 2 a, S. 1336, Rn 42.

581 Schaub, § 125, V, 2 b, S. 1336, Rn. 43; BAG, NJW 1986, S. 342; BAG, NJW 1989, S. 546.

582 BAG, DB 1986, S. 1979, 1980.

583 LG Kaiserslautern, SpuRt 1996, S. 24; Schaub, § 186, IV, Nr. 5, S. 1829, Rn. 104.

584 MünchKom/Schwerdtner, § 626, Rn. 82 ff..

hier stellt sich letztlich die Frage, welcher sportliche Grund aus Sicht des Spielers geeignet ist, die Voraussetzungen des § 626 BGB zu erfüllen.

Aus den FIFA Transfer-Statuten selbst geht nicht hervor, was ein „sportlich triftiger Grund“ sein soll. Aus Art. 12 der Ausführungsbestimmungen/FIFA lässt sich jedoch entnehmen, dass ein „sportlich triftiger Grund“ dann vorliegen soll, wenn ein Spieler am Ende der Saison belegen kann, dass er in weniger als 10% der offiziellen Spiele seines Vereines zum Einsatz gekommen ist[585].

(bbb) Zwischenergebnis

Die Regelung der FIFA, dass bei Einsätzen in weniger als 10% der Pflichtspiele ein solcher Grund vorliegt, erscheint wenig geeignet einen außerordentlichen Kündigungsgrund im Sinne des § 626 BGB darzustellen.

Geht man davon aus, dass Kurzeinsätze zum Ende des Spiels einen Umgehungstatbestand darstellen würden, so ist ein Spieler, der bei einem Verein beschäftigt ist, der in der Saison die Mindestanzahl von 35 Pflichtspielen[586] absolviert, was einer Gesamtspieldauer von 3150 Minuten entspricht, mindesten 315 Minuten einzusetzen. Im Ergebnis wäre ein Verein also gezwungen, jeden Spieler für mindestens 315 Minuten einzusetzen oder sich dem Risiko einer Kündigung auszusetzen.

Die Frage, ob ein Spieler eingesetzt wird, obliegt grundsätzlich dem Trainer, welcher in diesem Zusammenhang das Direktionsrecht des Arbeitgebers gegenüber dem Lizenzspieler ausübt.

Der Tatsache, dass Fußball ein Mannschaftssport ist, muss an dieser Stelle Rechnung getragen werden. Die Berücksichtigung sämtlicher Spieler ist aufgrund der Regeln des Fußballsports, dass immer nur 11 Spieler gleichzeitig spielen dürfen, nicht möglich[587]. Diese Tatsache führt gerade dazu, dass die Berücksichtigung des einen zwangsläufig die Nichtberücksichtigung des anderen nach sich zieht[588]. Aus dieser Vorgabe durch die Spielordnung im Umkehrschluss einen Kündigungsgrund zu konstruieren, führt zu weit.

---

585 Art. 12 Ausführungsbestimmungen/FIFA, Anlage 3.

586 34 Meisterschaftsspiele und ein Pokalspiel.

587 Regel 3 der international anerkannten Fußballregeln.

588 Auf die Frage, warum der Nationalspieler Frings im Revierderby zwischen Borussia Dortmund und dem FC Schalke 04 am 14. September 2002 nicht berücksichtig wurde, antwortete der Trainer von Borussia Dortmund, Matthias Sammer, er könne aufgrund der Spielregeln schließlich nur 11 Spieler gleichzeitig aufbieten, Handelsblatt vom 16. September 2002, S. 54.

Ein solches Konstrukt hätte – im Ergebnis – den Beschäftigungsanspruch für den Lizenzspieler zur Folge[589].

Die Tatsache, dass ein Spieler in den Pflichtspielen seines Vereines nicht eingesetzt wird, führt unter Berücksichtigung aller Umstände und unter Abwägung der Interessen beider Vertragsteile gerade nicht zur Unzumutbarkeit der Fortsetzung des Vertragsverhältnisses für den Spieler und stellt somit auch keinen wichtigen Grund dar.

Ähnlich verhält es sich bei anderen sportlichen Gründen, wie etwa dem Einsatz auf einer anderen als der gewohnten Position innerhalb der Mannschaft oder dem vorzeitigen Auswechseln. Gründe aus dem sportlichen Umfeld der Mannschaft können kein wichtiger Grund nach § 626 BGB sein, da sonst nicht mehr der Trainer die Mannschaft aufstellen würde, sondern der Richter am Arbeitsgericht. Diese Tatsache ist dem Spieler bei Abschluss des Vertrages bekannt, eine Unzumutbarkeit lässt sich aus ihr nicht ableiten.

Der „sportlich triftige Grund" ist somit kein außerordentlicher Kündigungsgrund im Sinne des § 626 BGB. Es stellt sich jedoch die Frage, ob nicht der Lizenzspieler gegenüber seinem Verein einen Beschäftigungsanspruch hat. Wäre dies der Fall, so könnte er seinen Vertrag gemäß § 626 BGB kündigen, wenn ihn der Verein nicht einsetzt.

(ccc) Der Beschäftigungsanspruch des Lizenzspielers

Der Lizenzspieler ist als Berufssportler darauf angewiesen, sich allwöchentlich auf der Fußballbühne zu präsentieren. Dies hat zum einen den sportlichen Grund, dass kein Training die Erfahrung, die man als Sportler im Wettkampf sammelt, ersetzen kann. Darüber hinaus hat eine solche Präsentation für einen Berufssportler aber auch einen wirtschaftlichen Grund. Ein Lizenzspieler kann sich einem potentiellen neuen Arbeitgeber nur bei Pflichtspielen präsentieren, mit anderen Worten, die Anzahl der Pflichtspiele, die ein Lizenzspieler absolviert, wirkt sich direkt auf seinen Marktwert und damit auch auf sein Gehalt aus. Verweigert also ein Trainer einem Lizenzspieler den Einsatz, so sinkt der Marktwert des betroffenen Spielers. Er hat damit sowohl gegenüber seinem alten als auch gegenüber einem neuen Verein eine schlechtere Verhandlungsposition und wird bei einem neuen Vertrag, so er überhaupt einen erhält, Gehaltseinbußen in Kauf nehmen müssen.

---

589 Siehe auch 4. Teil, C, II, 3., d, bb, (1), (b), (bb), (aaa), (aaaa).

Dieser Mechanismus wirft die Frage auf, ob ein Lizenzspieler seinen Vertrag dann kündigen kann, wenn sein Verein ihn nicht in adäquater Weise einsetzt, bzw. ob ein Lizenzspieler dass Recht auf Einsatz in den Pflichtspielen hat. Zur Beantwortung dieser Frage erscheint es sinnvoll, die von der Rechtsprechung entwickelten Grundsätze zum Beschäftigungsanspruch zu erörtern, um daraus eventuelle Parallelen zu den Lizenzfußballspielern zu ziehen, denn würde man von einem Beschäftigungsanspruch des Lizenzfußballers ausgehen, so könnte dieser bei Nichtbeschäftigung das Vertragsverhältnis kündigen.

(aaaa) Der Beschäftigungsanspruch

Erstmalig hat das Reichsgericht einen solchen Beschäftigungsanspruch bei einem Bühnenkünstler angenommen[590]. Sowohl das Kammergericht[591], als auch später das Bundesarbeitsgericht[592] haben den Standpunkt vertreten, dass ein Beschäftigungsanspruch bei Schauspielern deshalb zu bejahen ist, weil diese sich und ihre künstlerischen Aufgaben nur verwirklichen können, wenn ihnen das Bühnenunternehmen ein angemessenes Betätigungsfeld einräumt[593], denn Schauspieler können sich im wesentlichen nur mittels ihrer tatsächlichen darstellerischen Befähigung fortentwickeln und in ständiger Berührung mit Publikum und Presse bleiben, andernfalls könnten sie leicht in Vergessenheit geraten[594]. Im Tarifvertrag für Bühnenkünstler heißt es demzufolge in § 6 auch:

„Der Unternehmer hat die Dienste des Mitgliedes abzunehmen; er hat das Mitglied angemessen zu beschäftigen."

Allgemein ausgedrückt sind berechtigte Beschäftigungsinteressen dann anzunehmen, wenn die tatsächliche Ausübung des Berufes dazu dient und dazu erforderlich ist, die bestehende Leistungsfähigkeit des Arbeitnehmers zu erhalten[595]. Ebenso kann ein gesteigertes Beschäftigungsinteresse dann bestehen, wenn ein Arbeitnehmer eine sehr qualifizierte Vorbildung oder spezialisierte Befähigung besitzt, die einer ständigen Übung bedarf[696]. Zur allgemeinen Beschreibung dieser Berufsfelder stellt das BAG auf den Umstand ab, dass gerade erst die Tätigkeit es dem Arbeitnehmer ermöglicht, seine besonderen Fähigkeiten permanent zu trainieren.

---

590 RG, JW 1911, Nr. 22, S. 39 f..
591 KG, JW 1917, Nr. 1, S. 488 f..
592 BAG, AP Nr. 23 zu § 611 BGB, Bühnenengagementvertrag.
593 BAG, AP Nr. 23 zu § 611 BGB, Bühnenengagementvertrag.
594 Ruhl/Kassebohm, NZA 1995, S. 497 f..
595 Ruhl/Kassebohm, NZA 1995, S. 500.
596 BAG, AP Nr. 6 zu § 611 BGB, Beschäftigungsanspruch.

Ein Beschäftigungsinteresse kann über diese Umstände hinaus dann als besonders schützenswert einzustufen sein, wenn die Stellung des Arbeitnehmers im Berufsleben von so herausgehobener Bedeutung ist, dass eine Nicht-Beschäftigung den Eindruck erweckt, die bisherige Arbeitsleistungen müssen derart minderwertig gewesen sein, dass der Arbeitgeber lieber Geld aufwende, als eine Arbeitsleistung in Empfang zu nehmen[597].

Eingeschränkt wird dieser Beschäftigungsanspruch, so ein Arbeitnehmer ihn hat, durch das Weisungs- und Direktionsrecht des Arbeitgebers[598], denn dieser ist nach Treu und Glaube nicht verpflichtet, die Interessen des Arbeitnehmers ohne Rücksicht auf eigene überwiegende und schützenswerte Interessen zu fördern[599]. Im Einzelfall bedarf es daher der Abwägung der beiderseitigen Interessen zur Feststellung, ob das Interesse des Arbeitgebers an der Nichtbeschäftigung schutzwürdig ist und überwiegt[600]. Mit dieser Begrenzung bei entgegenstehenden überwiegenden schutzwerten Arbeitgeberinteressen ist ein allgemeiner Beschäftigungsanspruch des Arbeitnehmers im Rahmen eines bestehenden Arbeitsverhältnisses anzuerkennen[601].

(bbbb) Die Situation im Lizenzfußball

Nach Ansicht des Bundesarbeitsgerichts hat ein Lizenzspieler keinen vertraglichen Anspruch auf den Einsatz bei einem Pflichtspiel[602]. Mit der Pflicht zur Trainingsteilnahme geht auch ein Anspruch auf tatsächliche Teilnahme am Training einher[603], mit der vertraglichen Pflicht, für die Teilnahme an Pflichtspielen bereitzustehen geht jedoch kein Anspruch auf tatsächlichen Einsatz einher[604]. Es ist allerdings nicht von der Hand zu weisen, dass der Einsatz in Pflichtspielen für den Spieler bei Vertragsschluss von großer Bedeutung ist. Nicht zuletzt aufgrund mangelnder Einsätze wechseln Lizenzspieler häufig den Verein[605]. Der tatsächliche Einsatz bietet dem Spieler die Möglichkeit, seinen Marktwert auch für künftige Vertragspartner zu steigern. Auch wenn der Einsatz in Pflichtspielen aus Sicht des Bundesarbeitsgerichts lediglich eine rechtlich

---

597 Ruhl/Kassebohm, NZA 1995, S. 500; BAG, AP Nr. 2 zu § 611 BGB, Beschäftigungspflicht für einen Arzt.

598 Ruhl/Kassebohm, NZA 1995, S. 501.

599 BAG, NJW 1985, S. 2968, 2969.

600 BAG, NJW 1985, S. 2968, 2970.

601 BAG, NJW 1985, S. 2968, 2970.

602 BAG, AP BGB § 626, Nr. 6; a.A.: Schaub, § 186, IV, Nr. 5, S. 1829, Rn. 104.

603 BAG, AP BGB § 626, Nr. 65; ArbG Solingen, SpuRt 1997, S. 98, 99; Weisemann/Spiecker, Sport, S. 16 f., Rn. 33.

604 BAG, AP BGB § 626, Nr. 65; Weisemann/Spiecker, Sport, S. 16 f., Rn. 33.

605 Vgl. den Fall des Spielers Häßler, der von Borussia Dortmund zum TSV 1860 München wechselt, weil er in Dortmund nur zu Kurzeinsätzen kam.

nicht geschützte Chance für den Spieler darstellt[606], hat der Spieler aber zumindest einen Anspruch auf die Einhaltung eines bestimmten, durch sachliche Erwägungen geordneten Weges zur Entscheidung über Einsatz oder Nichteinsatz[607].

Unbestritten dürfte aber sein, dass ein Lizenzspieler von Pflichtspieleinsätzen profitiert. Er sammelt Erfahrung und kann sein Können einem breiten Publikum präsentieren. Soweit bestehen durchaus Parallelen zu den Bühnenkünstlern[608]. Allerdings ist die Situation des Arbeitgebers im Lizenzfußball eine andere als die der Bühnenbetreiber im Schauspielergewerbe. Der Erfolg einer Mannschaft hängt ganz entscheidend davon ab, dass der Trainer von Spiel zu Spiel die richtige Mischung findet, um als Sieger vom Platz zu gehen. So ist es zum Beispiel erforderlich, im heimischen Stadion offensiver zu spielen als auf dem gegnerischen Platz, eine Mannschaft, die im unteren Tabellenfeld zu finden ist, wird gegen den Spitzenreiter der Bundesliga anders auftreten als gegen einen Mitabstiegskandidaten, auch wird es taktische Unterschiede geben zwischen einem Spiel am ersten Spieltag und einem am letzten. Diese Liste ließe sich noch beliebig lange fortsetzen. Tatsache ist, dass im Lizenzfußball die Interessen des Vereines, als Arbeitgeber bei der Mannschaftsbesetzung möglichst großen Freiraum zu haben, das individuelle Interesse des Einzelnen am Einsatz überwiegen, so dass ein Lizenzspieler aufgrund seiner Nichtberücksichtigung nicht die Möglichkeit hat, einen laufenden Vertrag zu kündigen. Dies lässt sich aus Sicht der Spieler damit begründen, dass ein Spieler seinen Einsatz direkt beeinflussen kann. Ein Fußballspieler, der sich im Training engagiert zeigt, wird sicherlich bei der Aufstellung berücksichtigt. Schon aus Interesse des Vereines wird kein Trainer auf einen formstarken Spieler verzichten. Wenn aber ein Fußballspieler nicht mehr in das taktische Konzept einer Mannschaft passt, und somit auch nicht die Möglichkeit hat sich über eine entsprechende Trainingsleistung zu empfehlen, dann wird auch der Verein, aus wirtschaftlichen Überlegungen heraus, einer Auflösung des Vertrages zustimmen.

Die Situation des Schauspielers ist im Vergleich eine andere, da insbesondere die Besetzung der Hauptrolle prägenden Charakter für das gesamte Bühnenstück haben kann. Der einzelne Schauspieler hat daher im Bühnengewerbe einen deutlich höheren Einfluss auf den Gesamterfolg. Im Kern besteht der Unterschied zwischen einem Schauspieler und einem Fußballer also darin, dass die Aufführung meist mit der Besetzung der Hauptrolle steht und fällt, während der einzelne Fußballer – sei er auch noch so gut – immer auch auf die anderen 10 Spieler auf dem Feld angewiesen ist.

606 BAG, AP BGB § 626, Nr. 65.
607 Bepler, Lizenzfußballer, S. 74.
608 BSGE 16, S. 98, 105 f..

Ferner würde z.B. auf der Position des Torhüters ein Recht auf Pflichtspieleinsatz dazu führen, dass der jeweilige Ersatztorhüter entweder zu Ende einer jeden Saison seinen Vertrag kündigen kann, oder aber der Trainer gezwungen wird, in einer Anzahl von Spielen auf seinen Stammtorhüter aus rein juristischen Gründen zu verzichten.

Aufgrund von Verletzungen und Spielsperren während der laufenden Saison ist es aus Sicht des Vereines auch notwendig, mehr als 11 Fußballspieler zu beschäftigen, so dass es von den Vereinen auch nicht verlangt werden kann, nur die Anzahl von Spielern unter Vertrag zu nehmen, die auch eingesetzt werden können.

(cccc) Stellungnahme zum Beschäftigungsanspruch des Lizenzspielers

Obwohl dem Fußballspieler zugestanden werden muss, dass er ein Interesse an Pflichtspieleinsätzen hat, kann aus diesem Interesse kein Beschäftigungsanspruch abgeleitet werden. Dieser muss hinter dem Direktionsrecht der Vereine als Arbeitgeber nicht zuletzt auch wegen der Tatsache zurückstehen, dass in einer Fußballmannschaft eben nur 11 Plätze zur Verfügung stehen.

Der Spieler hat keinen Rechtsanspruch auf den Einsatz, sondern lediglich auf eine sachgerechte Begründung. Es erscheint im Ergebnis nicht nachvollziehbar, warum er bei begründeter Nichtberücksichtigung einen Kündigungsgrund haben sollte. Eine solche Regelung erscheint unsachgemäß und greift in das Direktionsrecht des Vereines als Arbeitgeber ein. Mit dem Arbeitsvertrag wird im allgemeinen nur die Arbeitsverpflichtung des Arbeitnehmers festgelegt, die Einzelheiten bleiben meist ungeregelt[609]. Dieses auf dem Arbeitsvertrag beruhende Direktionsrecht ist wesentlicher Bestandteil eines jeden Arbeitsverhältnisses[610]. Bei der Ausübung steht dem Arbeitgeber regelmäßig ein weiter Raum zur einseitigen Gestaltung der Arbeitsbedingungen zu[611]. Aufgrund des Direktionsrechts ist es dem Arbeitgeber möglich, die im Arbeitsvertrag nur rahmenmäßig umschriebene Leistungspflicht im einzelnen nach Zeit, Art und Ort zu bestimmen[612]. Der Arbeitgeber ist kraft seines Direktionsrechts berechtigt, den Arbeitskreis seines Arbeitnehmers zu verkleinern, wobei seine Maßnahme gemäß § 315 BGB billigem Ermessen entsprechen muss und alle Umstände des Falls abgewogen und die beiderseitigen Interessen berücksichtigt werden müssen[613].

609 Schaub, § 31, VI, Nr. 1 a, S. 211, Rn. 31.
610 BAG, NZA 1993, S. 1127, 1128; BAG, DB 1996, S. 834, 834.
611 BAG, NZA 1993, S. 1127, 1128.
612 BAG, NZA 1993, S. 1127, 1128.
613 BAG, DB 1996, S. 834, 834; BAG AP Nr. 26 zu § 611, Direktionsrecht.

Gemäß § 2 des DFB-Lizenzspielervertrags geht ein Spieler umfangreiche Verpflichtungen gegenüber seinem Verein ein. In § 2 lit. a des Lizenzspielervertrages heißt es:

(Der Spieler verpflichtet sich) *„an allen Vereinsspielen und Lehrgängen, am Training, - sei es allgemein vorgesehen oder sei es besonders angeordnet -, an allen Spielerbesprechungen und sonstigen der Spiel- und Wettkampfvorbereitungen dienenden Veranstaltungen teilzunehmen. Dies gilt auch, wenn ein Mitwirken als Spieler oder Ersatzspieler nicht in Betracht kommt*[614]*."*

Der Verein hat aufgrund des Arbeitsvertrages also ein umfassendes Weisungsrecht gegenüber dem Spieler. Der Spieler wiederum ist zur Mitwirkung auch dann verpflichtet, wenn er überhaupt nicht zum Kader gehört, so dass sich schon aufgrund seines Arbeitsvertrages kein Recht auf Einsatz ergibt. Dies ist aber bei einem Mannschaftssport auch nur konsequent, denn die Berücksichtigung des einen Spielers zieht automatisch die Nichtberücksichtigung des anderen Spielers nach sich. Aufgrund des Vereinsinteresses muss es dem Verein möglich sein, von Spiel zu Spiel neu zu bestimmen, welche 11 Spieler im nächsten Pflichtspiel eingesetzt werden sollen. Entscheidend ist, dass die Erwägungen über einen Einsatz des einen oder anderen Spielers auf sachlichen Gründen beruhen, insofern ist der Spieler hier lediglich vor willkürlichen Entscheidungen geschützt. Ferner wird der Verein durch diese Regelung in einer Disziplinarmaßnahme, nämlich der vorübergehenden Suspendierung vom Spielbetrieb, eingeschränkt. Auf die Frage, wie denn z.B. selbstverschuldete Spielsperren bei der Berechnung der Einsätze berücksichtigt werden sollen, sei hier nur hingewiesen.

Da es also an einem Beschäftigungsanspruch des Fußballspielers mangelt[615], kann er seine Nicht-Berücksichtigung bei Pflichtspielen auch nicht als Kündigungsgrund anführen. Auch eine vertragliche Vereinbarung eines solchen Kündigungsrechts ist nicht anzunehmen, da dieses von den Vereinen eine unmögliche Leistung verlangen würde.

Der Beschäftigungsanspruch für den Lizenzfußballspieler ist abzulehnen[616].

---

614 § 2 lit. a DFB-Lizenzspielervertrag.

615 A.A. Schaub, § 186, IV, Nr. 5, S.1829, Rn. 104.

616 Bepler, Lizenzfußballer, S. 74; a.A. Schaub, § 186, IV, Nr. 5, S. 1829, Rn. 104.

(ddd) Ergebnis zum „sportlich triftigen Grund“ als Kündigungsgrund nach § 626 BGB

Der „sportlich triftige Grund“ ist kein wichtiger Grund im Sinne des § 626 BGB. Da der Lizenzspieler auch keinen Beschäftigungsanspruch gegenüber seinem Verein hat, kann er auch seinen Vertrag nicht wegen zu geringer Pflichtspieleinsätze kündigen.

(bb) Der „Wegfall der Geschäftsgrundlage“

Im Rahmen der Nichtberücksichtigung eines Lizenzspielers bei Pflichtspielen ist auch an die Möglichkeit zudenken, dass für diesen Fall die Geschäftsgrundlage wegfällt.

(aaa) Erörterung

Regelmäßige Folge des Wegfalls der Geschäftsgrundlage wäre die Vertragsanpassung[617]. Eine solche ist aber aufgrund der Umstände im Berufssport nicht möglich, da der Grund für den Wegfall der Geschäftsgrundlage im fehlenden Pflichtspieleinsatz liegt und hier eine dem beiderseitigen Interessen wahrende Anpassung de facto nicht möglich ist. Insofern bleibt als Rechtsfolge lediglich die Vertragsauflösung durch Kündigung[618]. Mit anderen Worten, über die Figur des „Wegfalls der Geschäftsgrundlage“ wäre es dem Lizenzspieler möglich, seinen laufenden Vertrag bei fehlenden Pflichtspieleinsätzen zu kündigen.
Dies würde voraussetzten, dass der Einsatz des Lizenzspielers in Pflichtspielen zur Geschäftsgrundlage des Vertrages zwischen dem Lizenzspieler und dem Verein geworden ist. Dies wäre dann der Fall, wenn bei Abschluss des Vertrages die Vorstellung vom Pflichtspieleinsatz des Lizenzspielers bei beiden Parteien vorherrschte oder von einer Partei zumindest nicht beanstandet wurde und der Geschäftswille der Parteien auf dieser Vorstellung aufbaut[619]. Die Anpassung des Vertrages bzw. die Einräumung einer sonst nicht vorhandenen Kündigungsmöglichkeit ist über die Figur des „Wegfalls der Geschäftsgrundlage“ immer dann möglich, wenn einer Partei das weitere festhalten am Vertrag nicht mehr zumutbar ist[620].

Im Rahmen des „Wegfalls der Geschäftsgrundlage“ wird nach den Fallgruppen der Äquivalenzstörung, der Störung des Verwendungszweckes und dem ge-

---

617 Palandt/Heinrichs, § 242, Rn. 130.
618 Palandt/Heinrichs, a.a.O., Rn. 132.
619 Palandt/Heinrichs, a.a.O., Rn. 113; BGH, NJW 1997, S. 320, 324; BAG, NJW 1991, S. 1562, 1563.
620 BGH, NJW 1962, S. 29, 30.

meinschaftlichen Irrtum unterschieden[621]. Auch die Probleme, welche sich aus der Herstellung der Deutschen Einheit ergaben, wurden zum Teil über den „Wegfall der Geschäftsgrundlage" gelöst[622].

(bbb) Stellungnahme

Unabhängig von der Frage, welche Fallgruppe des „Wegfalls der Geschäftsgrundlage" vorliegend gegeben sein könnte, scheitert die Anwendung hier bereits an der Voraussetzung, dass bei Vertragsabschluss die Vorstellung von (dauernden) Pflichtspieleinsätzen des Lizenzspielers bei beiden Vertragsparteien vorhanden war.

Ein Verein mag einen Lizenzspieler zwar mit der Absicht verpflichten, dass dieser auch Stammspieler wird, allerdings ist nicht davon auszugehen, dass der Verein aus seiner Sicht dies zur Geschäftsgrundlage des Vertrages macht, da der Umstand, ob ein Spieler tatsächlich den Sprung zum Stammspieler schafft, viel zu vage ist und daher als Geschäftsgrundlage ungeeignet ist. Gleiches gilt aus Sicht des Spielers, denn auch er wird den Bestand seines Vertrages nicht von der Frage abhängig machen wollen, ob er tatsächlich zum Einsatz kommt oder nicht. Der Berufsfußball ist viel zu komplex und die Frage, ob ein bestimmter Spieler eingesetzt wird oder nicht, von so vielen Faktoren abhängig, die teilweise weder vom Verein noch vom Spieler beeinflussbar sind, dass sich keine der beiden Vertragsseiten auf dieses unsichere Terrain begeben wird.

Insofern ist auch die Auflösung von Verträgen über den „Wegfall der Geschäftsgrundlage" bei dem Nichteinsatz von Lizenzspielern mit den oben vorgetragenen Argumenten, welche sich aus den praktischen Besonderheiten des Berufsfußballs ergeben, abzulehnen.

(cc) Der „sportlich triftige Grund" als ordentlicher Kündigungsgrund

Insofern bleibt die Möglichkeit, dass der „sportlich triftige Grund" ein vereinbarter, ordentlicher Kündigungsgrund für den Spieler während der geschützten Vertragslaufzeit ist.

---

621 Palandt/Heinrichs, § 242, Rn. 135 ff..

622 Palandt/Heinrichs, § 242, Rn. 152a; BGH, NJW 1997, S. 320, 323.

(aaa) Erörterung

Für die Dauer der Befristung eines Arbeitsverhältnisses ist es zulässig – trotz Befristung – die ordentliche Kündigung zuzulassen; dies bedarf allerdings einer ausdrücklichen Vereinbarung zwischen den Parteien[623].

Es bestehen grundsätzlich keine Bedenken dagegen, dem Arbeitnehmer, also vorliegend dem Spieler, einen Grund für eine ordentliche Kündigung zu geben, ohne dies auch gleichzeitig für den Arbeitgeber zu tun. Ebenfalls unproblematisch ist die Tatsache, dass dieser Kündigungsgrund nicht direkt zwischen Spieler und Verein vereinbart wird, sondern Bestandteil der FIFA-Transfer-Statuten ist. Über die Verweisungskette des § 1 DFB-Lizenzspielervertrag, in dem es heißt, dass für das Arbeitsverhältnis zwischen dem Spieler und seinem Verein u.a. die Regelungen und Satzungen des DFB maßgebend sind, und des § 3 Ziffer 3 der Satzung des Ligaverbandes, der auf die Transferstatuten der FIFA verweist, gilt der „sportlich triftige Grund“ als zwischen den Parteien des Arbeitsvertrages vereinbart[624]. Zwar ist bei einem befristeten Arbeitsverhältnis grundsätzlich davon auszugehen, dass die ordentliche Kündigung für die Dauer der Befristung ausgeschlossen sein soll, die Parteien können aber die Möglichkeit einer ordentlichen Kündigung vereinbaren. Die Parteien können sich dabei soweit verständigen, dass nur gewichtige Gründe zu einer ordentlichen Kündigung während der Befristung berechtigen[625].

Problematisch erscheint allerdings, dass weder im Lizenzspielervertrag noch in den Statuten des Ligaverbandes oder der FIFA von irgendwelchen Kündigungsfristen die Rede ist. Der einzige Hinweis auf eine Frist findet sich in Art. 21 Ziffer 2 lit. c Transfer-Statuten/FIFA, wonach ein Vertrag außerhalb der Schutzzeit binnen 15 Tagen nach dem letzten offiziellen Spiel der Landesmeisterschaft zu kündigen ist[626]. Diese Regelung erinnert aber eher an die Ausschlussfrist des § 626 Abs. 2 BGB, also an eine Frist im Rahmen der außerordentlichen Kündigung. Darüber hinaus fehlt es an einer entsprechenden Kündigungsfrist, so dass die nach § 622 Abs. 1 BGB gesetzlich vorgeschriebenen Mindestkündigungsfristen nicht eingehalten sind. Diese Kündigungsfristen gelten für alle Kündigungen, auch für die des Arbeitnehmers[627]. Dem Arbeitgeber könnte es aber nach Treu und Glauben verwehrt sein, sich gegenüber einem Arbeitnehmer, der unter Einhaltung einer vereinbarten, kürzeren Frist kündigt, auf die Unzulässig-

623 Palandt/Putzo, § 620, Rn. 10.
624 Vgl. zur Beziehung Spieler/Verein/DFB: Füllgraf, Dreiecksbeziehung, S. 18 ff..
625 BAG, NJW 1998, S. 3515, 3517.
626 Art 21 Abs. 2 lit. c Transfer-Statuten/FIFA, Anlage 2.
627 Palandt/Putzo, § 622, Rn. 10.

keit seiner Kündigung zu berufen[628]. Einer solchen Sichtweise ist jedoch eine Absage zu erteilen, wenn man einmal den Grund betrachtet, warum der Gesetzgeber Mindestkündigungsfristen festgelegt hat. Zweck des § 622 BGB, der eine Einschränkung des Grundsatzes der Vertragsbeendigungsfreiheit darstellt, ist es, auf der einen Seite dem Arbeitnehmer die Möglichkeit zu gewähren, möglichst ohne wirtschaftliche Nachteile einen neuen Arbeitsplatz zu finden, und auf der anderen Seite soll die Personalplanung des Arbeitgebers geschützt werden[629]. Die Kündigungsfristen dienen also dem Schutz des Vertragspartners[630].

(bbb) Stellungnahme

Der Vertrag zwischen Lizenzspieler und Verein ist während der Schutzfrist – also während der Phase der Befristung – grundsätzlich ordentlich nicht kündbar. Ausgenommen hiervon sind „sportlich triftige Gründe". Die „sportlich triftigen Gründe" stellen also ein Recht zur ordentlichen Kündigung während der Schutzfrist aus gewichtigem Grund dar.

Die erörterten, fehlenden Bestimmungen zur Kündigungsfrist würden grundsätzlich den Schluss zulassen, dass eine Kündigung aus sportlichen Gründen auch als ordentliche Kündigung nicht denkbar ist, da Verstöße gegen die Mindestkündigungsfrist vorliegen. Man könnte sich sicherlich auf den Standpunkt stellen, dass dies zumindest für die Situation, dass der Spieler kündigt, unerheblich sein soll.

Unabhängig von der Fristregelung ist der „sportlich triftige Grund" als ordentlicher Kündigungsgrund zu bewerten. Dies bedeutet, dass der Spieler den Arbeitsvertrag zum Ende einer Saison und zwar auch während einer laufenden Ausschlussfrist kündigen kann, wenn er nicht über die entsprechende Anzahl an Pflichtspieleinsätzen verfügt.

Kündigt der Spieler mit der gesetzlich vorgeschriebenen Mindestkündigungsfrist von 4 Wochen, so dürfte an der Wirksamkeit seiner Kündigung nicht zu zweifeln sein. Ähnlich wird es sich aber auch verhalten, wenn der Spieler innerhalb der 15-tägigen Frist kündigt, die die FIFA Transfer-Statuten vorgeben. Hier wird sich der Verein als derjenige Vertragspartner, der die Kündigungsfristen des Verbandes an den Spieler weitergibt, auch über § 242 BGB an diesen Fristen festhalten lassen müssen. Anders wäre die Situation, wenn Spieler und Verein sich individualvertraglich auf die gesetzliche Kündigungsfrist einigen würden. Dann gelten diese.

---

628 LAG Düsseldorf, DB 1972, S. 1169, 1169; LAG Berlin, DB 1976, S. 1871, 1871.
629 MünchKomm/Schwerdtner, § 622, Rn. 1; KR/Spilger, § 622 BGB, Rn. 141 ff..
630 MünchKomm/Schwerdtner, § 622, Rn. 1.

(dd) Fazit zum „sportlich triftigen Grund"

Betrachtet man den „sportlich triftigen Grund" als außerordentliche Möglichkeit für den Spieler, seinen Vertrag zu kündigen oder sonst aufzulösen, würde das die oben beschriebenen Konsequenzen nach sich ziehen. Entgegen der Rechtsprechung des BAG würden die Spieler so – über den Umweg des Verbandsrechts – einen Beschäftigungsanspruch erhalten. Bei dem „sportlich triftigen Grund" handelt es sich daher um einen ordentlichen Kündigungsgrund während der Schutzfrist. De facto kann der Spieler also doch seinen Einsatz erzwingen, wenn der Verein die Möglichkeit der ordentlichen Kündigung verhindern will.

(c) Fazit zu den Regelungen betreffend der Vertragsbeendigung, Art. 21 Ziffer 2 lit. a) und lit. b), 24 Transfer-Statuten/FIFA

Der „triftige Grund" des Art. 21 Transfer-Statuten/FIFA ist als außerordentlicher Kündigungsgrund im Sinne des § 626 BGB zu verstehen.

Der „sportlich triftige Grund" stellt einen Grund zur ordentlichen Kündigung während der Schutzfristen dar.

(2) Die Kündigung zum Saisonende, Art. 21 Ziffer 2 lit. c) Transfer-Statuten/FIFA

Wie bereits erörtert[631], können Verträge 15 Tage nach dem letzten offiziellen Spiel der Landesmeisterschaft gekündigt werden. Hier stellt sich nun die Frage, was mit dieser Regelung gemeint ist und ob sie aus arbeitsrechtlichen Gesichtspunkten überhaupt wirksam sein kann.

Da zu dieser Frage bereits oben Stellung genommen wurde[632], sollen hier nur kurz die Argumente zusammengefasst werden.

Die Mindestfrist des § 622 Abs. 1 BGB wird nicht erreicht. Das Argument[633] von „Treu und Glauben" ist abzulehnen, Mindestkündigungsfristen dienen dem Schutz des Vertragspartners[634].

Man wird an dieser Stelle also die Einhaltung der gesetzlichen Mindestkündigungsfristen verlangen können. Die Frage, was passiert, wenn ein Spieler außerhalb der Mindestkündigungsfristen aber innerhalb der 15-tägigen Frist kündigt,

---

631 Siehe oben, 4. Teil, C, II, 3, c, bb, (1).
632 Siehe oben, 4. Teil, C, II, 3, d, bb, (1), (b), (dd).
633 Siehe oben 4. Teil, C, II, 3., c, bb, (1), (b), (dd), (aaa).
634 MünchKomm/Schwerdtner, § 622, Rn. 1.

kann an dieser Stelle dahinstehen. Dieses Problem wird im Rahmen der Praktikabilitätsdiskussion erneut aufgegriffen.

(3) Die Regelungen zur Vertragslaufzeit

(a) Erörterung

Die Befristung von Arbeitsverhältnissen ist nach dem TzBfG zulässig[635]. Die Neuregelung der Vertragslaufzeiten, wonach Verträge bei Lizenzspielern unter 28 Jahren eine Befristung von 3 Jahren ohne Kündigungsmöglichkeiten vorsehen, könnte jedoch im Widerspruch zu § 14 Abs. 2 TzBfG stehen, wonach die kalendermäßige Befristung eines Arbeitsvertrages ohne Vorliegen eines sachlichen Grundes nur bis zur Dauer von 2 Jahren zulässig ist.

Nach § 16 TzBfG hat eine unwirksame Befristung zur Folge, dass der befristete Arbeitsvertrag als auf unbestimmte Zeit abgeschlossen gilt und vom Arbeitgeber frühestens erst zum Ende der (unwirksamen) Befristung gekündigt werden kann, vom Arbeitnehmer dagegen sofort[636]. Eine solche Auslegung der Befristungsregelung birgt die Gefahr, dass ein Lizenzspieler unter 28 Jahren ohne Einhaltung von Fristen jederzeit den Verein wechseln kann, wobei allerdings der neue Verein aufgrund der geltenden FIFA-Statuten gezwungen wäre mit dem Spieler einen wiederum auf drei Jahre befristeten Vertrag abzuschließen.

(b) Stellungnahme

Der oben geschilderter Konflikt lässt sich – wie auch in der Vergangenheit – über die Eigenart der Arbeitsleistung lösen.

§ 14 Abs. 1 Ziffer 4 TzBfG sieht vor, dass ein sachlicher Grund für eine Befristung dann vorliegt, wenn die Eigenart der Arbeitsleistung dies erfordert. Nach überwiegender Auffassung ist ein solcher sachlicher Grund in der besonderen Natur der Arbeitsleistung, die ein Lizenzspieler erbringt, zu sehen, denn Profisport kann nur eine begrenzte Zeit ausgeübt werden; ferner stehen die Vereine und die Spieler unter enormen Erfolgsdruck und schließlich sind solche Verträge im Lizenzfußball branchenüblich[637].

---

635 Schaub, § 39, I, Nr. 1, S. 272, Rn. 1; BAG GS, AP 16 zu § 620 BGB, befristeter Arbeitsvertrag.

636 Engelbrecht, AnwBl 2001, S. 637, 641.

637 Klingmüller/Wichert, SpuRt 2001, S. 1, 2.

Somit ist auch unter Berücksichtigung des neuen Teilzeit- und Befristungsgesetzes von einer Wirksamkeit der Befristung von Lizenzspielerverträgen auszugehen[638].

Von hohem praktischen Interesse ist in diesem Zusammenhang jedoch die Frage, ob Verein und Spieler die Befristung des Vertrages und den damit verbundenen Ausschluss der ordentlichen Kündigung bis zur nach § 624 BGB zulässig Grenze von 5 Jahren ausdehnen können. Im Rahmen der praktischen Bewertung der Regelungen wird zu dieser Frage Stellung genommen werden.

(4) Die Entschädigungszahlung

Im Rahmen der arbeitsrechtlichen Betrachtung stellt sich nun die Frage, wie die europa- und verfassungsrechtlich zulässige Entschädigungszahlung nach Art. 21 Ziffer 1 lit. a Transfer-Statuten/FIFA rechtlich einzuordnen ist. In diesem Zusammenhang stellen sich insbesondere Fragen, welche aus dem Dreiecksverhältnis Verband-Verein-Spieler erwachsen.

(a) Erörterung der Entschädigungszahlung nach Art. 21 Ziffer 1 lit. a Transfer-Statuten/FIFA

(aa) Vereinsstrafe

Bei dem in Art. 21 Ziffer 1 lit. a Transfer-Statuten/FIFA normierten Entschädigungsanspruch könnte es sich um eine Vereinsstrafe als Teil der Vereinsverfassung im Sinne des § 25 BGB handeln.

Die Vereinsverfassung oder Satzung setzt sich aus den das Vereinsleben bestimmenden Grundentscheidungen zusammen[639]. Sie vereinigt die Vereinsmitglieder unter einer Leitidee, gestaltet diese Idee im einzelnen aus und erzeugt so im Wege rechtlichen Drucks ein Handeln der Mitglieder, das die Idee real verwirklicht[640]. Die Vereinsstrafe ist dabei eine eigene rechtliche Institution, die geeignet ist, diesen Druck zu erzeugen[641].

Nach Art. 21 Ziffer 1 lit. a der Transfer-Statuten ist die Leitidee, dass Verträge zwischen Lizenzspieler und Lizenzverein für einen Zeitraum von zwei oder drei Jahren ohne triftigen Grund nicht kündbar sein sollen. Für das Zuwiderhandeln droht das Reglement dem Spieler bzw. dem Verein eine Entschädigungszahlung

638 MünchArbR/Wank, § 116, Rn. 121; a. A.: Engelbrecht, AnwBl 2001, S. 641.
639 MünchKomm/Reuter, § 25, Rn. 1.
640 MünchKomm/Reuter, a.a.O..
641 Palandt/Heinrichs, § 25, Rn. 12; BGHZ 21, S. 370, 373.

an. Somit könnte es sich bei Art. 21 Ziffer 1 lit. a der Transfer-Statuten um eine Vereinsstrafe im Sinne des § 25 BGB handeln. Problematisch erscheint an dieser Stelle aber die Tatsache, dass die Spieler weder Mitglieder der FIFA oder des DFB noch ihres Vereines sind. Sie sind vielmehr Arbeitnehmer ihres Vereines. Es stellt sich also die Frage, ob sich die Vereinsstrafgewalt auch auf Nichtmitglieder erstrecken kann.

Der Spieler unterwirft sich in seinem Lizenzvertrag mit dem DFB auch dessen Vereinsgewalt[642], insofern wäre es vertretbar, aufgrund der Verflechtung der einzelnen Verbände die Vereinsstrafgewalt, die auch die FIFA gegenüber seinen Mitgliedern ausüben kann, im Rahmen der mittelbaren Vereinsstrafgewalt auf die Spieler als Nichtmitglieder auszudehnen.

(bb) Vertragsstrafe

Bei der in den Verbandsstatuten getroffenen Vereinbarung könnte es sich um eine Vertragsstrafe handeln. Die Vertragsstrafe ist eine meist in Geld bestehende Leistung, die der Schuldner für den Fall der Nichterfüllung oder nicht gehörigen Erfüllung einer Verbindlichkeit verspricht[643]. Ihr Zweck ist es, die Erfüllung der Hauptverbindlichkeit als „Druckmittel" zu sichern und dem Gläubiger den Schadensbeweis zu ersparen[644]. Die Hauptverbindlichkeit kann dabei auch auf ein Unterlassen gerichtet sein[645]. Ein Strafversprechen zur Sicherung arbeitsrechtlicher Pflichten ist grundsätzlich zulässig[646].

Nach der Rechtsprechung des BAG ist es zulässig, dass sich ein Arbeitgeber durch eine Vertragsstrafenregelung dahingehend abzusichern versucht, dass ein Arbeitnehmer eine vereinbarte Kündigungsfrist einhält[647]. Insofern ist es auch möglich, die Einhaltung einer Kündigungssperrfrist durch eine Vertragsstrafe abzusichern.

Die Rechtsprechung ist daher auch der Ansicht, dass es sich aufgrund der Tatsache, dass die Spieler gerade nicht vereinsrechtlich an den DFB oder an sonstige Verbände oder Vereine gebunden sind, bei Verbandsstrafen nicht um Vereinsstrafen handelt, sondern um Vertragsstrafen im Sinne des § 339 BGB, die, so-

---

642 Siehe oben, 1. Teil, F, I.
643 Palandt/Heinrichs, vor § 339, Rn. 1.
644 Palandt/Heinrichs, a.a.O..
645 Palandt/Heinrichs,a.a.O..
646 BAG, NJW 1983, S. 1575, 1575; von Hoyningen-Huene, BB 1992, S. 2142.
647 BAG, Urt. v. 27. Mai 1992, Az.: 5 AZR 324/91, n.v..

weit es sich nicht um Geldleistungen handelt, in einer anderen Leistung gemäß § 342 BGB bestehen[648].

Der Verband und der Lizenzspieler stehen sich als Privatrechtsträger gleichrangig gegenüber. Somit wird aus der Vereinbarung der Vertragsschließenden lediglich eine schuldrechtliche Verpflichtung begründet[649]. Für eine solche gelten aber ausschließlich die Regeln der privaten Rechtsordnung und nicht diejenigen, der durch die Statuten gegebenen autonomen Rechtssetzung der Vereine[650].

(cc) Schadensersatzleistung

Bei der Regelung könnte es sich um eine verbandsrechtliche Normierung bzw. Ergänzung des Schadensersatzanspruches nach § 628 Abs. 2 BGB handeln.

§ 628 BGB ist auf alle Dienstverhältnisse anwendbar, setzt aber voraus, dass eine wirksame außerordentliche Kündigung vorliegt[651]. Art. 21 der Transfer-Statuten spricht allerdings nur von „einseitigem Vertragsbruch“ und nicht von einer wirksamen Kündigung. Auch die Ausführungsbestimmungen der FIFA schweigen zu der Frage, inwieweit eine Kündigung Voraussetzung sein muss. Wie sich allerdings aus dem Gesamtzusammenhang und der Stellung der Vorschrift ergibt, setzt Art. 21 Ziffer 1 lit. a der Transfer-Statuten für den „Vertragsbruch“ voraus, dass sich entweder der Spieler während der geschützten Vertragslaufzeit einem anderen Verein zuwendet oder aber der Verein während dieser Zeit den Spieler vom Trainings- und Spielbetrieb suspendiert. Bei einem der Vertragspartner muss also ein Verhalten vorliegen, das eine außerordentliche Kündigung nach § 626 BGB möglich machen würde.

Um sich den Schadensersatzanspruch nach § 628 Abs. 2 BGB zu sichern, müsste entweder der Spieler oder der Verein in einer solchen Situation fristlos kündigen. Unterstellt, eine solche Kündigung ist erfolgt, dann hat die kündigende Vertragspartei die Möglichkeit, von der vertragsbrüchigen Vertragspartei Schadensersatz zu verlangen. Bei einem Aufhebungsvertrag ist es allerdings erforderlich, dass sich der kündigende Vertragsteil die Geltendmachung von Schadensersatzansprüchen ausdrücklich vorbehält[652].

Bei den Schadensersatzpositionen, die geltend gemacht werden können, kann z.B. der Verein die Kosten für die Verpflichtung einer Ersatzkraft verlangen so-

---

648 BAG, NJW 1980, S. 470, 470; OLG Frankfurt, NJW 1973, S. 2208 2209.
649 Westerkamp, Ablöseentschädigungen, S. 29.
650 Westerkamp, Ablöseentschädigungen, a.a.O..
651 Palandt/Putzo, § 628, Rn. 1.
652 Rüsing/Schmülling, SpuRt 2001, S. 53.

wie die Mehrkosten für einen solchen Spieler bei einem evtl. höheren Gehalt berücksichtigen[653]. Gleichzeitig können unter dem Gesichtspunkt entgangenen Gewinns Ersatzansprüche geltend gemacht werden, die sich aus ausgefallenen Werbeeinnahmen ergeben[654].

Für den Spieler belaufen sich die Schadensersatzpositionen insbesondere auf Gehaltszahlungen bis zu dem Zeitpunkt, an dem der Vertrag beendet worden wäre oder ordnungsgemäß hätte gekündigt werden können.

(dd) Stellungnahme

Nach der ständigen Rechtsprechung des BAG hat ein Arbeitgeber die Möglichkeit, die Vertragspflichten seines Arbeitnehmers durch eine Vertragsstrafe abzusichern[655]. Das Verbleiben des Spielers im Verein während der Vertragslaufzeit, verbunden mit der Zurverfügungstellung der Arbeitskraft, stellt die eigentliche Hauptpflicht des Spielers dar. Trotz der Dreiecksbeziehung im Lizenzfußball ist die hier vereinbarte Entschädigungszahlung als Vertragsstrafe im Sinne des § 339 BGB zu qualifizieren. Dies lässt sich u.a. daraus ableiten, dass der Spieler weder Mitglied im Verein noch im DFB ist, was insoweit gegen eine Vereinsstrafe spricht, sondern er sich aufgrund eines Lizenzvertrages mit dem Ligaverband den Statuten des DFB und damit auch denen der FIFA unterwirft. Ohne die vertragliche Unterwerfung wäre die Anwendung der Statuten auf den Spieler nicht möglich. Die Schadensersatzleistung nach § 628 Abs. 2 BGB steht allerdings als weitere Forderung neben dem Anspruch auf Entschädigungszahlung, so dass es den Vereinen, die von einem Vertragsbruch betroffen sind, unbenommen wäre, neben der Entschädigungszahlung weitere Schäden über § 628 Abs. 2 BGB geltend zu machen. Sicherlich entspricht die Entschädigungszahlung auch dem Charakter einer „versteckten Ablösezahlung“, allerdings ist hier anzumerken, dass „Ablösezahlungen“ im Fußball trotz der Entscheidung in Sachen Bosman an der Tagesordnung sind, da es in der Regel aus Sicht des abgebenden Vereines unsinnig ist, gegenüber abwanderungswilligen Spielern auf Vertragserfüllung zu beharren, so dass es allgemeine Praxis ist, Aufhebungsverträge gegen entsprechende Abfindung für den alten Verein zu schließen.

Der in Art. 21 Ziffer 1 lit. a Transfer-Statuten/FIFA normierte Entschädigungsanspruch ist als Vertragsstrafe im Sinne des § 339 BGB grundsätzlich nicht zu beanstanden. Dies mag sich durch die Schuldrechtsreform jedoch geändert haben. Das Arbeitsgericht Bochum hat in seiner Entscheidung vom 8. Juli 2002 entschieden, dass die bisherige Rechtsprechung zur Zulässigkeit von Vertrags-

---

[653] Rüsing/Schmülling, SpuRt 2001, a.a.O..
[654] Rüsing/Schmülling, SpuRt 2001, a.a.O.
[655] BAG, DB 1992, S. 383, 383; BAG, Urt. v. 27. Mai 1992, Az.: 5 AZR 324/91, n.v..

strafenabreden im Arbeitsverhältnis nur insoweit fortgilt, als Vertragsstrafenabreden beweisbar individuell ausgehandelt und vereinbart wurden[656]. Das Arbeitsgericht Bochum stützt sich in seiner Entscheidung auf § 309 Nr. 6 BGB. Danach ist eine Bestimmung in seit 1. Januar 2002 abgeschlossenen vorformulierten Arbeitsverträgen unwirksam, durch die dem Arbeitgeber für den Fall, dass sich der andere Vertragspartner vom Vertrag löst, die Zahlung einer Vertragsstrafe versprochen wird. Danach § 310 Abs. 4 Satz 2 BGB die Bestimmungen der §§ 305 ff. BGB auf Arbeitsverträge nur unter angemessener Berücksichtigung der arbeitsrechtlichen Besonderheiten anwendbar sind, bleibt abzuwarten, inwieweit sich die Rechtsansicht des Arbeitsgerichts Bochum durchsetzen wird. Einem generellen Verbot von Formularvertragstrafen stehen zumindest nicht unerhebliche praktische Bedenken entgegen.

(b) Erörterung der Entschädigungszahlung nach Art. 21 Ziffer 2 lit. a Transfer-Statuen/FIFA

Zu der Entschädigungszahlung nach Art. 21 Ziffer 2 lit. a Transfer-Statuten/FIFA ist sowohl aus europarechtlicher als auch aus verfassungsrechtlicher Sicht bereits ausführlich Stellung genommen worden.

Aus arbeitsrechtlicher Sicht wäre noch anzumerken, dass es sich bei dieser Zahlung um eine Art nachträgliches Wettbewerbsverbot im Sinne der §§ 74 ff. HGB handeln könnte. Der neue Verein muss eine Zahlung an den alten Verein leisten, damit dieser auf die Einhaltung des Wettbewerbverbotes verzichtet. Die §§ 74 ff. HGB gelten nicht nur – wie ursprünglich konzipiert – für Handlungsgehilfen, sondern entsprechend auch für sonstige Arbeitnehmer[657]. Als nachträgliches Wettbewerbsverbot würde die Regel aber wegen der fehlenden Karenzentschädigung unwirksam, welche nach § 74 Abs. 2 HGB gefordert wird[658].

(c) Stellungnahme

Insofern bleibt festzuhalten, dass die Entschädigungszahlung nach Vertragsablauf rechtlich nicht haltbar erscheint.

---

656 ArbG Bochum, Urt. v. 8. Juli 2002 - 3 Ca 1287/02, n.v..

657 Baumbach/Hopt, § 74, Rn. 3; BAG, BB 1974, S. 1531, 1532; BAG, NJW 1990, S. 1870, 1870.

658 Baumbach/Hopt, § 74, Rn. 20.

(5) Arbeitsrechtliches Fazit

Bei dem „triftigen Grund" handelt es sich um ein außerordentliches Kündigungsrecht im Sinne des § 626 BGB. Der „sportliche triftige Grund" gibt dem Lizenzspieler das Recht, seinen Vertrag zum Ende einer Saison ordentlich zu kündigen. Er stellt somit einen vereinbarten wichtigen Grund zur ordentlichen Kündigung eines befristeten Vertrages dar. Die vorgesehen Fristen sind kürzer als die Mindestkündigungsfristen des BGB. Welche Auswirkungen dies insbesondere für Vereine hat, bleibt abzuwarten. Die Einräumung einer „Schutzfrist" ist grundsätzlich zulässig, fraglich bleibt, ob Verein und Spieler einvernehmlich diese Schutzfristen auf die gesetzlich zulässigen ausdehnen dürfen. Das Verlangen nach einer Entschädigungszahlung bzw. Vertragsstrafe für den Bruch eines bestehenden Vertrages ist zulässig. Das Verlangen einer solchen nachdem der Vertrag beendet wurde, ist unzulässig.

cc) Fazit zu den nationalen Gesichtspunkten

Die Entschädigungszahlung nach Art. 21 Ziffer 2 lit. a Transfer-Statuten/FIFA verstößt gegen Art. 12 GG. Die statuierten Kündigungsfristen sind zu § 622 BGB nicht konform.

e) Praktische Gesichtspunkte

Aus Sicht der Betroffenen ergeben sich bezüglich der Neureglung der Vertragsstabilität mehrere Bedenken und Fragen.

aa) Die Kündigungsgründe

Der „sportlich triftige Grund" ist für alle Beteiligten neu. Die von der FIFA angenommene Regel, dass ein „sportlich triftiger Grund" dann vorliegt, wenn ein Lizenzspieler in weniger als 10% der Pflichtspiele seiner Mannschaft eingesetzt wird, stellt die Praxis vor erhebliche Probleme.

Durch die Einführung des „sportlichen Grundes" als Möglichkeit der Vertragsauflösung wird der Willkür Tür und Tor geöffnet. Was ein „sportlich triftiger Grund" ist, wird durch Gerichte festzulegen sein, die somit einen großen Einfluss auf den sportlichen Alltag gewinnen. Diese Regelung kann - ins Extreme gedacht - so weit führen, dass die Mannschaftsaufstellung vom Arbeitsrichter entschieden wird und der „Kicker" in Zukunft jeden Samstag die Urteilsbegründung abdruckt, damit der einzelne Fußballanhänger erfährt, warum der eine oder andere Lizenzspieler aufgestellt wurde oder nicht. Auch scheint es ratsam, mit Hinblick auf den „sportlichen Grund", dem Trainer neben seinen Assistenten auch noch einen Juristen an die Seite zu stellen, damit er bei einer Auswechselung in Zukunft nicht zufällig einen Kündigungsgrund für den Spieler liefert.

Durch diesen Kündigungsgrund wird ein „de facto"-Beschäftigungsanspruch für die Spieler geschaffen. Der Verein ist in seiner Disposition betreffend der Verwendung seiner Arbeitnehmer nicht mehr frei. Er muss in Zukunft sportliche gegen juristisch Gesichtspunkte abwägen.

bb) Die Kündigungsfristen

Die extrem kurzen Kündigungsfristen werden sowohl Spieler als auch Vereine vor Probleme stellen. Der Zeitdruck, unter dem Vereine die Planung für die nächste Saison durchführen müssen, wird durch die kurzen Fristen noch erhöht. Das Gleiche gilt spiegelbildlich für den Lizenzspieler, der sich zu einem Zeitpunkt einer Kündigung ausgesetzt sehen kann, wo viel Vereine ihre Saisonplanung bereits abgeschlossen haben. Finanzielle Eingeständnisse auf beiden Seiten werden die Folge sein, ein Szenario also, das der Gesetzgeber durch die Mindestkündigungsfrist eben gerade verhindern wollte.

Ein Beispiel mag verdeutlichen, welche extremen Konsequenzen diese Kündigungsfristen haben können.

Der F.C. Bayern München hat Ende Oktober 2001 die Verpflichtung des Nationalspielers Sebastian Deisler von Hertha BSC bekannt geben[659]. Anfang November 2001 wird von einem Interesse des F.C. Bayern München an dem Nationalspieler Michael Ballack von Bayer 04 Leverkusen berichtet[660]. Bei beiden Spielern handelt es sich um Schlüsselspieler in ihrem jeweiligen Verein. Vorausgesetzt, die Verträge der beiden Spieler würden nicht mehr unter die Schutzfrist von Art. 21 der FIFA Transfer-Statuten fallen, so hätten beide die Möglichkeit gehabt, ihre jeweiligen Vereine zum Saisonende von ihrer Wechselabsicht zu unterrichten. Da die Pause zwischen dem Ende der alten Saison und dem Beginn der neuen Saison in der Regel nur acht bis zehn Wochen beträgt, stellt sich die Frage, wie ein Verein innerhalb dieser Zeit adäquaten Ersatz für Abgänge von Schlüsselspielern finden soll. Hier wird die Personalplanung der Vereine nicht geschützt, sondern massiv beeinträchtigt. Gleiches gilt auch aus Sicht des Spielers, wenn ihm sein Verein nach Ende der Saison mitteilt, dass seine Dienste nicht mehr benötigt werden. Eine Verlängerung der Kündigungsfristen ist aus praktischer Sicht dringend geboten.

---

659 WAZ vom 22. Oktober 2001, http://www.waz.de.

660 WAZ vom 7. November 2001, http://www.waz.de. Michael Ballack wechselte zur Saison 2002/2003 tatsächlich zum F.C. Bayern München.

cc) Die Schutzfristen

Vereine schließen in den Verträgen die ordentliche Kündigung für die Dauer der Laufzeit aus, um ihre Investition in den Spieler abzusichern. Der Spieler stimmt diesem Ausschluss zu um mittelfristig abgesichert zu sein und um einen Teil seines Verletzungsrisikos auf den Verein abzuwälzen.

Ohne Not beschränkt die FIFA diese Möglichkeit nun auf zwei bzw. drei Jahre. Die Vereine werden auf diese Veränderung mit Umgehungsszenarien reagieren. Eine Ausdehnung der Schutzfristen auf 5 Jahre ist zu erwarten. Die Vereine werden – im Übrigen mit Segen der FIFA – die Optionsklausel der Musterverträge reaktivieren. Diese Optionsklausel löste – wie oben erläutert[661] - im Anschluss an die Entscheidung des EuGH in Sachen Bosman erhebliche Irritationen aus. Mittlerweile steht die FIFA auf dem Standpunkt, dass eine Vertragsverlängerung aufgrund der Optionsklausel neue Schutzfristen in Gang setzt. Diese Ansicht dürfte rechtlich nicht haltbar sein, da es sich bei der vereinbarten Option um eine Verlängerungsoption handelt. Eine solche Option verlängert aber lediglich den bestehenden Vertrag[662].

Nach Art. 21 Transfer-Statuen/FIFA unterliegen nur die ersten zwei bzw. drei Jahre eines Vertrages der Schutzfrist. Durch die Ansicht, die Ausübung einer Option führe zu neuen Schutzfristen, widerspricht die FIFA ihren eigenen Statuten und sorgt für eine erhebliche Rechtsunsicherheit bei den Beteiligten.
Wenn der nationale Gesetzgeber eine Befristung für maximal 5 Jahre für zulässig erachtet, ist nicht einzusehen, warum hier von Verbandsseite eingegriffen wird.

f) Fazit zur Vertragsstabilität

Am Ende jeder Saison dreht sich in den europäischen Fußballligen das Wechselkarussell. Die Vereine verpflichten neue Spieler, um ihre sportliche Attraktivität zu erhöhen, und Spieler suchen neue Vereine, um sich anderen sportlichen Herausforderungen zu stellen. Dabei kann es vorkommen, dass sich Spieler und Verein nach kurzer Liaison wieder trennen, und es kommt vor, dass sich Spieler und (neuer) Verein über bestehende vertragliche Verpflichtungen hinwegsetzen und ein Wechsel trotz bestehender Vertragsverhältnisse zustande kommt. Der juristische Grundsatz „pacta sunt servanda" scheint im Berufsfußball jedes Jahr aufs Neue ad absurdum geführt zu werden. Mit dem Argument, dass insbesondere der Fußballanhänger an einer stabilen Mannschaft interessiert sei, da häufig die Identifikation mit dem Verein über die Spieler erfolge, hat die FIFA sich die

---

661 3. Teil, E, II, 2.
662 Palandt/Weidenkaff, Einf. v. § 535, Rn. 5 b.

„Vertragsstabilität" in ihre Statuten geschrieben[663]. Die Neuregelungen rauben dem Spieler und dem Verein jegliche Planungssicherheit, was dazu führen wird, dass sich das Wechselkarussell noch schneller drehen wird und die Schere zwischen den wirtschaftlich starken und den wirtschaftlich schwachen Vereinen noch weiter öffnen wird. Das Argument, der Zuschauer wünsche sich eine größere Stabilität beim Gesicht seiner Mannschaft, scheint mir vorgeschoben. Der Transfer von Fußballspielern ist ein fester Bestandteil des Geschäfts und erfreut sich auch großer Aufmerksamkeit durch die Fans, die jede Saison auf ein Neues hoffen, dass ihr Verein endlich den Spieler verpflichten möge, der in der Lage ist, die Mannschaft an die Spitze zu führen.

Die neue Regelung der FIFA ist sehr verwirrend. Ohne Rücksicht auf nationale Besonderheiten werden die Arbeitsschutzrechte, die auch für Berufsfußballer gelten, ausgehebelt. Alles in allem erscheint mir die Regelung zur Vertragsstabilität wenig durchdacht und Ursache für viele Probleme zu sein. Letztlich erreicht die FIFA durch diese Regelung sicher nicht, dass Spieler und Verein länger aneinandergebunden sind, sondern dass der Wettbewerb auf dem Wechselmarkt noch schärfer wird und die Ablösesummen wahrscheinlich noch horrender werden[664].

663 Art. 21 ff. Transfer-Statuten/FIFA, Anlage 2.
664 A.A. wohl Fritz/Düll, SpuRt 2002, S. 144, 146.

4. Der Solidaritätsmechanismus, Art. 25 Transfer-Statuten/FIFA

a) Die Regelung seit dem 1. September 2001[665]

Wechselt ein Lizenzspieler während der Laufzeit seines Vertrags zu einem ausländischen Verein, kann der abgebende Verein dafür eine finanzielle Entschädigung verlangen, falls der Abgang des Spielers als Vertragsbruch taxiert wird oder eine Einigung zwischen dem abgebenden und dem aufnehmenden Verein sowie dem betroffenen Spieler erzielt wurde. In diesem Fall muss der neue Verein ungeachtet des Alters des Lizenzspielers 5 % der Entschädigung an die Vereine entrichten, bei denen der Spieler zwischen seinem 12. und 23. Geburtstag gespielt hat. Diese Summe versteht sich als Solidaritätsbeitrag an die Vereine, die am Training und der Ausbildung des Spielers beteiligt waren[666]. Die Zahlung des Solidaritätsbeitrages muss bis spätestens 30 Tage nach der Registrierung des Spielers durch seinen neuen Verein erfolgen[667]. Es obliegt dem neuen Verein, die Entschädigung zu berechnen und die entsprechenden Zahlungen vorzunehmen. Der Spieler kann für die Berechnung der Summe und die Bestimmung der berechtigten Vereine beigezogen werden[668]. Die FIFA-Spielerstatut-Kommission kann gegen Vereine oder Spieler, die der Zahlung nicht nachkommen, Disziplinarmaßnahmen verhängen[669]. Die Beschlüsse der FIFA-Spielerstatut-Kommission bezüglich Disziplinarmaßnahmen können beim Schiedsgericht des Fußballs angefochten werden.

b) Europarechtliche Gesichtspunkte

Aus europarechtlicher Sicht sprechen keine Gesichtspunkte gegen die Zahlungen im Rahmen des Solidaritätsmechanismus. Da es sich hierbei allerdings um Zahlungen im Zusammenhang mit Entschädigungszahlungen nach Art. 21 Ziffer 2 lit. a Transfer-Statuten/FIFA handeln, bliebe für sie wegen des möglichen Verstoßes des vorgenannten Artikels gegen Art. 39 EGV kein Raum[670].

665 FIFA Zirkular Nr. 769, Anlage 4.
666 Art. 25 Transfer-Statuten/FIFA, Anlage 2.
667 Art. 11 Abs. 1 Ausführungsbestimmungen/FIFA, Anlage 3.
668 Art. 11 Abs. 2 Ausführungsbestimmungen/FIFA, Anlage 3.
669 Art. 11 Abs. 3 Ausführungsbestimmungen/FIFA, Anlage 3.
670 Ausführlich oben, 4. Teil, C, II, 3., c, dd.

c) Gesichtspunkte des nationalen Rechts

aa) Verfassungsrechtliche Gesichtspunkte

Hier stellt sich die Situation ähnlich dar wie bei der europarechtlichen Bewertung. Grundsätzlich bestehen keine Bedenken. Im Rahmen der Entschädigungszahlungen nach Art. 21 Ziffer 2 lit. a Transfer-Statuten/FIFA könnte es wegen des Verstoßes gegen Art. 12 GG an einem Zahlungsgrund fehlen[671].

bb) Arbeitsrechtliche Gesichtspunkte

Neben den bereits geschilderten Problemen stellt sich hier zusätzlich die Frage, ob sich der Solidaritätsbeitrag auch auf Zahlungen im Rahmen von Auflösungsverträgen erstreckt und ob eine solche Ausweitung gegenüber den Vereinen zulässig ist.

Zunächst spricht nichts gegen die Zulässigkeit einer solchen Regelung gegenüber den Vereinen. Die Vereine haben aufgrund ihrer vertraglichen Beziehung zum Ligaverband die Statuten des DFB und damit auch die der FIFA als für sich verbindlich anerkannt. Der FIFA als Dachverband steht es aber frei, von ihren Mitgliedern Beiträge oder Zahlungen nach einem bestimmten Schlüssel zu erheben.

Dem Wortlaut nach bezieht sich Art. 25 der Transfer-Statuten wohl nur auf Entschädigungszahlungen im Rahmen der FIFA-Statuten und nicht auf Zahlungen im Rahmen von Aufhebungsverträgen. Allerdings stellen die letztgenannten Zahlungen in gewisser Weise auch eine „Entschädigung" für den alten Verein dar, so dass sicherlich argumentiert werden kann, dass auch solche Zahlungen von Art. 25 des Reglements erfasst sind. Dies ergibt auch insofern Sinn, als die meisten Transfers über Aufhebungsverträge abgewickelt werden, und sich auf eine solche Art und Weise auch das von der FIFA verfolgte Ziel der Nachwuchsförderung am wirkungsvollsten erreichen lässt. Insofern ist der Solidaritätsmechanismus vergleichbar mit dem zur Finanzierung der Vollendung der Einheit Deutschlands mit Wirkung ab dem 1. Januar 1995 eingeführten Zuschlag zur Lohn-, Einkommens- und Körperschaftssteuer.

---

671 Ausführlich oben, 4. Teil, C, II, 3., d, aa, (4).

d) Praktische Gesichtspunkte

Um hier Widerholungen zu vermeiden, wird auf die im Rahmen der Ausbildungsentschädigung gemachten Erwägungen verwiesen[672], da sich die administrativen Probleme im Rahmen einer Auskehrung von Ausbildungsentschädigungen an frühere Verein hier fortsetzen. Bezüglich der rechtlichen Unsicherheit, ob auch Zahlungen aufgrund von Auflösungsverträgen erfasst sind, stellt sich hier für die Vereine die Frage, ob Rückstellungen gebildet werden sollen, um evtl. Ansprüchen wirtschaftlich begegnen zu können.

e) Fazit

Ziel des Solidaritätsmechanismus soll wohl die Unterstützung der ausbildenden Vereine sein. Wie dieser Beitrag allerdings rechtlich zu bewerten ist, ist unklar.

Durch diesen Passus partizipieren alle Vereine, die an der Ausbildung des Spielers beteiligt waren und somit einen Grundstein für dessen spätere Karriere gelegt haben, an der „Wertsteigerung“, die der Spieler nach seiner Ausbildung erfährt, wenn dieser vor Ablauf seines Vertrages den Verein wechselt. Erfasst werden somit die oben[673] erläuterten Entschädigungszahlungen, also die Ausbildungskostenentschädigung nach Art. 13 der Transfer-Statuten sowie die Zahlungen gemäß Art. 21 der Transfer-Statuten. Beide Entschädigungsansprüche sind aber – wie oben[674] festgestellt – rechtswidrig. so dass praktisch kein Raum für den Solidaritätsbeitrag bleibt.

672 Siehe oben, 4. Teil, C, II, 2, d.
673 Siehe oben, 4. Teil, C, II., 2, a.
674 Siehe oben, 4. Teil, C, II., 3.

5. Die Transferperioden, Art. 5 Transfer-Statuten/FIFA

a) Die Regelung seit dem 1. September 2001[675]

Mit Wirkung vom 1. September 2001 an hat die FIFA den Zeitraum für die Registrierung von neuen Spielern insofern einheitlich festgelegt, als die Nationalverbände aufgefordert werden, pro Jahr zwei Registrierungsperioden festzulegen[676].

Nach den von der FIFA in Art. 2 Ausführungsbestimmungen/FIFA festgelegten Grundsätzen haben die Nationalverbände die Registrierungsperioden nach den folgenden Anforderungen zu terminieren.

„Die erste Registrierungsperiode beginnt frühestens am Ende der nationalen Meisterschaft und endet spätestens vor dem Beginn der darauffolgenden nationalen Meisterschaft. Grundsätzlich sollte diese Periode die Dauer von sechs Wochen nicht überschreiten."

„Die zweite Registrierungsperiode wird ungefähr Mitte der Saison festgelegt. Grundsätzlich sollte diese Periode die Dauer von vier Wochen nicht überschreiten und – außerordentliche Umstände vorbehalten – auf Registrierungen aus ausschließlich sportlichen Gründen beschränkt sein, z.B. technische Umstellungen der Mannschaft oder Ersatz für verletzte Spieler."

Bezogen auf Spieler, die zum 31. August, dem Ende der Transferperiode I, keinen gültigen Vertrag besitzen, gilt, dass diese sich jederzeit einem neuen Verein anschließen dürfen. Arbeitslose Lizenzfußballspieler sind somit nicht mehr an die zwei Transferperioden gebunden[677].

b) Europarechtliche Gesichtspunkte

Bei der Beschränkung des Spielertransfers auf zwei Registrierungsperioden pro Jahr stellt sich die Frage, ob ein Verstoß gegen Art. 39 EGV vorliegt. In der Entscheidung in Sachen Lehtonen[678] hatte sich der EuGH mit Transferfristen im Lizenzbasketball zu befassen.

[675] FIFA-Zirkular Nr. 769, Anlage 4.
[676] Art. 5 Abs. 2 Transfer-Statuten/FIFA, Anlage 2.
[677] Frankfurter Rundschau vom 13. September 2002, S. 43; DFL-Pressemitteilung Nr. 52/2002 vom 12. September 2002.
[678] EuGH, Rs. C-176/96, Lethonen, Slg. I-2000, S. 2681 ff..

Der Spieler Lethonen ist finnischer Staatsangehöriger und spielte in der Saison 1995/1996 zunächst für einen finnischen Verein. Nach Beendigung der finnischen Basketballsaison wechselte er zu dem belgischen Verein Castor Braine. Dieser Wechsel wurde am 30. März 1996 beim belgischen Verband registriert. Der Verein setzte den Spieler in zwei Meisterschaftsspielen ein, die nachträglich für Castor Braine als verloren gewertet wurden. Diese Bewertung hat mit der Tatsache zu tun, dass in den Statuten des Internationalen Basketballverbandes (Fiba) zwei unterschiedliche Registrierungsperioden aufgeführt waren. Hiernach durfte ein Spieler, der in der laufenden Saison schon für einen anderen europäischen Verein tätig war, nur bis zum 28.02.d. J. verpflichtet werden, ein Spieler, der für einen nicht-europäischen Verein tätig war, durfte hingegen auch noch nach dem 28.02 d. J. verpflichtet werden.

Der EuGH hat in seiner Entscheidung zunächst die Grundsätze, dass zum einen der Sport Teil des Wirtschaftslebens ist und somit gemäß Art. 2 EGV unter das EG-Recht fällt und dass Sportler Arbeitnehmer im Sinne des Art. 39 EGV sind, bestätigt[679]. Die innerhalb der Verbandshoheit der Fiba bestehenden unterschiedlichen Transferperioden hat der EuGH mit Art. 39 EGV für unvereinbar erklärt. Art. 39 EGV steht diesen Transferperioden dann entgegen, wenn für den Transfer von Spielern aus bestimmten Drittländern ein späteres Datum gilt, als für den Transfer von Spielern aus Mitgliedsstaaten[680].

Für unbedenklich hat der EuGH die Festsetzung von Transferfristen als solche gehalten, denn die Festsetzung von Fristen für Spielertransfers dient dem Zweck, den geordneten Ablauf sportlicher Wettkämpfe sicherzustellen[681]. Der EuGH erkennt also an, dass Spielertransfers geeignet sind, den Wert einer Mannschaft so zu verändern, dass Beeinträchtigungen des Wettkampfs möglich sind[682]. Folgerichtig wendet er sich in seinem Urteil nicht gegen die Transferfristen als solche, sondern nur gegen die Tatsachen, dass für Spieler, die aus unterschiedlichen kontinentalen Zonen kommen, unterschiedliche Transferfristen gelten.

Umgesetzt auf den Fußballsport bedeutet dies, dass die Transferperioden einheitlich für einen Nationalverband gewählt werden müssen. Mit anderen Worten, endet eine Transferperiode am 15. Januar eines Jahres, dann hat sie für alle

---

679 EuGH, Rs. C-176/96, Lethonen, Slg. I-2000, S. 2681, 2728, Tz.: 32.

680 EuGH, Rs. C-176/96, Lethonen, Slg. I-2000, S. 2681, 2735, Tz.: 60.

681 EuGH, Rs. C-176/96, Lethonen, Slg. I-2000, S. 2681, 2733, Tz.: 53.

682 Hier mag das Weltpokalfinale zwischen Borussia Dortmund und Belo Horizonte als Beispiel dienen, denn Belo Horizonte verpflichtet nur für dieses Spiel zwei Spieler aus Spanien.

Spieler zu diesem Zeitpunkt zu enden und zwar unabhängig von der Frage der Staatsangehörigkeit des Spielers oder des Sitzes des abgebenden Vereines.

Diesen Gesichtspunkten entsprechen die Transferfristen innerhalb der FIFA, da sie auf alle Spieler gleich anzuwenden sind und keinerlei Ausnahmen zulassen. Dies ergibt sich nicht zuletzt auch aus Art. 5 Abs. 2 Satz 2 Transfer-Statuten/FIFA, wo es heißt:

„Ein Spieler kann sich innerhalb einer Spielzeit von 12 Monaten maximal einmal neu registrieren lassen."

Damit ist gewährleistet, dass die Lizenzspieler bei ihren Wechseln unabhängig von ihrer Herkunft und dem Sitz ihres abgebenden Vereines gleich behandelt werden.

Die seit September 2002 bestehende Möglichkeit, dass arbeitslose Lizenzfußballspieler auch nach Abschluss der Transferperioden verpflichtet werden können, ändert nichts an der europarechtlichen Bewertung. Zwar besteht nun grundsätzlich die Möglichkeit, durch die Verpflichtung von arbeitslosen Spielern den laufenden Wettbewerb zu beeinflussen; dieser Möglichkeit steht aber das Recht des einzelnen Lizenzspielers auf Arbeit gegenüber. Ohne diese Ausnahme wäre der arbeitslose Lizenzspieler mindestens bis zur nächsten Transferperiode vom Arbeitsmarkt ausgeschlossen. Aufgrund fehlender Wettkampfspraxis und Trainingsmöglichkeiten wäre sogar damit zu rechnen, dass der Lizenzspieler auf Dauer ausgeschlossen bleibt.

Die Ausnahme steht insoweit mit Art. 39 EGV in Einklang.

c) Gesichtspunkte des nationale Rechts

aa) Verfassungsrechtliche Gesichtspunkte

Die Transferperiode als solche dient – aufgrund der bereits vorgetragenen Argumente – dem Erhalt der Wettbewerbsgleichheit zwischen den Vereinen und stößt von daher auf keine Bedenken.

Durch Öffnung des Arbeitsmarktes für arbeitslose Lizenzspieler sind verfassungsrechtliche Bedenken aus Art. 12 GG, der zwar kein Recht auf Arbeit gewährt, wohl aber den freien Zugang zum Arbeitsmarkt schützt[683], ausgeräumt.

[683] Jarras/Pieroth, Art. 12, Rn. 15; Maunz/Düring/Scholz, Art. 12, Rn. 4; ausführlich zum Recht auf Arbeit: Wank, Recht auf Arbeit, S. 65 ff..

bb) Arbeitsrechtliche Gesichtspunkte

Hier kann auf die oben gemachten Ausführungen verwiesen werden. Bedenken haben sich durch die Neuregelung zerstreut.

d) Praktische Gesichtspunkte

Die Vereine sind es seit Jahren gewohnt, mit Transferfristen zu arbeiten. Probleme bestanden für den Fall, dass sich Spieler verletzen sollten und Ersatz gebraucht wird. Nach der alten Transferregel konnten Transfers bis in den Januar des nächsten Jahres hinein getätigt werden. Durch die Öffnung des Transfermarktes für arbeitslose Spieler steht den Vereinen nun die Möglichkeit offen, sich jederzeit Ersatz zu verschaffen.

e) Fazit

Die Regelung zu den Transferfristen und insbesondere ihre Vereinheitlichung ist sinnvoll. Unter Berücksichtigung der neueren Entwicklungen kann die Regelung als gelungen betrachtet werden.

6. Zwischenergebnis zu den Neuregelungen

Ob die Neuregelungen die in sie – insbesondere von Seiten der Politik – gesetzten Erwartungen erfüllen, bleibt abzuwarten. Der Fußball hat in der Vergangenheit – obwohl oft totgesagt – immer wieder bewiesen, dass er mit erheblichen Veränderungen zu recht kommt[684].

III. Der Anwendungsbereich der Transfer-Statuten/FIFA

Die neuen FIFA-Statuten gelten unmittelbar seit dem 1. September 2001 für Transfers von Spielern zwischen Vereinen unterschiedlicher Nationalverbände[685]. Noch nicht erfasst sind also Transfers innerhalb eines Nationalverbandes. Die Statuten der einzelnen Nationalverbände verweisen allerdings auf die Transferstatuten der FIFA in ihrer jeweils gültigen Fassung[686]. Darüber hinaus sind die Nationalverbände angehalten, die Änderungen der FIFA auf nationaler Ebene umzusetzen. Aufgrund dieser Diskrepanz stellt sich erneut die Frage nach einer sogenannten „Inländerbenachteiligung", wie dies bereits nach der Bosman-Entscheidung des EuGH der Fall war[687].

684 Erinnert werden soll hier an den Boom nach der Bosman-Entscheidung.
685 Präambel Transfer-Statuten/FIFA, Anlage 2.
686 § 3 Abs. 1 Statuten/DFB.
687 Trommer, Transferregelungen, S. 87.

1. Der Begriff der Inländerbenachteiligung

Unter dem Begriff der Inländerbenachteiligung versteht man allgemein die rechtliche Schlechterstellung eines Inländers gegenüber einem EU-Ausländer[688]. Diese Problematik ist Resultat der Tatsache, dass für einen Lebenssachverhalt völlig ohne europarechtliche Bezüge keine Berufung auf Europarecht zulässig ist, da die Grundfreiheiten nur bei grenzüberschreitenden Sachverhalten eingreifen[689]. Bei sogenannten Inlandssachverhalten kann es also zu einer Schlechterstellung von inländischen gegenüber ausländischen Bürgern kommen, da sie nicht unbedingt gleichzustellen sind[690]. Grundsätzlich wurde eine solche „Inländerbenachteiligung" bisher vom EuGH mit dem Argument ignoriert, dass das nationale Recht gegenüber dem Gemeinschaftsrecht Exklusivität genießt[691] und somit Art. 12 EGV grundsätzlich keine Anwendung findet. Problematisch erscheint allerdings, dass durch einen rechtlichen Vorteil für EU-Ausländer Grundrechtspositionen der inländischen Staatsangehörigen betroffen sein können. Bei Sportlern besteht die Gefahr einer Inländerdiskriminierung solange, wie die Richtlinie für einen innerstaatlichen Wechsel anders ist als die für einen Wechsel ins Ausland[692].

Konkret ist hier an Art. 3 GG zu denken, wobei hier nur eine Berufung auf das allgemeine Gleichheitsgebot nach Art. 3 Abs. 1 GG zulässig ist, da Diskriminierungen aufgrund der Staatsangehörigkeit nicht vom besonderen Diskriminierungsverbot des Art. 3 Abs. 3 GG erfasst sind[693]. Nach der ständigen Rechtsprechung des Bundesverfassungsgerichts ist der Gesetzgeber an das allgemeine Gleichheitsgebot in der Art gebunden, dass er „weder wesentlich Gleiches ungleich, noch wesentlich Ungleiches willkürlich gleich behandeln darf"[694].

---

688 Weis, NJW 1983, S. 2721 f.; Epiney, Umgekehrte Diskriminierung, S. 33; Kewenig, JZ 1990, S. 20; Schilling, JZ 1994, S. 8 ff..

689 Streinz, Europarecht, Rn. 706 f.; GTE/Wölker, EU-Kommentar, Art. 48, Rn. 10.

690 Streinz, Europarecht, Rn. 706 f.; Kewenig, JZ 1990, S. 20; König, AöR 1993, S. 591 ff., m. w. N..

691 Ständige. Rechtsprechung. des EuGH, vgl.: EuGH, Rs. C-332/90, Steen, Slg. I-1992, S. 341, 357.

692 Krogmann, Grundrechte, S. 220.

693 Weis, NJW 1983, S. 2721 f..

694 Ständige Rechtsprechung. des BVerfG, vgl.: BVerfGE 4, S. 144, 155.

2. Stellungnahme

Anders als in Sachen „Bosman", wo diese Inländerbenachteiligung Ergebnis der Rechtsprechung des EuGH war und somit ein Akt öffentlicher Gewalt vorlag, der direkt unter Art. 3 GG zu subsumieren ist, beruht vorliegend die „Inländerbenachteiligung" auf einer privatrechtlichen Bestimmung. Auch privatrechtliche Vorschriften sind dann unmittelbar an Art. 3 GG zu messen, wenn der Verfasser der Vorschriften beim Angebot wichtiger Güter oder Dienstleistungen ein Monopol hat[695]. Ferner sind arbeitsrechtliche Vorschriften unmittelbar an Art. 3 GG zu messen, dies gilt insbesondere für Vorschriften im Bereich des Kündigungsrechts[696]. Die Anwendung des Art. 3 Abs. 1 GG auf die Inländerbenachteiligung erscheint vorliegend allerdings nicht frei von Zweifeln, da diese Benachteiligung letztlich auf einer Diskrepanz zwischen internationalem und nationalem Verbandsrecht beruht. In der Literatur ist es bereits strittig, ob eine auf der Diskrepanz zwischen gemeinschaftsrechtlichen Vorschriften und nationalem Verbandsrecht beruhende Inländerbenachteiligung in den Anwendungsbereich des Art. 3 Abs. 1 GG fällt[697]. Eine sich im Anschluss an „Bosman" ergebende Diskussion kam aufgrund der Entscheidung des BAG in Sachen „Kienass" nicht auf[698].

Bei vorliegendem Sachverhalt erscheint durchaus die Möglichkeit gegeben, dass es zu unterschiedlichen Szenarien kommt, die arbeits- und verfassungsrechtliche Probleme aufwerfen. Ein Spieler, der einen Wechsel ins Ausland betreibt, kann sich unter anderem auch auf die oben dargestellten Kündigungsmöglichkeiten berufen, während dies ein Spieler, der innerhalb eines Nationalverbandes wechseln will, nicht kann, da die Kündigungsmöglichkeiten der neuen FIFA-Statuten im nationalen Verbandsrecht nicht existieren.

Auch ohne nationale Umsetzung der neuen Transferstatuten der FIFA entfalten diese über Art. 3 Abs. 1 GG bei Wechseln innerhalb des Verbandsgebietes des DFB Wirksamkeit. Darüber hinaus erscheint es unbillig, dass die Rechte des Einzelnen davon abhängig sein sollen, aus welchem Staat er in welchen Staat einreist, denn ansonsten könnte der Satz gelten:

„Wer zu wenig wandert, den bestraft das Leben[699]."

---

695 Jarass/Pieroth, Art. 3, Rn. 10; von Münch/Kunig/Gubelt, Art. 3, Rn. 2; Maunz/Düring/Düring, Art. 3 Abs. 1, Rn. 511.

696 Jarass/Pieroth, Art. 3, Rn. 41; Dreier/Heun, Art. 3, Rn. 82 f.; BVerfGE 82, S. 126, 146 ff..

697 Trommer, Transferregelungen, S. 89; Schilling, JZ 1994, S. 17.

698 Trommer, Transferregelungen, S. 89.

699 Gutmann, SpuRt 1997, S. 38.

IV. Schlussbetrachtung

Die Regelung der FIFA muss insgesamt als mangelhaft betrachtet werden[700]. Dies gilt insbesondere, wenn man sich die Intentionen der FIFA für die beiden großen Säulen der Neuregelungen - Ausbildungsentschädigung und Vertragsstabilität - einmal vor Augen führt.

Die FIFA definiert das Ziel der Ausbildungs- und Förderungsentschädigung wie folgt:

„Ziel ist es, die Ausbildung der jungen Spieler zu verbessern und zu intensivieren sowie die Solidarität unter den Klubs zu fördern, indem an die Vereine, die in die Ausbildung der jungen Spieler investiert haben, eine finanzielle Entschädigung entrichtet wird[701].“

In Brasilien, einem der größten Fußballmärkte der Welt, sieht die Wirklichkeit jedoch ganz anders aus. Die rund 120 Millionen Euro, die die Bundesligavereine für die derzeit bei ihnen tätigen Brasilianer überwiesen, flossen nicht - wie von der FIFA gewünscht - in die Kassen der Vereine, sondern in die Privatschatullen der Präsidenten, Manager, Trainer und Vermittler[702]. Gegen 32 Spielervermittler, Verbandsfunktionäre, Vereinsfürsten und Trainer, zu denen auch der ehemalige Nationaltrainer Wanderley Luxemburgo zählt, wollte der brasilianische Sportminister Carlos Mellos Anklage erheben[703]. Die Machenschaften gehen sogar soweit, dass Pässe gefälscht und Lebensläufe manipuliert werden, da sich unter dem Markenzeichen „Brasilien“ fast jeder Spieler vermarkten lässt[704]. Die Zustände in anderen Fußballmärkten der dritten Welt dürften ähnlich sein, so dass der Ansatz der FIFA, die ausbildenden Vereine mit einer Ausbildungsentschädigung finanziell zu unterstützen, allein aus tatsächlichen Gründen ins Leere laufen wird.

Dass auch massive rechtliche Bedenken gegen die Ausbildungs- und Förderungsentschädigung bestehen, wurde oben deutlich dargestellt[705], so dass im Ergebnis die Regelung der FIFA sowohl rechtlich als auch praktisch mangelhaft sind.

---

700 A.A.: Roth, AuA 2001, S. 220.
701 FIFA-Zirkular Nr. 769, Anlage 4.
702 Süddeutsche Zeitung vom 15. März 2002, http://www.sueddeutsche.de.
703 Süddeutsche Zeitung vom 15. März 2002, http://www.sueddeutsche.de.
704 Süddeutsche Zeitung vom 15. März 2002, http://www.sueddeutsche.de.
705 Siehe oben, 4. Teil, C, II, 2.

Bezogen auf die zweite, große Säule der Neuregelung, die Vertragsstabilität, definiert die FIFA ihre Ziele wie folgt:

„Für die Vereine, die Spieler und die Öffentlichkeit ist Vertragsstabilität im Fußball von grundlegender Bedeutung. Für die Beziehungen zwischen Spielern und Klubs müssen daher gesetzliche Grundlagen bestehen, die den besonderen Ansprüchen des Fußballs gerecht werden und ein Gleichgewicht zwischen den Einzelinteressen der Spieler und Vereine herstellen sowie die Regelmäßigkeit und die rechtmäßige Durchführung eines Wettbewerbs gewährleisten.“[706]

Die Wirklichkeit sieht auch in diesem Bereich anders aus. Als Beispiel dient der Spieler Jan Simak von Hannover 96. Er verlängerte Ende 2001 seinen Vertrag bis 2005, will aber nun unbedingt zum 1. FC Kaiserslautern wechseln.

„Ich will weg und wenn Hannover nein sagt“, so Simak, *„dann haben wir hier Krieg.“*[707]

Im Lizenzfußball können sich nur wenige Spitzenvereine der Stabilität ihrer Verträge sicher sein. Die Verträge, die kleinere Vereine mit ihren Spielern abschließen, sind nur solange stabil, wie sich kein Spitzenverein für diese Spieler interessiert. Ist ein solches Interesse erst einmal vorhanden, dann ist es einem kleineren Verein fast unmöglich, den Wechsel seines Spielers unter Hinweis auf bestehende Verträge zu verhindern. Selbstverständlich kann der Verein auf Erfüllung des Vertrages bestehen, aber ob dies dem Verein nützt, erscheint mehr als fraglich. Aus diesem Grund wird auch im Fall Simak genau das geschehen, was in dieser Saison bereits bei den Spielern Deisler, Ballack und Kehl der Fall war: Nach anfänglichem Freigabeverweigerungen wird Hannover 96 Jan Simak ziehen lassen, der 1. FC Kaiserslautern wird für die Zustimmung zum Auflösungsvertrag eine entsprechende Summe nach Hannover überweisen.

Das Fazit zur Vertragsstabilität muss daher ähnlich ausfallen wie jenes zur Ausbildungsentschädigung, neben die oben erläuterten rechtlichen Bedenken[708] treten praktische Mängel, die das neue Statut scheitern lassen werden.

---

706 FIFA-Zirkular Nr. 769, Anlage 4.

707 WAZ vom 20. März 2002, http://www.waz.de. Mittlerweile spielt Simak für Bayer 04 Leverkusen.

708 Siehe oben, 4. Teil, C, II., 3.

5. Teil
Ausblick und Umsetzung

Die geänderten Transferstatuten, die aufgrund der im März zwischen der Europäischen Union und FIFA getroffen Vereinbarung gelten, werfen vielfache juristische und praktische Probleme auf, die zu einer großen Unsicherheit im Fußballsport führen. Dies liegt aus deutscher Sicht sicherlich mit an der Tatsache, dass die Statuen vor dem Hintergrund des „common law" umgeschrieben wurden, was in einem Land wie Deutschland, das ein anderes Rechtssystem und Rechtsverständnis hat, zwangsläufig zu Problemen führen muss. Der größte Teil der Schwierigkeiten dürfte aber auf der Tatsache beruhen, dass in ein rechtlich nicht zu beanstandendes System, welches sich nach den Entscheidungen des EuGH in Sachen Bosman und des BAG in Sachen Kienass entwickelt hatte, aus politischen Gründen eingegriffen wurde[709]. In der ohnehin schon schwierigen Beziehung zwischen Fußballspielern, Vereinen und Verbänden hat die Einmischung der Politik zu einer Verwirrung der Beteiligten geführt. Die Regelungen der FIFA sind teilweise so kompliziert und unübersichtlich formuliert, dass ihre Umsetzung in der Praxis enorme Schwierigkeiten bereiten dürfte. Die Möglichkeit einer Korrektur besteht für Deutschland nur in einer praxisnahen und betriebswirtschaftlich sinnvollen Umsetzung in nationales Verbandsrecht. Eine Umsetzung allein aufgrund juristischer Gegebenheiten wird an der Praxis vorbeiführen. Bei einer solchen Umsetzung steht es zu befürchten, dass die „Big Player" des Fußballsports ihre Kraft darauf verwenden, „Umgehungsszenarien" zu entwickeln, eine Aussicht, die dem Fußballsport insgesamt wenig dienlich sein dürfte.

Aufgrund der zahllosen Verweisungsnormen in den Satzungen des DFB bzw. des Ligaverbandes ist der DFB verpflichtet, die Transferstatuten der FIFA in nationales Verbandsrecht umzusetzen. Gleichzeitig hat der DFB aber bei dieser Umsetzung nationales Recht zu beachten. Der letzte Teil dieser Arbeit ist daher der Frage gewidmet, wie man den mit der Vereinbarung vom 5. März 2001 verfolgten Zweck juristisch und betriebswirtschaftlich sinnvoll umsetzen kann, wobei ich mich auf die beiden Schwerpunkte „Ausbildungsentschädigung" und „Vertragsstabilität" beschränkt habe.

---

709 Kelber, NZA 2001, S. 16.

A. Die Ausbildungsentschädigung

Bereits in der Rechtssache „Bosman“ vor dem EuGH hat die UEFA als Argument für die Aufrechterhaltung des zum damaligen Zeitpunkt bestehenden Transfersystems die „Talentförderung“ ins Feld geführt. Ohne die Zahlung von Ablösesummen sei es kleineren Vereinen unmöglich, sportlich zu überleben und Anschluss an die großen Vereine zu halten. Der EuGH hat in seiner Entscheidung zwar festgehalten, dass die Förderung von Nachwuchsspielern sinnvoll und nicht zu beanstanden ist, hat aber gleichzeitig darauf hingewiesen, dass das praktizierte Ablösesystem für diesen Zweck aufgrund der Einschränkungen des Art. 39 EG-Vertrag ungeeignet sei, und die Beteiligten auf ein Förderungssystem verwiesen, das die Rechtsposition der beteiligten Spieler gar nicht oder zumindest doch weniger beeinträchtigt. Mit dieser Maßgabe nun haben sich die EU und die FIFA auf das oben dargestellte Modell der Förderung von Nachwuchsspielern durch Zahlung einer „Aus- und Weiterbildungsentschädigung“ geeinigt.

Ein komplizierteres System hätte man kaum finden können. Neben den oben dargestellten rechtlichen Bedenken ist das vorliegende Regelwerk auch aus praktischer Sicht ungeeignet, um den gesetzten Zweck, die Ausbildung des Nachwuchses zu fördern, zu erreichen. Nachfolgend soll den praktischen Bedenken Rechnung getragen werden und es sollen Möglichkeiten aufgezeigt werden, wie es unter Umständen doch möglich ist, eine sinnvolle Umsetzung in nationales Verbandsrecht unter gleichzeitiger Beachtung der mit der Regelung verfolgten Absicht herbeizuführen.

I. Praktische Gesichtspunkte

Das erste Problem im Bereich der „Trainings- und Ausbildungsentschädigung“ ist die Frage nach den Kosten, die über die „Trainings- und Ausbildungsentschädigung“ erstattungsfähig sind. Die FIFA-Statuten verweisen in Art. 16 auf die Ausführungsbestimmungen, in denen die Parameter für die Kostenerstattung geregelt sind. Der dortige Art. 6 regelt, welche Berechnungsgrundlage bei der „Trainings- und Ausbildungsentschädigung“ zu Grunde gelegt werden kann. In Art. 6 Ziffer 6 Ausführungsbestimmungen/FIFA schließlich wird festgehalten, dass ein FIFA-Zirkular endgültig regelt, welche Kosten erstattungsfähig sind. Sieht man davon ab, dass nach der Rechtsprechung nur die tatsächlich aufgewendeten Kosten erstattungsfähig sind, können die Vereine anhand des Regelwerkes der FIFA nicht erkennen, welche Kosten für sie erstattungsfähig sind und welche nicht. Ohne eine genaue Aufschlüsselung ist es einem Verein aber unmöglich, eine entsprechende betriebswirtschaftliche Planung aufzustellen. Die Vereine wissen zwar, dass sie etwas bekommen, aber leider nicht was.

Ein weiterer Problempunkt ist in diesem Zusammenhang die Tatsache, dass die einzelnen Kosten durch ein FIFA-Zirkular festgelegt werden. Ein Zirkular ist aber nichts anderes als ein Rundschreiben. Sieht man von der Bedenklichkeit einmal ab, dass ein grundlegender Faktor der Kostenerstattung durch ein Rundschreiben geregelt wird, so besteht auch hier für die Vereine eine erhebliche Planungsunsicherheit. Eine wirtschaftlich sinnvolle Ausbildung erfordert eine zumindest mittelfristige wirtschaftliche Planung, d.h., Vereine müssen sich darauf verlassen können, welche Kosten erstattungsfähig sind, um eine sinnvolle Kostenstruktur für die Ausbildung der Spieler zu entwickeln. Werden aber die erstattungsfähigen Kosten durch ein Zirkular festgelegt, besteht keinerlei mittel- bzw. langfristige Sicherheit für die Vereine.
Als weiterer Unsicherheitsfaktor erweist sich Art. 6 Ziffer 3 Ausführungsbestimmungen/FIFA. Dort heißt es:

„Nationalverbände können andere Kriterien zur Kategorisierung der Trainings- und Ausbildungskosten ihrer Mitgliedsvereine vorschlagen. Die Trainings- und Ausbildungskosten der einzelnen Kategorien werden durch die Multiplikation der Ausbildungskosten für einen Spieler mit einem durchschnittlichen Spielerfaktor errechnet. Der Spielerfaktor wird durch das Verhältnis bestimmt, das zwischen den auszubildenden Spielern und den Fußballern besteht, die dank dieser Ausbildung den Durchbruch im Lizenzfußball geschafft haben."

Entscheidend für die Höhe der Entschädigung ist somit das Verhältnis zwischen den Auszubildenden und den Lizenzspielern innerhalb des Kaders. Diese Regelung wirft aus praktischer Sicht gleich mehrere Probleme auf.

Wann hat ein Spieler den „Durchbruch als Lizenzfußballspieler" geschafft?

Wie ist der Begriff „auszubildender Spieler" zu verstehen?

Wie ist das Verhältnis zu errechnen?

Bei der ersten aufgeworfenen Frage erscheint die Antwort noch einigermaßen leicht, wenn man auf den Vertrag abstellt. Mit anderen Worten, ein Fußballspieler hat den Durchbruch als Lizenzspieler immer dann geschafft, wenn er seinen ersten Lizenzvertrag unterschreibt. Diese Sichtweise wird letztlich auch durch die Transferstatuten/FIFA gestützt, denn dort heißt es in Art. 14:

„Unterzeichnet ein Spieler seinen ersten Nicht-Amateur-Vertrag, erhalten die Vereine (bzw. erhält der Verein), die (der) zu seinem Training und seiner Ausbildung beigetragen haben (hat), eine Entschädigung."

Die Frage, die allerdings offen bleibt, ist die nach der Behandlung der sogenannten „Vertragsamateure". „Vertragsamateure" sind Spieler, die das Fußballspiel mit vertraglicher Bindung gegen Entgelt von wenigstens DM 200,-- monatlich ausüben und sich im Vertrag verpflichtet haben, die steuerlichen und sozialversicherungsrechtlichen Abgaben abführen zu lassen[710]. Vertragsamateure werden von den Lizenzvereinen der 1. oder 2. Bundesliga häufig aus dem Grund verpflichtet, um Ausländerbeschränkungen bzgl. sogenannter Nicht-EU-Ausländer zu umgehen. Ansonsten wird der „Vertragsamateur" bei Lizenzvereinen in der Regel wie ein Profispieler behandelt und vor allen Dingen auch so bezahlt. Insofern ist der Begriff „Nicht-Amateur-Vertrag" in Art. 14 der Statuten so auszulegen, dass damit ein Vertrag gemeint ist, der es dem Spieler ermöglicht, ausschließlich durch Fußballspielen seinen Lebensunterhalt zu verdienen.

Weitaus schwieriger ist die Frage nach einem „auszubildenden Spieler" zu klären. Das Regelwerk der FIFA ist in Bezug auf diese Frage weniger eindeutig. In Art. 13 der Transferstatuten/FIFA heißt es:

„Training und Ausbildung eines Spielers finden im Alter zwischen 12 und 23 Jahren statt. Grundsätzlich gilt, dass eine Ausbildungsentschädigung bis zum Alter von 23 Jahren für die bis zum Alter von 21 Jahren geleistete Ausbildung fällig ist, außer es ist offensichtlich, dass ein Spieler seine Ausbildungszeit vor dem 21. Lebensjahr beendet hat. (...)"

In der Regel kann ein Spieler weder seine Ausbildung vor dem 21. Lebensjahr beenden, noch kann er seine Ausbildungszeit verlängern. Dies führt dazu, dass Spieler wie Owen Hargreaves und Roque Santa Cruz vom F.C. Bayern München sowie Tomás Rosicky von Borussia Dortmund und Sebastian Deisler von Hertha BSC Berlin, die bei ihren Transfers unter 21 Jahre alt waren bzw. es teilweise noch sind, als „Auszubildende" gelten, obwohl sie in ihren jeweiligen Vereinen schon lange zu den Leistungsträgern gehören.

Ausgehend vom oben genannten Art. 13 der Transfer-Statuten/FIFA kann man argumentieren, dass die vorgenannten Spieler offensichtlich ihre Ausbildung beendet haben. Aber wann hat ein Spieler offensichtlich seine Ausbildung beendet? Wenn er sein erstes Bundesligator geschossen hat? Seinen ersten Nationalmannschaftseinsatz hatte? Oder sein Jahresgehalt bei mehr als 1 Mio. € brutto liegt? Der Zeitpunkt der Ausbildungsdauer ist für die Berechnung der „Trainings- und Ausbildungsentschädigung" von Bedeutung, da sich die Entschädigungszahlung natürlich vermindert, wenn es dem aufnehmenden Verein gelingt, das Ende der Ausbildungszeit auf ein früheres Datum als den 21. Geburtstag des

---

710 § 15 Nr. 3 Spielordnung/DFB.

Spielers festlegen zu lassen. Dieses Problem ist offensichtlich von der FIFA übersehen worden, da sich weder in den Transferstatuten noch in den Ausführungsbestimmungen zu diesen ein Hinweis darauf finden lässt, wie zu verfahren ist, wenn die Dauer der Ausbildungsphase zwischen dem abgebenden und dem aufnehmenden Verein streitig ist.

Auch eine Beantwortung der Frage, wie das Verhältnis zwischen Lizenzspielern und Auszubildenden letztlich genau zu errechnen ist, lässt sich weder den Transferstatuten noch den Ausführungsbestimmungen mit endgültiger Gewissheit entnehmen. Es ist unklar, auf welchen Spielerkreis für die Berechnung des „Spielerfaktors" zurückgegriffen werden soll. Ferner ist nicht erkennbar, ob auch Spieler, die bereits seit mehreren Jahren professionell Fußball spielen, in die Berechnung einbezogen werden sollen oder nur die Spieler, die in der laufenden Saison den Durchbruch geschafft haben. Bei letztgenannter Betrachtungsweise führt der Wortlaut des Art. 6 Ziffer 3 Ausführungsbestimmung/FIFA dazu, dass der „Spielerfaktor" geringer wird, je mehr ausgebildete Spieler den Durchbruch schaffen. Zieht man die Grundsatzvereinbarung zwischen EU und FIFA heran, so ergibt sich für die Auslegung des Art. 6 Ziffer 3 Ausführungsbestimmung/FIFA nachfolgendes Bild:

Im Anhang I B Nr. 2 der Grundsatzvereinbarung heißt es:

„Der „Spielerfaktor" ist das Verhältnis zwischen der Anzahl der Auszubildenden und der Anzahl der Profispieler. (...)"

Dies lässt darauf schließen, dass für die Berechnung des „Spielerfaktors" die Anzahl der Auszubildenden durch die Anzahl der Profispieler dividiert wird, da nur so der „Spielerfaktor" steigt, wenn mehr Spieler ausgebildet werden. Allerdings geht auch aus der Grundsatzvereinbarung nicht hervor, welche Auszubildenden zu welchen Profispielern ins Verhältnis gesetzt werden sollen, die einer Mannschaft oder die eines Vereines. Ein Rückgriff auf die Grundsatzvereinbarungen birgt allerdings die Gefahr, dass lediglich Vereine der 1. und 2. Bundesliga einen „Spielerfaktor" haben können, da in Deutschland nur diese Vereine Profispieler in ihrem Kader haben. Im Ergebnis lässt sich allein durch einen Rückgriff auf die getroffenen Vereinbarungen die aufgeworfenen Frage nicht klären. Darüber hinaus bleibt weiterhin die Frage offen, wie Spieler bei der Berechnung des „Spielerfaktors" zu berücksichtigen sind, die vor ihrem 21. Geburtstag ihre Ausbildung offensichtlich vollendet haben.

Abschließend ist die Regelung des Art. 9 Ziffer 2 Ausführungsbestimmung/FIFA aus Vereinssicht äußerst bedenklich, denn dort heißt es:

„Der neue Verein ist für die Berechnung der Trainings- und Ausbildungsentschädigung sowie des Verteilerschlüssels für die Summe gemäss der bisherigen Karriere des Spielers zuständig. Falls nötig unterstützt der Spieler den neuen Verein bei der Erfüllung dieser Verpflichtung."

Dies wird die betroffenen Vereine vor erhebliche administrative Probleme stellen und enorme Kosten verursachen. Gemäß Art. 8 lit. a Ausführungsbestimmung/FIFA sind nämlich alle Vereine, bei denen der Spieler seit seinem 12. Geburtstag spielberechtigt war, entschädigungsberechtigt. Aufgrund des vorgenannten Art. 9 Ausführungsbestimmungen/FIFA ist es Aufgabe des aufnehmenden Vereines, diese Vereine dem anzuwendenden Schlüssel entsprechend zu entschädigen. Mit anderen Worten: Der aufnehmende Verein hat alle Vereine zu ermitteln, bei denen der Spieler seit seinem 12. Lebensjahr gespielt hat. Erst wenn die Karriere des Spielers nicht mehr zurückverfolgt werden kann, ist der aufnehmende Verein berechtigt, die Entschädigungszahlung an den entsprechenden Nationalverband zu leisten[711]. Völlig ungeregelt ist dagegen die Frage, was passiert, wenn mehrere Vereine behaupten, der Spieler sei für einen bestimmten Zeitraum in seiner Karriere für sie spielberechtigt gewesen. In den Ausführungsbestimmungen ist nur geregelt, wie mit Vereinen verfahren werden kann, die ihren Verpflichtungen im Zusammenhang mit der Zahlung der „Trainings- und Ausbildungsentschädigung" nicht nachkommen[712]. Hier lauern für die betroffenen Vereine sowohl juristische (z.B. Zahlung an den falschen Verein) als auch erhebliche wirtschaftliche Risiken.

II. Umsetzung in nationales Verbandsrecht

Die wortgetreue Umsetzung der Regelungen zur „Trainings- und Ausbildungsentschädigung" erscheint wenig sinnvoll, da dies sowohl auf praktische als auch juristische Bedenken stößt. Überlegenswert erscheinen daher Umsetzungsmodelle, die sich an dem mit der „Trainings- und Ausbildungsentschädigung" verfolgten Zweck orientieren.

Aus Ziffer 2 der Grundsatzvereinbarung zwischen der Europäischen Union und der FIFA vom 6. März 2001 ergibt sich der Zweck, der mit der „Trainings- und Ausbildungsentschädigung" verfolgt wird. Dort heißt es:

---

711 Art. 8 lit. d Ausführungsbestimmungen/FIFA, Anlage 3.

712 Art. 9 Abs. 3 Ausführungsbestimmungen/FIFA, Anlage 3.

„Es ist im Sinne der Talentförderung und des allgemeinen Wettbewerbs im Fußball, wenn Vereine einen finanziellen und sportlichen Anreiz erhalten, in die Ausbildung junger Spieler zu investieren. Alle beteiligten Vereine sollten für ihren geleisteten Beitrag (...) entschädigt werden."

Ziel der „Trainings- und Ausbildungsentschädigung" ist es also, den ausbildenden Vereinen nicht nur die Kosten der Ausbildung zu ersetzen, sondern auch einen Anreiz zu schaffen, um überhaupt auszubilden. Das Ziel der vermehrten Ausbildung von jungen Fußballtalenten steht also im Vordergrund. Dieses Ziel lässt sich aber durch einfachere und somit wirtschaftlich kostengünstigere Modelle ebenfalls erreichen.

Die Situation im Lizenzfußball in Deutschland ist zur Zeit dergestalt, dass es innerhalb der 1. und 2. Bundesliga ein wirtschaftliches Gefälle zwischen den Vereinen gibt. Oben steht der Branchenführer F.C. Bayern München und am unteren Ende stehen Vereine aus der 2. Bundesliga, die ihrer wirtschaftlichen Struktur nach eher in die Regionalliga gehören.

Diese Situation, dass es ein wirtschaftliches Gefälle zwischen verschiedenen Teilen eines Ganzen gibt, ist in der Bundesrepublik Deutschland nicht unbekannt. Hier fallen mir zwei parallele Situationen ein, die evtl. für ein Umsetzungsmodell herangezogen werden können.

Zum einen ist dies der zwischen den einzelnen Bundesländern stattfindende „Länderfinanzausgleich"[713] und zum anderen der sogenannte „Solidaritätszuschlag", den die alten Bundesländer im Zuge der Wiedervereinigung an die neuen Bundesländer zahlen.

1. Exkurs: Der Länderfinanzausgleich

Das Grundgesetz verpflichtet in Art. 106 Abs. 3 den Gesetzgeber auf die Zielsetzung, die Einheitlichkeit der Lebensverhältnisse zu gewährleisten. Große Unterschiede in der Finanzkraft der Bundesländer sind durch Ausgleichszahlungen zu verringern. Der Finanzausgleich beinhaltet mithin das gesamte System, nach dem sich öffentliche Aufgaben, Ausgaben und Einnahmen auf die verschiedenen Gebietskörperschaften des Staates verteilen. Der vertikale Finanzausgleich regelt die Beziehungen zwischen Gebietskörperschaften auf unterschiedlichen Ebenen, d.h. zwischen Bund und Bundesländern sowie zwischen Bundesländern, Gemeindeverbänden und Gemeinden. Der horizontale Finanzausgleich regelt die Beziehungen zwischen den Hoheitsträgern der gleichen Stu-

[713] Für die Frage der Verfassungsmäßigkeit des Länderfinanzausgleich, vgl. BVerfG, 2 BvF 2/98 vom 11.11.1999, Absatz-Nr. (1 - 347), http://www.bverfg.de.

fe. Die Aufgabenverteilung wird als aktiver, die Verteilung der Einnahmen als passiver Finanzausgleich bezeichnet.

Das eigentliche Instrument zur Angleichung der Länderfinanzkraft ist der Länderfinanzausgleich (horizontaler Finanzausgleich zwischen Gebietskörperschaften derselben Ebene) mit einem Volumen von 11,9 Mrd. DM im Jahre 1997. Dabei zahlen die reichen Bundesländer an die armen ungebundene Transfers, bei denen die Empfängerländer frei über die Bestimmung der Gelder entscheiden können. Für die Festlegung dieser Ausgleichbeträge ist die Finanzkraft eines Landes maßgeblich, die auf Basis des Steueraufkommens pro Kopf berechnet wird. Berücksichtigt wird etwa auch die besondere finanzielle Belastung von Stadtstaaten.

2. Exkurs: Der Solidaritätszuschlag

Seit dem 1. Januar 1995 wird ein Zuschlag zur Lohn-, Einkommen- und Körperschaftsteuer erhoben. Bemessungsgrundlage bei der Einkommensteuer ist die für den Veranlagungszeitraum unter Berücksichtigung von Freibeträgen nach § 32 Abs. 6 EStG festgesetzte Einkommensteuer.
Bei der Körperschaftsteuer bemisst sich der Solidaritätszuschlag nach der für den Veranlagungszeitraum festgesetzten Körperschaftsteuer, vermindert um die anzurechnende Körperschaftssteuer, wenn ein positiver Betrag verbleibt.

Soweit für Veranlagungszeiträume Vorauszahlungen zur Einkommensteuer oder Körperschaftsteuer zu leisten sind, sind diese Bemessungsgrundlage für den Solidaritätszuschlag. Zur Berechnung der Vorauszahlungen auf den Solidaritätszuschlag zur Einkommensteuer sind nur die Kinderfreibeträge (nicht die Betreuungsfreibeträge) in die Bemessungsgrundlage einzubeziehen. Wird die Einkommensteuer im Steuerabzugsverfahren erhoben (Lohnsteuer, Kapitalertragsteuer, Steuerabzug bei beschränkt Steuerpflichtigen), so ist die Bemessungsgrundlage der einbehaltene Steuerbetrag. Bei der Veranlagung zur Einkommensteuer oder Körperschafsteuer wird der bei Vorauszahlungen, Lohnsteuerabzug und Kapitalertragsteuerabzug aufgeschlagene Solidaritätszuschlag verrechnet. Der Solidaritätszuschlag beträgt 5,5% der maßgebenden Bemessungsgrundlage.

3. Entwicklung eines Ausgleichmodells

Ein alternatives Ausgleichsmodell muss so gestaltet sein, dass es die Probleme vermeidet, die das vorliegende System für die Zahlung „Trainings- und Ausbildungsentschädigung“ beinhaltet.

Aus juristischer Sicht ist die entscheidende Schwierigkeit die Tatsache, dass die Zahlung der „Transfer- und Ausbildungsentschädigung" an den konkreten Transferfall gebunden ist, dabei aber die konkreten Kosten nicht berücksichtigt werden. Dies macht die aktuelle Regelung juristisch angreifbar.

Aus praktischer Sicht sind die einzelnen Bestimmungen zu Fragen, welcher Spieler „Auszubildender" ist und welcher Berechnungsmodus des sogenannten „Spielerfaktors" existiert, problematisch. Hinzu kommt noch die Tatsache, dass der Verein für die Berechnung und Verteilung der Ausbildungsentschädigung zuständig ist. Ein alternatives Modell sollte also vom „Transfer-Einzelfall" gelöst sein, um die wahrscheinlich unmögliche Ausbildungskostenumlage auf den einzelnen Spieler zu vermeiden und weiter die Berechnungsgrundlage eindeutig zu normieren so wie die Zahlung so kostengünstig wie möglich zu gestalten.

Unter der Zuhilfenahme der Systeme von Länderfinanzausgleich und Solidaritätszuschlag lässt sich daher ein System schaffen, das die Ausbildung von jungen Spielern für die jeweiligen Vereine finanziell vergütet, ohne dabei den einzelnen Spieler mit „Ablösesummen" zu belasten.

Zunächst sollte, um das administrative Problem für die einzelnen Vereine zu lösen, die Verwaltung der Ausbildungsentschädigung zentral beim DFB erfolgen. Am sinnvollsten wäre es, dort einen „Förderungsfonds Nachwuchs" einzurichten.

Um die rechtliche Problematik zu vermeiden, dass die Höhe der Ausbildungsentschädigung nur an die Kosten geknüpft ist, die die Ausbildung verursacht hat, sollte eine pauschale Abgabe eingeführt werden. Diese Abgabe kann derart ausgestaltet sein, dass der Verein, der einen Spieler kauft, an den DFB einen Anteil der Ablösesumme zahlt, die sich ungefähr an den Ausbildungskosten orientiert. Hier ist an eine Staffellösung zu denken; mit anderen Worten:

Je höher die Ablösesumme ist, um so niedriger wird der prozentuale Anteil, der an den DFB abzuführen ist. Müssen z.B. bei einer Ablösesumme von € 100.000,-- noch 5% (= € 5.000,--) an den DFB abgeführt werden, sind dies bei € 10 Mio. nur noch 0,5% (= € 50.000,--). Dies erscheint deshalb sinnvoll, da die hohen Ablösesummen in der Regel nicht auf eine teurere Ausbildung zurückzuführen sind, sondern auf die Tatsache, dass mit Spielern wie Zidane oder Ballack zum einen der sportliche Wert der gesamten Mannschaft erheblich gesteigert wird, und zum anderen mit diesen Spielern auch „Markennamen" transferiert werden und über den Bereich des Merchandising den Vereinen ganz andere Einnahmequellen zur Verfügung stehen.

Weiterhin sollten auch Aufhebungsverträge von der „Ausbildungsentschädigung“ erfasst sein. Ohnehin werden die meisten Spielertransfers im Zusammenhang mit Aufhebungsverträgen abgewickelt. Und auch nur in diesem Zusammenhang ist es überhaupt zulässig, eine Ablösesumme zu verlangen. Das hier vorgeschlagene System sollte auf Spieler begrenzt sein, die noch keine 23 Jahre alt sind, um eine zeitliche Nähe zwischen Ausbildung und Transfer zu schaffen. Bei Transfers von älteren Spielern wäre folglich keine „Trainings- und Ausbildungsentschädigung“ mehr zu leisten. Denkbar wäre es auch, für die Spieler ein Punktesystem einzuführen und ihnen je nach Alter und Leistungsstand entsprechende Punktzahlen zukommen zu lassen, um so evtl. Zahlungen im Rahmen eines Aufhebungsvertrages, die sich primär am wirtschaftlichen Wert des Spielers orientieren und weniger an seinem sportlichen, herauszufiltern.

Es wäre auch möglich, dass die Zahlungen sich an einer sogenannten „Transferbilanz“ orientieren. Mit anderen Worten, nur die Vereine, die mehr Spieler kaufen als verkaufen, müssen Zahlungen an den Ausbildungsfonds des DFB leisten. Welche Möglichkeit letztlich sinnvoller ist, ist eine Frage, die an dieser Stelle nicht erörtert werden muss.

An einem bestimmten Fixtag im Jahr erfolgt dann die Umverteilung des Fonds an die Vereine. Bei der Frage, wie viel die einzelnen Vereine erhalten, erscheint ein Punktesystem die geeignetste Lösung. Anhand verschiedener Kategorien werden an alle Vereine Punkte vergeben. Folgende Faktoren kämen z.B. in Frage:

- Anzahl der Jugendmannschaften,
- Anzahl der Spieler unter 23 Jahre,
- Anzahl der Spieler in Schüler- oder Jugendauswahlmannschaften,
- Anzahl der Spieler die innerhalb von 1-5 Jahren einen Profivertrag unterschrieben haben,
- usw.

Auch hier sind noch zahlreiche Varianten denkbar, die eine genauere Erfassung der Faktoren ermöglichen, die Ausdruck einer erfolgreichen Ausbildung sind.

Zu dem oben genannten Fixtag wird dann festgestellt, wie viel Punkte insgesamt vergeben worden sind. Der Anteil des Fonds, der ausgeschüttet wird, wird durch die Anzahl der insgesamt vergebenen Punkte geteilt, um zu ermitteln, wie viel der einzelne Punkt wert ist. Jeder Verein, der Punkte erwirtschaftet hat, erhält dann seinen Anteil am Gesamtfonds ausgeschüttet.

Diese Regelung hat gegenüber der zur Zeit gültigen mehrere Vorzüge. Durch die Einbindung des DFB und auch seiner Regionalverbände ist sie in der Verwaltung kostengünstiger, da sie auf bestehende Strukturen zurückgreifen kann. Sie ist auch aus rechtlicher Sicht unbedenklich, da es sich um eine freiwillige Zahlung der Vereine handelt, die den eigentlichen Transfer eines Spielers nur als Zahlungsanlass nimmt, nicht aber als Zahlungsgrund. Die Zahlung wäre insoweit vergleichbar mit dem oben erläuterten Solidaritätszuschlag.

Aufgrund des vorgestellten Punktesystems ist in der Praxis davon auszugehen, dass bei den zur Zeit vorherrschenden Strukturen im Vereinsfußball die wirtschaftlich starken Vereine eher zu den Zahlungspflichtigen und die wirtschaftlich schwachen Vereine eher zu den Zahlungsempfängern gehören dürften. Insofern würde unter Zuhilfenahme der Verbandsstrukturen eine Art „horizontaler" Ausgleich zwischen den Vereinen stattfinden.

B. Die Vertragsstabilität

Im Anschluss an die „Bosman-Entscheidung" haben viele Vereine die Spieler mit langfristigen Verträgen an sich gebunden, sicherlich nicht nur, um sich die Dienste des Spielers möglichst lange zu sichern, sondern auch um Vereine, die an einer Verpflichtung eines solchen Spielers interessiert sind, zu Verhandlungen über Aufhebungsverträge zu zwingen, wobei die Zustimmung des abgebenden Vereines von der Zahlung einer „Ablösesumme" abhängig gemacht wurde.

Diese Vorgehensweise wurde von den EU-Kommissaren kritisiert, denn sie sahen darin eine Umgehung der „Bosman-Entscheidung" und eine Einschränkung der Freizügigkeit von Berufsfußballspielern[714]. Diese Haltung der EU-Kommissare wurde nicht zuletzt durch die immer astronomischeren Ablöseforderungen der abgebenden Vereine gefördert. Die Höhe der Transfersummen entwickelte sich in der Zeit nach Bosman immer rasanter. 1999 zahlte Inter Mailand 91 Mio. DM an Lazio Rom für den Wechsel des Spielers Christian Vieri, bereits ein Jahr später überwies Lazio Rom 110 Mio. DM an den AC Parma für den Spieler Hernan Crespo und ebenfalls im Jahr 2000 war dem Verein Real Madrid der Wechsel des portugiesischen Nationalspielers Luis Figo von Barcelona 118 Mio. DM wert[715]. Im Sommer 2001 schließlich wurde mit dem Wechsel des Franzosen Zinedine Zidane der vorläufige Gipfel der Transfersummen erreicht. Zidane wechselte für die Rekordsumme von 147 Mio. DM von Juventus Turin zum spanischen Rekordmeister Real Madrid[716]. Allerdings zeigten sich

[714] WAZ vom 31. August 2000 und 1. September 2000, http://www.waz.de.; Kelber, NZA 2001, S. 12.

[715] Der Spiegel vom 14. April 2001, S. 158.

[716] Kölner Stadt Anzeiger vom 10. Juli 2001, http://www.ksta.de.

auch die deutschen Vereine im Sommer 2001 nicht geizig und investierten insgesamt 276 Mio. DM in neue Spieler[717]. Rekordhalter in Sachen „Transfersummen“ ist dabei der Verein Borussia Dortmund, der für den brasilianischen Angreifer Marcio Amoroso 50 Mio. DM zahlte und damit den teuersten Bundesligatransfer aller Zeiten tätigte[718].

Aufgrund dieser Entwicklungen forderten die EU-Kommissare, dass die Fußballprofis in der Lage sein müssen, wie jeder andere Arbeitnehmer auch, ihre Arbeitsverhältnisse unter Einhaltung der gesetzlichen Kündigungsvorschriften einseitig ordentlich aufkündigen zu können[719]. Die EU-Kommission glaubte durch eine solche Regelung das Ablösekarussell stoppen zu können sowie dafür zu sorgen, dass Spieler, trotz bestehender Verträge, nicht zu Spekulationsobjekten gemacht werden. Vor dem Hintergrund dieser Auffassung zwang die EU-Kommission die FIFA zum Handeln. Ergebnis der Verhandlungen sind die in den Transferstatuten der FIFA neu festgelegten Artikel zur „Wahrung der Vertragsstabilität“.

Auch mit Blick auf diese Neuregelung muss die Kritik negativ ausfallen. Neben den erläuterten rechtlichen Bedenken ist die Regelung auch aus praktischer Sicht ungeeignet, um das verfolgte Ziel einer Senkung der Ablösesummen sowie einer Einhaltung der abgeschlossenen Verträge zu erreichen. Die Regelung zur ordentlichen Vertragsauflösung ist sowohl aus Vereins- als auch aus Spielersicht bedenklich.

I. Praktische Gesichtspunkte

Aus praktischer Sicht erscheinen bei den Art. 21 ff. Transfer-Statuten/FIFA drei Dinge bedenklich. Dies ist zum einen die äußerst kurze Kündigungsfrist, die neben den rechtlichen Problemen auch die Beteiligten vor erhebliche praktische Probleme stellen dürfte. Zweitens erhält der Art. 22 Transfer-Statuten/FIFA einen Passus, wonach Ablösesummen für den Fall eines einseitigen Vertragsbruches festgeschrieben werden können, was im Ergebnis die Intention der EU ad absurdum führen wird. Schließlich schweigt die Neuregelung völlig zu der Frage von Aufhebungsverträgen, die letztlich für den sprunghaften Anstieg der Transfersummen zumindest mitverantwortlich gemacht werden müssen.

---

717 Die Welt vom 12. Juli 2001, S. 26.
718 WAZ vom 5. Juli 2001, http://www.waz.de.
719 EU-Kommissar Monti in der FAZ vom 1. September 2000, S. 40.

In Art. 21 Abs. 2 lit. c der Transferstatuten/FIFA wird wie folgt formuliert:

„Wird der Vertrag nicht binnen 15 Tagen nach dem letzten offiziellen Spiel der Landesmeisterschaft des Klubs, bei dem der Spieler zugelassen ist, gekündigt (...).“

Neben der Kürze der Kündigungsfrist ist ebenfalls zu bedenken, dass der Abstand zwischen der alten und der neuen Saison nur ca. sechs Wochen beträgt, so dass es im Ergebnis dazu kommen kann, dass einem Verein bzw. einem Spieler sechs Wochen vor Beginn der neuen Saison die Kündigung präsentiert wird. Dies könnte den Verein bei einer Kündigung von Leistungsträgern vor erhebliche sportliche Probleme stellen, da zu diesem Zeitpunkt die Planung für die nächste Saison bereits abgeschlossen sein wird und ein adäquater Ersatz auf dem Spielermarkt - wenn überhaupt - nur gegen sehr viel Geld zu erhalten sein wird. Auch für einen betroffenen Spieler ist die Situation nicht viel besser, da seine potentiellen Arbeitgeber in der Regel ihre Saisonplanung bereits abgeschlossen haben, so dass er im Zweifel nur gegen finanzielle Zugeständnisse einen Vertrag bekommen wird. Bei dem Spieler ist noch zu bedenken, dass sich seine Chancen auf dem Arbeitsmarkt erheblich verschlechtern, wenn es ihm nicht gelingt, für die neue Saison einen Verein zu finden. Es mangelt ihm dann an Spielpraxis und Trainingsmöglichkeiten, so dass er unter Umständen gezwungen sein kann, weitere Zugeständnisse zu machen, um überhaupt einen Verein zu finden. Für den Spieler bedeutet dies einen Teufelskreis.

Unklar anhand der vorgenannten Regel ist auch, ob der Vertrag bereits zu einem früheren Zeitpunkt gekündigt werden kann oder ob die Kündigung nur für diesen Zeitraum zulässig ist. Die Ausführungsbestimmungen zu den Transferstatuten der FIFA sind mit Bezug auf den Punkt der „Vertragsstabilität“ äußerst unergiebig.

In den Transferstatuten der FIFA steht unter Art. 21 Abs. 2 folgendes:

2. a) Ein einseitiger Vertragsbruch ohne triftigen Grund oder ohne sportlich triftigen Grund nach den ersten drei bzw. zwei Jahren zieht keine sportlichen Sanktionen nach sich, mit der Ausnahme möglicher sportlicher Sanktionen gegen einen Verein und/oder einen Spieleragenten, auf dessen Anstiftung es zum Vertragsbruch kam. Eine Entschädigung wird fällig.

b) Ein Vertragsbruch wie im vorigen Absatz beschrieben ist während der laufenden Saison nicht erlaubt.

c) Wird der Vertrag nicht binnen 15 Tagen nach dem letzten offiziellen Spiel der Landesmeisterschaft des Klubs, bei dem der Spieler zugelassen ist, gekündigt, können durch die Kammer zur Beilegung von Streitigkeiten disziplinarische Maßnahmen verhängt werden.

Gemäß Art. 21 Abs. 2 lit. b Transferstatuten/FIFA ist also ein „Vertragsbruch" während der laufenden Saison nicht erlaubt. Dies ist so zu verstehen, dass die Erklärung über die Beendigung des Vertragsverhältnisses zwar jederzeit möglich ist, aber ein Wechsel gemäß Art. 21 Abs. 2 lit. c Transferstatuten/FIFA wohl erst zum Ende der Saison erfolgen kann. Völlig eindeutig ist diese Auslegung allerdings auch nicht, da aus den Transferstatuten der FIFA nur hervorgeht, dass der Vertrag binnen 15 Tagen nach dem letzten offiziellen Spiel der Landesmeisterschaft des Klubs zu kündigen ist. Wann dann allerdings ein Wechsel zu vollziehen ist bzw. zu welchem Termin die Kündigung erklärt werden kann, ist nicht ersichtlich. Die von der FIFA verwandte Formulierung ließ auch den Schluss zu, dass ein Spieler oder Verein die Kündigung des Vertrages in der entsprechenden Frist erst zum Ende der nächsten Saison erklärt. Festzuhalten bleibt, dass die Möglichkeit einer Kündigung binnen 15 Tagen nach Saisonende möglich ist und die Betroffenen damit vor die genannten Probleme stellt.

In diesem Zusammenhang sollte nicht unerwähnt bleiben, dass bei Streitigkeiten, ob eine wirksame Kündigung ausgesprochen wurde bzw. ob ein Kündigungsgrund vorgelegen hat, gemäß Art. 42 der Transferstatuten/FIFA die Kammer zur Beilegung von Streitigkeiten der FIFA-Spielerstatut-Kommission angerufen werden kann. Diese entscheidet innerhalb von 30 Tagen bzw. bei komplizierteren Fällen innerhalb von 60 Tagen über den Fall[720]. Gegen die Entscheidung der Kammer ist die Berufung zum Schiedsgericht des Fußballs zulässig[721]. Diese entscheidet wiederum innerhalb von 60 bzw. 90 Tagen über den Fall. Dies könnte dazu führen, dass über die Kündigung eines Vereines oder Spielers frühestens innerhalb von 90 Tagen, wenn die Kündigung mit dem Ende des letzten Saisonspiels erfolgt, oder spätestens innerhalb von 165 Tagen (15+60+90) entschieden wird. In jedem Fall wird die endgültige Entscheidung mitten in der neuen Saison gefällt werden. Zwischen der Spielzeit 2000/2001, die am 19. Mai 2001 endete, und der Spielzeit 2001/2002, die am 28. Juli 2001 begann, lagen 11 Wochen, d.h., wäre in einer Kündigungsstreitigkeit die Kammer zur Beilegung von Streitigkeiten der FIFA-Spielerstatut-Kommission angerufen worden, so hätte, eine evtl. Berufung eingerechnet, die Entscheidung frühestens zum 3. Spieltag (11. August 2001) bzw. spätestens zum 11. Spieltag (27. Oktober 2001)

---

720 Art. 42 Abs. 1 lit. b Satz 1 und Satz 2 Transfer-Statuten/FIFA, Anlage 2.

721 Art. 42 Abs. 1 lit. c Transfer-Statuten/FIFA, Anlage 2.

erfolgen können. Eine Planungssicherheit für die Beteiligten ist aufgrund dieser Regelung nicht mehr gegeben.

In die Kritik geraten war der Fußball nach der Entscheidung in Sachen „Bosman" auch deshalb, weil sich an der Zahlung einer Ablösesumme scheinbar nichts geändert hatte und diese immer neue Höhen erreichte. Obwohl es Spielern und Vereinen aufgrund der geänderten Statuten möglich ist, Verträge einseitig aufzulösen, wird wieder eine Entschädigung fällig[722]. Neben der rechtlichen Problematik, die oben erläutert wurde, scheint diese Regelung an der Intention der EU-Kommission vorbeizugehen. Diese hatte gerade die enormen Ablösesummen zum Anlass genommen, in die bestehenden Verhältnisse einzugreifen. Wenn nun aber die Möglichkeit besteht, wie in Art. 22 der Transferstatuten/FIFA ausdrücklich vorgesehen, eine Entschädigungszahlung vertraglich festzulegen, wird diese Intention unterlaufen. Vereine werden sich die Dienste der Leistungsträger ihrer Mannschaft durch astronomische Ablösesummen absichern lassen, was zur Folge hat, dass zum einen die Kündigungsmöglichkeit der Spieler ins Leere läuft und zum anderen sich an der Höhe der Ablösesummen nicht viel ändern wird, vielmehr ist eher mit einer Steigerung zu rechnen.

Schließlich ist darauf hinzuweisen, dass in der Praxis zulässigerweise in der Regel mit Aufhebungsverträgen gearbeitet wird. Dies ist im Grundsatzpapier zwischen der EU und der FIFA aus März 2001 auch berücksichtigt worden. Dort heißt es unter Ziffer 3.5:

„Vertragsauflösung in beiderseitigem Einvernehmen

Eine Vertragsauflösung in beiderseitigem Einvernehmen wird dem zuständigen Nationalverband mitgeteilt, so dass der internationale Freigabeschein ausgestellt werden kann."

Auch wenn der Aufhebungsvertrag als solcher in der verbandsrechtlichen Umsetzung der Grundsatzvereinbarung durch die FIFA keinerlei Erwähnung mehr gefunden hat, wird nicht von der Hand zu weisen sein, dass die Praxis solcher Vereinbarungen nach wie vor zulässig ist, da es den Parteien eines jeden Vertrages freisteht, diesen einvernehmlich aufzuheben[723]. In dieser Hinsicht ist also zu erwarten, dass die Beteiligten weiterhin mit Aufhebungsverträgen operieren werden, nicht zuletzt auch deswegen, um so die komplizierte FIFA-Regelung zu umgehen.

---

[722] Art. 21 Abs. 2 lit. a Transfer-Statuten/FIFA, Anlage 2.
[723] OLG Düsseldorf, NJW-RR 2001, S. 1633, 1633; Fritzweiler, NJW 2002, S. 1016.

II. Umsetzung in nationales Verbandsrecht

Auch im Hinblick auf die „Vertragsstabilität" stellt sich für die in Deutschland beteiligten Parteien die Frage nach einer nationalen Umsetzung. Da es aufgrund des in Deutschland geltenden Rechts unmöglich ist, die Fristenregelung ohne Veränderungen umzusetzen, und auch bei der Vertragsdauer die rechtliche Zulässigkeit einer verbandsinternen Lösung zweifelhaft erscheint, muss für die Umsetzung auf die Intention der EU und der FIFA zurückgegriffen werden.
Ziel einer nationalen Umsetzung muss es daher sein, auf der einen Seite dafür zu sorgen, dass Spieler und Vereine ihre geschlossenen Verträge einhalten und beiden Vertragsparteien ab einem gewissen Zeitpunkt ein ordentliches Kündigungsrecht zur Seite gestellt wird.

Um dieser Zielsetzung gerecht zu werden, soll nachfolgend kurz die Möglichkeit untersucht werden, ob Vorgaben aus anderen sportlichen Bereichen auf den DFB übertragen werden können. Nachfolgend soll daher kurz das Transfersystem in der „National Football League" (NFL) in den USA dargestellt werden.

1. Spielerwechsel und Vertragsstabilität in der NFL[724]

Anders als in Deutschland, wo im Lizenzfußball eine Dreiecksbeziehung zwischen Verband, Vereinen und Spielern existiert, stehen sich in der NFL nur zwei Partner gegenüber: die Liga und die Spieler. Die einzelnen Vereine sind zwar grundsätzlich selbständig, haben aber als sogenannte „franchise" nur eingeschränkte Rechte. Den rechtlichen Rahmen für die Vertragsbeziehungen zwischen den Spielern, die aufgrund der sogenannten „standard player contracts" als Arbeitnehmer an ihren jeweiligen Verein gebunden sind, und den Vereinen bildet der NFL-Tarifvertrag („collective bargaining agreement), welcher zwischen der Spielergewerkschaft NFLPA und den Vereinseignern abgeschlossen wird.

Diese Tarifverträge verfügen über zahlreiche Regelungen, unter anderem auch über solche zum Spielertransfer. Von Interesse für den Lizenzfußball in Deutschland sind insbesondere die Normierungen bezüglich der sogenannten „free agency", also dem Teil der Tarifverträge der den freien Wechsel der Spieler regelt.

Die NFL unterscheidet zwischen den sogenannten „Restricted Free Agents" (RFA) und den „Unrestricted Free Agents" (UFA). Der RFA ist ein Spieler, der drei Spielzeiten in der NFL absolviert hat und dessen Vertrag abgelaufen ist.

---

[724] Ausführlich hierzu: Trommer, Transferregelungen, S. 127 ff..

Jeder andere Verein hat die Möglichkeit, diesen Spieler zu verpflichten. Dem alten Verein des Spielers stehen aber gewisse Rechte zu. Er kann sich einmal durch das sogenannte „Right of first refusal" den Spieler für ein weiteres Jahr verpflichten, oder sich zum anderen durch die sogenannte „draft choice compensation" eine Entschädigung für den Spieler durch vermehrte und bessere Auswahlmöglichkeiten bei den sogenannten „drafts" erzielen. Um sich diese Rechte zu sichern, muss der Verein dem Spieler am ersten Tag der sogenannten „signing period" ein qualifiziertes Vertragsangebot machen. Will der Spieler wechseln, so hat er seinem alten Verein eine schriftliche Mitteilung darüber zu machen, welcher Verein an ihm interessiert ist. Gleichzeitig hat er in dieser Mitteilung die Vertragsdetails offenzulegen. Dies gibt dem alten Verein die Möglichkeit, entweder mit dem Angebot des neuen Vereines gleichzuziehen, was für den Spieler bedeuten würde, dass er ein weiteres Jahr an seinen alten Verein gebunden ist, oder sich innerhalb ausreichender Zeit nach einem adäquaten Ersatz umzuschauen. Entscheidet sich der alte Verein dafür, den Spieler ziehen zu lassen, so kann er eine entsprechende Entschädigung von dem neuen Verein in Form von „draft picks" verlangen, wobei sich die Anzahl der „draft picks" an dem vorher innerhalb der „signing period" gemachten eigenen Vertragsangebot orientiert. Unterlässt es der Verein, dem Spieler ein entsprechendes Angebot zu machen oder zieht er es zurück, so wird aus dem RFA automatisch ein UFA.

Grundsätzlich wird ein Spieler ein UFA, wenn sein Vertrag abgelaufen ist und er mindestens vier Spielzeiten in der NFL verbracht hat. Der UFA kann frei verhandeln, sein Wechsel ist nicht beschränkbar und nicht von Entschädigungen abhängig. Er kann allerdings nur innerhalb der sogenannten „signing period" wechseln. Unterlässt er dies, so fallen die Rechte an ihm wieder an seinen alten Verein zurück, sofern dieser ihm ein qualifiziertes Vertragsangebot unterbreitet hat.

Um den Verlust von Leistungsträgern zu verhindern, kann ein Verein einen UFA zum sogenannten „Franchise Player" bzw. „Transition Player" aufwerten. Dies bedeutet, dass ein Spieler nicht wechseln darf, obwohl er eigentlich wechseln könnte. Nimmt ein Verein diese Option wahr, hat das allerdings zur Folge, dass das Gehalt des Spielers auf das Durchschnittsgehalt der fünf bzw. zehn bestbezahlten Spieler auf seiner Position angehoben werden muss.

2. Entwicklung eines Transfersystems für die Bundesrepublik Deutschland[725]

Aufgrund der oben dargestellten Alternative soll nun kurz erörtert werden, welche Komponenten für das Verbandsgebiet des DFB umgesetzt werden können. Eine sinnvolle Alternative sollte die folgenden Gesichtspunkte berücksichtigen: Die Kündigungsfristen müssen so ausgestaltet sein, dass sich Verein und Spieler möglichst rechtzeitig auf die Vertragsauflösung vorbereiten können. Das System der Verbandsgerichtsbarkeit sollte in dieser Frage so praxisnah wie möglich formuliert werden. Insbesondere sollte es vermieden werden, dass Entscheidungen erst in der kommenden Saison gefällt werden.
Sinnvoll erscheint es zunächst, neben den sogenannten „Transferperioden" auch sogenannte „Vertragsverhandlungsperioden" festzulegen. Zur Zeit können Spieler und Vereine ständig über Vertragsabschlüsse verhandeln, was nicht nur zur Unruhe in der Mannschaft führen kann, sondern auch zur Folge hat, dass sich ein Verein im Grunde nie sicher sein kann, ob ihm ein bestimmter Spieler auch noch in der nächsten Saison zur Verfügung steht. Es wäre daher sinnvoll, in Anlehnung an die beiden Transferperioden auch zwei Vertragsverhandlungsperioden einzuführen, in denen über Verträge verhandelt werden darf. Schließt ein Spieler seinen ersten Profivertrag ab, sollte dieser eine Laufzeit von vier Jahren haben, wobei - ähnlich wie in der NFL - der Spieler ab dem dritten Jahr einen Anspruch auf Aufhebung des Vertrages hat, wenn ihm ein anderer Verein ein für ihn besseres Vertragsangebot unterbreitet und sein alter Verein nicht bereit ist, mit diesem Angebot gleichzuziehen. Ab dem vierten Jahr könnte es dem Spieler dann freistehen, den Verein zu wechseln. Bei einem Wechsel nach dem dritten Jahr, aber vor dem vierten Jahr, wäre dann im Rahmen des Aufhebungsvertrages eine Entschädigung zu zahlen. Um zu verhindern, dass diese Summe ins Astronomische steigt, sollte sie sich an dem Gehalt des Spielers orientieren und eine rechnerische Höchstgrenze, z.B. das Zehnfache des Jahresbruttogehaltes nicht übersteigen.

Zieht man die Entscheidung über einen Wechsel zeitlich vor, so erreicht man dadurch auch, dass eine evtl. verbandsrechtliche Auseinandersetzung zum Beginn der neuen Saison abgeschlossen ist. Ratsam erscheint es daher, Kündigungen und Vertragsverhandlungen in die Winterpause zu verlegen, so dass mit Beginn der Rückrunde praktisch feststeht, welcher Spieler im nächsten Jahr für welchen Verein spielt. In diesem Zusammenhang erscheint es ebenfalls angebracht bezüglich der Aufnahme des Spielers in die Transferliste einen Automatismus in der Gestalt einzuführen, dass Spieler, die mit Ablauf der Saison wechselberechtigt sind, ohne weiteres aufgenommen werden.

---

725 Ausführlich hierzu: Trommer, Transferregelungen, S. 208 ff..

Zusammenfassend sollte auf jeden Fall darauf geachtet werden, ein System zur Vertragsstabilität, so wie es die FIFA in ihren Statuten vorsieht, so einfach wie möglich umzusetzen, um sowohl juristischen als auch praktischen Schwierigkeiten vorzubeugen.

6. Teil
Schlussbetrachtung

Die Neufassung des FIFA-Reglements bezüglich Status und Transfer von Spielern erfolgte aufgrund von Einflussnahmen durch die Politik und war aus rechtlicher Sicht überflüssig. Bemerkenswert erscheint auch, dass es der EU aufgrund ihrer Einflussnahme gelungen ist, das Transfersystem für den weltweiten Fußballsport zu ändern, obwohl der Wechsel eines Spielers von Brasilien nach Argentinien sicherlich nicht am europäischen Recht zu messen ist. Die Intention, den Fußballsport durch entsprechende Regeln transparenter und in wirtschaftlicher Hinsicht ausgeglichener zu machen, ist durchaus ehrenhaft, aber solange zum Scheitern verurteilt, solange man nicht bereit ist zu akzeptieren, worum es im europäischen Fußballsport eigentlich geht, um Gewinnmaximierung. Der Fußball hat sich in den drei Jahrzehnten seit Gründung der Bundesliga von einer reizvollen Nebenbeschäftigung zu einer Wirtschaftbranche entwickelt, die jährlich Milliarden umsetzt. Gleichzeitig aber behindern dieses Wirtschaftsunternehmen Strukturen, die einem sinnvollen Wachstum einer solchen Branche entgegenstehen. Die Einbettung der Bundesliga, auch wenn sie durch Gründung der DFL eine eigene Rechtspersönlichkeit hat, in die Verbandsstrukturen des DFB ist nicht mehr zeitgemäß. Der DFB erfüllt unbestritten im fußballerischen Breitensport sehr bedeutende Aufgaben, ohne die der deutsche Spitzenfußball auf Dauer nicht überleben wird. Die Förderung des eigenen Nachwuchses ist auch für die Spitzenvereine von großer Bedeutung, da nicht zuletzt auch die Fußballnationalmannschaft Aushängeschild des deutschen Fußballs ist. Allerdings sollte die Beziehung zwischen DFB und Lizenzfußball partnerschaftlich geregelt sein. Die Bedürfnisse eines modernen Wirtschaftsunternehmens haben zuwenig Platz in einem Verband, der gerade auch den Fußballamateursport im Auge hat. Die Lizenzvereine müssen sich aber auch ihrer Verantwortung gegenüber dem DFB, insbesondere der Nachwuchsförderung, bewusst sein.

Das Produkt „Spitzenfußball“ ist nur dann zu vermarkten, wenn es sportlich attraktiv bleibt. Der Kunde will für sein Geld ein qualitativ hochwertiges Produkt, und dies bedeutet, dass die Bundesliga sportlich spannend bleiben muss, was wiederum voraussetzt, dass sich die Vereine darüber im klaren sind, dass sie wirtschaftlich voneinander abhängig sind, auch wenn sie allwöchentlich samstags um Punkte ringen. Es ist daher an der Zeit, die beiden deutschen Bundesligen völlig aus den Verbandsstrukturen des DFB zu lösen und sie in die völlige Selbständigkeit zu entlassen. Ähnlich wie die amerikanischen Profiligen sollten sich auch die Bundesligen präsentieren. Im Rahmen einer „Joint Venture Struktur“ wären rechtliche und praktische Probleme einfacher zu lösen als über die verbandsrechtliche Schiene. Gleichzeitig muss sich aber das Unternehmen

„Spitzenfußball" seiner Verantwortung gegenüber dem Breitensport, dem Hauptausbilder seiner Nachwuchskräfte, bewusst sein.

Von Seiten der beteiligten Verbände, Vereine und Spielervertretungen in der Bundesrepublik Deutschland sollte anerkannt werden, dass der Profifußball vor allen Dinge durch wirtschaftliche Interessen gekennzeichnet ist, von denen allerdings auch der Breitensport „Fußball" profitiert.

Die Anerkennung dieser wirtschaftlichen Interessen der deutschen Bundesligavereine und ihre rechtliche Umsetzung durch ein selbständiges „Unternehmen Fußball" wird dazu führen, dass Deutschland auch in Zukunft zu den tonangebenden Ländern in Sachen Spitzenfußball und Spitzenfußballspieler gehören wird, so dass die Aussage des ehemaligen englischen Nationalspielers Gary Lineker auch für die weitere Zukunft Gültigkeit haben wird:

„Fußball ist ein Spiel von 22 Leuten, die rumlaufen, den Ball spielen, und einem Schiedsrichter, der eine Reihe dummer Fehler macht, und am Ende gewinnt immer Deutschland."[726]

---

[726] http://www.fussballarchiv.de/zitate.htm.

Anlage 1

Grundsätze für die Änderung des FIFA-Reglements betreffend internationale Transfers (datiert 6. März 2001)[726]

[726] Die nachfolgende Anlage ist auf Schweizerdeutsch abgefasst.

Grundsätze für die Änderung des FIFA-Reglements betreffend internationale Transfers (datiert 6. März 2001)

Präambel

Nach Ablauf ihres Vertrages können alte Spieler weltweit und grenzübergreifend (das heißt, von einem Land in ein anderes) den Verein frei wechseln. Die Bestimmungen des nachstehenden § 2 betreffend einer Ausbildungsentschädigung bleiben vorbehalten.

1. SCHUTZ MINDERJÄHRIGER SPIELER

Zur Schaffung eines stabilen Umfeldes für das Training und die Ausbildung von Spielern sind internationale Transfers oder Erst-Registrierungen von Spielern unter 18 Jahren nur erlaubt, sofern die folgenden Bedingungen erfüllt sind

a) die Familie des Spielers zieht aufgrund nicht durch den Fußball bedingter Gründe in das Land des neuen ausbildenden Vereins, oder

b) der Wechsel findet innerhalb der EU bzw. des EWR statt und das Alter des Spielers liegt zwischen dem im Land des neuen Vereins gültigen Mindestarbeitsalter und 18 Jahren. In diesem Fall müssen beim neuen ausbildenden Verein entsprechende Vorkehrungen für die Fortführung der sportlichen und schulischen Ausbildung getroffen werden. Zu diesem Zweck wird von den zuständigen Fußballverbänden ein entsprechender Ehrenkodex eingeführt und umgesetzt.

2. AUSBILDUNGSENTSCHÄDIGUNG FÜR JUNGE SPIELER

Es ist im Sinne der Talentförderung und des allgemeinen Wettbewerbs im Fußball, wenn Vereine einen finanziellen und sportlichen Anreiz erhalten, in die Ausbildung junger Spieler zu investieren. Alte beteiligten Vereine sollten für ihren geleisteten Beitrag nach den folgenden Grundsätzen entschädigt werden:

2.1 Training und Ausbildung eines Spielers findet im Alter zwischen 12 und 23 Jahren statt. Grundsätzlich gilt, dass eine Ausbildungsentschädigung bis zum Alter von 23 Jahren für die bis zum Alter von 21 geleistete Ausbildung fällig ist, außer es ist offensichtlich, dass ein Spieler seine Ausbildungszeit vor dem 23. Lebensjahr beendet hatte.

2.2 Unterzeichnet ein Spieler seinen ersten Profivertrag, erhalten seine vorherigen Vereine (bzw. sein vorheriger Verein) eine Entschädigung.

2.3 Eine solche Entschädigung wird bei jedem Vereinswechsel fällig, und zwar bis zum Zeitpunkt, in weichem die Ausbildung des Spielers beendet ist; dieser Zeitpunkt ist generell erreicht, wenn der Spieler 23 Jahre alt ist.

2.4 Die genauen Beträge errechnen sich gemäss den Parametern in Anhang 1.

2.5 Unterzeichnet ein Spieler seinen ersten Profivertrag oder wechselt ein Spieler, der jünger als 23 Jahre alt ist, nach Vertragsende den Verein, so beschränkt sich die Entschädigung auf die Kosten für Training und Ausbildung, die gemäss den Parametern in Anhang 1 berechnet wurden.

2.6 Wechselt ein Spieler, der jünger als 23 Jahre alt ist, während der Laufzeit seines Vertrages den Verein, ist eine Entschädigung für Training und Ausbildung fällig, die gemäss den Parametern in Anhang 1 berechnet wird. Im Fall einer einseitigen Vertragsauflösung gilt darüber hinaus jedoch auch § 3 Abs. 2 unten.

2.7 Ist es nicht möglich, eine Verbindung zwischen dem Spieler und seinem ehemaligen Verein herzustellen, oder meldet sich der betreffende Verein nicht innerhalb von zwei Jahren, nachdem der Spieler seinen ersten Profivertrag unterzeichnet hat, so wird die Ausbildungsentschädigung an den Nationalverband des Landes ausgezahlt, in weichem der Spieler ausgebildet wurde. Die Gelder sind zweckbestimmt für das in dem jeweiligen Land laufende Jugend-Förderungsprogramm.

3. WAHRUNG VON VERTRAGSSTABILITÄT IM FUßBALL

Vorbehaltlich nationaler Gesetze gilt eine Mindestvertragslaufzeit von einem Jahr und eine Höchstlaufzeit von fünf Jahren.

Es wird allgemein anerkannt, dass die Wahrung von Vertragsstabilität aus Sicht der Vereine, der Spieler und der Zuschauer von entscheidender Bedeutung ist. Die vertraglichen Beziehungen zwischen Spieler und Verein müssen nach einem Regelwerk geordnet sein, weiches sich an den besonderen Anforderungen des Fußballs ausrichtet, ein Gleichgewicht zwischen den Interessen des Spielers und denen des Vereins herstellt und die Regelmäßigkeit und das ordentliche Funktionieren eines sportlichen Wettbewerbs erhält.

3.1 Respekt für Verträge

a) Alte Verträge, die bis zum 28. Geburtstag des Spielers unterzeichnet wurden: Falls während der ersten drei Jahre ein einseitiger Vertragsbruch ohne Vorliegen eines triftigen Grundes oder eines triftigen sportlichen Grundes erfolgt, werden sportliche Sanktionen angewandt, und es ist eine Entschädigung fällig.

   Bei Verträgen, die nach dem 28. Lebensjahr abgeschlossen werden, gilt im Grundsatz dasselbe wie oben, jedoch nur während der ersten zwei Jahre.

   Für beide in den vorigen zwei Absätzen definierten Verträge gilt, dass ein einseitiger Vertragsbruch ohne Vorliegen eines triftigen Grundes oder eines triftigen sportlichen Grundes bei taufender Saison nicht erlaubt ist.

b) Ein einseitiger Vertragsbruch ohne triftigen Grund oder ohne triftigen sportlichen Grund nach Ablauf der ersten drei bzw. zwei Jahre zieht keine Sanktionen nach sich, mit der Ausnahme möglicher sportlicher Sanktionen, die gegen einen Verein und/oder einen Spielervermittler wegen Anstiftung zum Vertragsbruch ausgesprochen werden können. Eine Entschädigung wird fällig.

Ein Vertragsbruch wie im vorigen Absatz beschrieben ist während der laufenden Saison nicht erlaubt. Bei Nichtbeachten der Kündigungsfrist können disziplinarische Maßnahmen angewandt werden.

3.2 Entschädigung

Unbeschadet der Bestimmungen des § 6 wird die Entschädigung für einen Vertragsbruch (seitens des Spielers oder des Vereins herbeigeführt) unter gebührender Beachtung des nationalen Rechts, der Besonderheit des Sports sowie aller weiteren objektiven Kriterien berechnet, die für den Fall relevant sind. Zu besagten Kriterien gehören:

(1) das Gehalt und weitere, dem Spieler gewährte Leistungen gemäß dem bestehenden und/oder dem neuen Vertrag;

(2) die verbleibende Vertragslaufzeit (max. fünf Jahre);

(3) die Höhe jedweder, vom alten Verein bezahlter oder diesem entstandenen Gebühren und Auslagen, amortisiert über die Vertragslaufzeit;

(4) die Frage, ob der Vertragsbruch während des "geschützten Zeitraums" lt. § 3 Abs. 1 a oder lt. § 3Abs. 1 b erfolgte.

3.3 Sportliche Sanktionen

Außer unter ungewöhnlichen Umständen (z. B. bei wiederholtem Vertragsbruch seitens eines Vereins oder Spielers) umfassen sportliche Sanktionen, die für einen einseitigen Vertragsbruch ohne triftigen Grund oder ohne triftigen sportlichen Grund angewandt werden,

im Fall des Spielers, wenn der Vertragsbruch am Ende des ersten oder zweiten Vertragsjahrs erfolgt:

Eine Sperre für Pflichtspiele für einen Zeitraum von 4 (vier) Monaten, gerechnet ab dem Beginn der Spielzeit der nationalen Meisterschaft des neuen Vereins. Der Spieler bleibt während dieser Zeit einzig für den Verein spielberechtigt, bei dem er unter Vertrag stand,

Für einseitige Vertragsbrüche nach Ende des dritten Vertragsjahres wird keine Sanktion verhängt, es sei denn, es wurde versäumt, nach dem letzten Spiel der Saison die Kündigung ordnungsgemäß einzureichen. In einem solchen Fall ist die Verhältnismäßigkeit der Sanktion zu beachten.

Bei erschwerenden Umständen, z. B. dem Versäumen der Kündigungserklärung oder wiederholtem Vertragsbruch, können sportliche Sanktionen in Form einer Sperre von höchstens sechs Monaten ausgesprochen werden.

Im Falle des Vereins, der einen Vertrag bricht oder einen Vertragsbruch bewirkt:

Ein Verbot, einen neuen Spieler, sei es aus dem eigenen Land oder aus dem Ausland, unter Vertrag zu nehmen. Das Verbot erstreckt sich bis zum Ablauf der zweiten Transferperiode, die auf das Datum folgt, an dem der Vertragsbruch wirksam wurde. Ein solches Verbot darf in keinem Fall eine Dauer von 12 Monaten ab Vertragsbruch oder Anstiftung zum Vertragsbruch übersteigen.

Versucht ein Verein, einen Spieler unter Vertrag zu nehmen, der sich eines einseitigen Vertragsbruchs i. S. von §3 Abs. la während des "geschützten Zeitraums" schuldig gemacht hat, so wird dies so gewertet, als habe er (d. Verein) den Spieler zum Vertragsbruch angestiftet.

Unbeschadet der obigen allgemeinen Grundsätze können auch andere Sanktionen sportlicher Natur gegen Vereine ausgesprochen werden. Dazu gehören insbesondere:

- Geldstrafen
- Punktabzüge
- Ausschluss von Wettbewerben

Im Falle eines Spielervermittlers, der an einem Vertragsbruch beteiligt war:

Auch gegen Spieleragenten, die an einem Vertragsbruch beteiligt waren, können gemäss dem Spielervermittler-Reglement der FIFA Sanktionen verhängt werden.

Sanktionen werden durch die Spielerstatut-Kommission der FIFA ausgefällt, wobei ein Berufungsrecht vor dem Fußball-Schiedsgericht lt. § 6 unten besteht.

3.4 Triftige sportliche Gründe

Zusätzlich zu einer Kündigungsmöglichkeit bei Vorliegen triftiger Gründe kann ein Spieler seinen Vertrag auch bei Vorliegen triftiger sportlicher Gründe kündigen.

Jeder Fall einer solchen Kündigung ist einzeln zu prüfen, wobei alte relevanten Umstände mit einzubeziehen sind (Verletzungen, Spielsperren, Position des Spielers, Alter des Spielers usw.). Die Frage des Vorliegens eines triftigen sportlichen Grundes wird grundsätzlich nach Abschluss der Saison und vor Ablauf der entsprechenden Transferperiode untersucht wird.

Im Rahmen des Schiedsverfahrens wird festgelegt, ob eine Entschädigung fällig ist; weiter wird die Höhe einer Entschädigung bestimmt, wenn ein Vertrag aus triftigen sportlichen Gründen gekündigt wird.

3.5 Vertragsauflösung in beiderseitigem Einvernehmen

Eine Vertragsauflösung in beiderseitigem Einvernehmen wird dem zuständigen Nationalverband mitgeteilt, so dass der internationale Freigabeschein ausgestellt werden kann.

4. SOLIDARITÄTSMECHANISMUS

Wechselt ein Spieler während der Laufzeit seines Vertrages den Verein - nach Vollendung seines 23. Lebensjahres oder nach seinem zweiten Transfer (der früher eintretende Anlass gilt) -, so wird ein Anteil (5%) der an den alten Verein gezahlten Entschädigung an die Vereine (bzw. den Verein) umverteilt, die zu seiner Ausbildung und Förderung beigetragen haben. Dies geschieht im Verhältnis zu der Anzahl von Jahren, die der Spieler bei den jeweiligen Vereinen zwischen dem 12. und 23. Lebensjahr verbracht hat.

5. TRANSFERPERIODEN

Zum Schutz der Regularität und zur Wahrung des sportlichen Wettbewerbs gelten einheitlich zwei Transferperioden pro Saison, wobei pro Spieler und Saison nur ein Vereinswechsel erlaubt ist. Die Transferperiode zur Halbzeit der Spielzeit ist beschränkt auf Transfers aus strikt sportlichen Gründen, wie z. B. technische Anpassungen innerhalb der Mannschaft, das Ersetzen verletzter Spieler, oder infolge außergewöhnlicher Umstände.

6. BEILEGUNG VON STREITIGKEITEN, DISZIPLINAR UND SCHLICHTUNGSSYSTEM

Unbeschadet der jedem Spieler bzw. Verein offen stehenden Möglichkeit, ein ordentliches Gericht anzurufen, wird ein System zur Schlichtung und zur Beilegung von Streitigkeiten eingerichtet, das aus folgenden Elementen besteht:

- von der FIFA angebotene Schlichtungsverfahren, die eine kostengünstige, rasche, vertrauliche und informelle Möglichkeit darstellen, eine Streitigkeit durch einen unabhängigen Schlichter beizulegen. Kann eine solche Schlichtung nicht innerhalb eines Monats erzielt werden, sind beide Parteien berechtigt, den Fall der FIFA-Kammer zur Beilegung von Streitigkeiten vorzulegen.

- die innerhalb der Spielerstatut-Kommission der FIFA eingerichtete Kammer zur Beilegung von Streitigkeiten mit einem unabhängigen Vorsitzenden, in der Spieler und Vereine in gleicher Zahl vertreten sind; diese Kammer bestimmt, ob ein Vertragsbruch vorliegt, sie verhängt zur Abschreckung gegen erwiesen unsaubere Praktiken disziplinarische Sanktionen (z. B. zur Sanktionierung eines Vereins, der zum Vertragsbruch angestiftet bzw. diesen betrieben hat.), bestimmt finanzielle Entschädigungen usw. Darüber hinaus ist die Kammer berechtigt, Streitigkeiten betreffend die Zahlung von Ausbildungsentschädigungen zu prüfen; in diesem Zusammenhang ist sie befugt, deutlich unverhältnismäßige Beträge unter Berücksichtigung der jeweiligen Umstände zu korrigieren. Gegen ihre Entscheidungen können beide Parteien vor dem Fußball-Schiedsgericht in Berufung gehen.

- das Fußball-Schiedsgericht unter unabhängigem Vorsitz und nach den Grundsätzen des New Yorker Übereinkommens von 1958, in dem Spieler und Vereine in gleicher Zahl vertreten sind.

Es wird ausdrücklich darauf hingewiesen, dass das System zur Beilegung und Schlichtung von Streitigkeiten alte relevanten Vereinbarungen, Gesetze und/oder Manteltarifverträge, die auf nationaler Ebene bestehen, genauso berücksichtigt wie die besonderen Merkmale des Sports, die in der Erklärung zu den Präsidentschafts-Schlussfolgerungen des Europäischen Rats von Nizza im Dezember 2000 anerkannt wurde.

7. INKRAFTTRETEN

Die oben aufgeführten Bestimmungen treten alle Verträge, die nach der formalen Annahme dieser Bestimmungen durch die zuständige Stelle abgeschlossen werden, vollumfänglich in Kraft.

8. ÜBERPRÜFUNG

In der dritten Saison nach Inkrafttreten dieser Grundsätze wird die FIFA im Rahmen einer allgemeinen Analyse besonders die Umsetzung der Vorschriften betreffend Ausbildungsentschädigung während der zwei vorangegangenen Spielzeiten überprüfen und die Ergebnisse mit den verschiedenen Mitgliedern der Fußball-Familie besprechen.

ANHANG zu den FIFA-Bestimmungen bezüglich internationaler Transfers

Ausbildungsentschädigung für junge Spieler

A. Grundsätze

1. Die Ausbildungszeit eines Spielers, für die der neue Verein eine Entschädigung zu zahlen hat, sollte im Alter von 12 Jahren beginnen und enden, wenn der Spieler das Alter von 23 Jahren erreicht hat (um eine gleichmäßige Behandlung zu gewährleisten, beginnt die Ausbildungszeit für die Berechnung der Entschädigung mit Beginn der Saison seines 12. Geburtstages oder gegebenenfalls in höherem Alter und endet mit Ende der Saison seines 23. Geburtstages).

2. Die Ausbildungsentschädigung wird fällig:

   2.1 beim Transfer von Spielern (bis zum Alter von 23 Jahren), die nicht unter Vertrag stehen oder die am Ende ihres (Ausbildungs- oder Profi-) Vertrages stehen (im Falle des Transfers von Spielern (bis zum Alter von 23 Jahren), die noch unter Vertrag stehen, gelten zusätzlich zur Ausbildungsentschädigung auch die Bestimmungen über vertragliche Stabilität).

   2.2 erstmalig, wenn der Spieler den Nicht-Amateur-Status erwirbt (FIFA-Reglement), d.h. wenn er seinen ersten (Profi- oder Ausbildungs-) Vertrag unterzeichnet.

   2.3 danach bei jedem Transfer bis zum Alter von 23 Jahren, jedoch entsprechend dem Status des Spielers, d.h.:
   - vom Amateur- zum Profi- (Nicht-Amateur) Status.
   - vom Profi- (Nicht-Amateur) zum Profi- (Nicht-Amateur) Status.

3. Eine Ausbildungsentschädigung wird nicht fällig:

   3.1 bei Transfers vom Amateur-Status zum Amateur-Status.
   3.2 bei Transfers vom Profi-Status zum Amateur-Status (Reamateurisierung).
   3.3 wenn ein Verein den Vertrag eines Spielers einseitig ohne triftigen Grund kündigt.

4. Zahlung der Ausbildungsentschädigung:

Als allgemeine Regel soll der zu zahlende Betrag die Kosten widerspiegeln, die erforderlich waren, um den Spieler auszubilden, und sollten zum Nutzen alter Vereine gezahlt werden, die zur Ausbildung des besagten Spielers ab seinem Alter von 12 Jahren beigetragen haben.

4.1 Erste Zahlung (wie in Punkt 2.2 erwähnt): Der zu zahlende Betrag ist zum Nutzen alter Vereine, die zur Ausbildung des besagten Spielers ab seinem Alter von 12 Jahren beigetragen haben. Das Geld würde auf einer anteilmäßigen Basis entsprechend der vollen Jahre ordentlicher und nachgewiesener Ausbildung verteilt werden.

4.2 In Fällen späterer Transfers (wie in Punkt 2.3 erwähnt) von Vereinen, die der dritten oder vierten Kategorie angehören (wie in den Absätzen B. 1. c) und d) dieses Dokumentes definiert), hat der neue Verein dem alten Verein die dem alten Verein entstandenen "Ausbildungskosten" zu bezahlen oder die vom alten Verein bezahlten "Ausbildungskosten" zurückzuerstatten.

<u>B. Berechnung</u>

1. Da es unmöglich ist, die tatsächlichen Ausbildungskosten für jeden einzelnen Spieler zu berechnen, sollten pauschale Ausbildungstarife festgesetzt und die Vereine gemäss ihren finanziellen Investitionen in die Ausbildung von Spielern kategorisiert werden. Festlegung von 4 Kategorien:

a) Kategorie 1 (höchste Ebene, d.h. Trainingszentrum hoher Qualität)

Alle Vereine der ersten Liga von Nationalverbänden, die im Durchschnitt einen vergleichbaren Betrag in Ausbildung von Spielern investieren. Diese Landesverbände werden auf Basis der tatsächlichen Ausbildungskosten definiert, und diese Kategorisierung kann jährlich überprüft werden.

b) Kategorie 2 (noch professionell, aber auf einer niedrigeren Ebene):

Alle Vereine der zweiten Liga der Landesverbände in Kategorie 1
Alle Vereine der ersten Liga aller anderen Länder mit Profifußball

c) Kategorie 3:

Alle Vereine der dritten Liga der Landesverbände in Kategorie 1
Alle Vereine der zweiten Liga aller anderen Länder mit Profifußball

d) Kategorie 4:

Alle Vereine der vierten Liga und niedrigerer Ligen der Landesverbände in Kategorie 1
Alle Vereine der dritten Liga und niedrigerer Ligen aller anderen Länder mit Profifußball

Alle Vereine der Länder, in denen nur Amateurfußball gespielt wird

2. Festlegung des Betrages, der erforderlich ist, um einen Spieler in jeder dieser Kategorien ein Jahr lang "auszubilden" (d.h. Kosten für die Ausbildung eines Spielers, multipliziert mit einem durchschnittlichen "Spielerfaktor")

   a) Kategorie 1: [noch zu definieren]
   b) Kategorie 2. [noch zu definieren]
   c) Kategorie 3: [noch zu definieren]
   d) Kategorie 4: [noch zu definieren]

   Der "Spielerfaktor" ist das Verhältnis zwischen der Anzahl der Auszubildenden und der Anzahl der Profispieler. Die FIFA/UEFA werden sowohl die Faktoren als auch die Kategorisierung und den Spielerfaktor festlegen und quantifizieren und dabei relevante Daten und Erfahrung berücksichtigen.

   Zur Vermeidung von Missverständnissen dürfen die an einen Spieler gezahlten Gehälter (egal wie alt er ist), der jemals in der ersten Mannschaft gespielt hat, zur Berechnung der Ausbildungskosten nicht herangezogen werden.

3. Die Berechnung würde im Falle des ersten Vertrages und/oder Transfers von jungen Spielern wie folgt aussehen:
   Der unter Punkt 2 entsprechend der Kategorie des ausbildenden Vereins, bei dem der Spieler registriert war, festgesetzte Betrag multipliziert mit der Zahl der Ausbildungsjahre zwischen dem 12. und dem 21. Lebensjahr. Zur Vermeidung von Missverständnissen ist dieser Betrag bis zu der Saison zu bezahlen, in weicher der Spieler 23 Jahre alt wird. Um sicherzustellen, dass als Ausbildungsentschädigung für sehr junge Spieler nicht ein unangemessen hoher Wert angesetzt wird, liegt diese Entschädigung für 12 bis 15 Jahre alte Spieler immer in Kategorie 4.

4. Allgemeiner Grundsatz: Die Ausbildungsentschädigung wird auf Basis der Kosten in der Kategorie des neuen Vereins ermittelt.
   Jedoch innerhalb des Bereiches EU/EWR: Die Ausbildungsentschädigung basiert auf Kosten des ausbildenden Vereines. Es gelten die folgenden Regeln:

   a) Der Spieler wird von einer tieferen in eine höhere Kategorie transferiert: Der berechnete Wert ist der Mittelwert der Ausbildungskosten in den beiden Kategorien.
   b) Der Spieler wird von einer höheren in eine tiefere Kategorie transferiert: Der berechnete Wert basiert auf den Ausbildungskosten des Vereines in der niedrigeren Kategorie.
   c) Der Spieler wird von einem Verein der Kategorie 1, 2 oder 3 zu einem Verein der Kategorie 4 transferiert: Es ist keine Ausbildungsentschädigung zu zahlen.

5. Höchstbetrag: Es wird einen Höchstbetrag geben, der objektiv zu ermitteln ist, um zu gewährleisten, dass die von den Ausbildungsvereinen erhobenen Beträge für Ausbildungsentschädigung nicht unangemessen hoch sind. Für den Bereich EU/EWR wird die FIFA in Beratung mit der UEFA den Höchstbetrag regelmäßig festlegen und quantifizieren.

6. Kaskade

a) Bei jedem Transfer eines Spielers von einem Verein in der dritten oder vierten Kategorie zu einem Verein in einer höheren Kategorie sind 75% des Betrages, der die Kosten der Kategorie des „alten“ Vereines übersteigt, auf einer anteilmäßigen Basis an all die Vereine weiterzuverteilen, die den Spieler ab dem Alter von 12 Jahren an ausgebildet haben.
b) Bei jedem Transfer zwischen zwei Vereinen derselben Kategorie sind 10% des unter Punkt 3 berechneten Betrages auf einer anteilmäßigen Basis an all die Vereine weiterzuverteilen, die den Spieler ab dem Alter von 12 Jahren an ausgebildet haben.

7. Weiterhin sollte innerhalb des Bereiches EU/EWR bei der Bestimmung der vom neuen Verein zu zahlenden Ausbildungsentschädigung berücksichtigt werden, falls der ausbildende Verein dem Spieler keinen Vertrag anbietet.

Anlage 2

FIFA-Reglement bezüglich Status und Transfer von Spielern[727]

[727] http://www.fifa.com/service/pub_E.html; Die nachfolgende Anlage ist auf Schweizerdeutsch abgefasst.

FIFA-Reglement bezüglich Status und Transfer von Spielern

Inhalt:

Männlich und weiblich

Gestützt auf Art. 61 der FIFA-Statuten hat das Exekutivkomitee der FIFA folgendes Reglement erlassen:

Der Einfachheit halber wird in diesem Reglement die männliche Form verwendet, sie gilt jedoch für Männer wie für Frauen.

Präambel

1 Dieses Reglement regelt den Status und die Zulassung von Fussballspielern und enthält die Bestimmungen zum Transfer von Spielern zwischen Vereinen unterschiedlicher Nationalverbände.

2 Die in Art. 30, 31, 32 und 35 sowie in Kapitel I, II, III, X, XI und XIII dieses Reglements festgehaltenen Grundsätze sind auch auf nationaler Ebene verbindlich.

3 Jeder Nationalverband ist verpflichtet, sein verbandsinternes Transferwesen durch Erlass eines Reglements zu organisieren. Das Reglement muss durch die FIFA genehmigt werden. Dieses Reglement muss sich nach den in den folgenden Artikeln aufgeführten Grundsätzen richten und Bestimmungen zur Beilegung von Streitigkeiten im Zusammenhang mit nationalen Transfers (d.h. Transfers innerhalb eines Nationalverbandes) enthalten.

Kapitel I. Spieler-Kategorien

Art. 1

Die Spieler der FIFA-Mitgliedsverbände sind entweder Amateure oder Nicht-Amateure.

Art. 2

1 Als Amateure gelten jene Spieler, die für ihre Teilnahme am Association Football oder für Tätigkeiten im Zusammenhang mit dieser Sportart nie höhere Entschädigungen erhalten haben als den Betrag der tatsächlichen Kosten, die ihnen bei der Ausübung dieser Tätigkeiten entstanden sind.

2 Die Rückerstattung der Auslagen für Reise, Unterkunft und Verpflegung im Zusammenhang mit einem Spiel sowie der Kosten für Ausrüstung, Vorbereitung und

Versicherungen ist zulässig und hat keinerlei Auswirkungen auf den Amateur-Status eines Spielers.

3 Jeder Spieler, der für eine Teilnahme am Association Football oder für Tätigkeiten im Zusammenhang mit dieser Sportart eine Entschädigung erhalten hat, welche den in Absatz 2 erwähnten Betrag überschreitet, gilt als Nicht-Amateur, es sei denn, er habe in Übereinstimmung mit dem nachstehenden Art. 26 Abs. 1 den Status eines Amateurs wiedererlangt.

Art. 3

1 Der Verband legt den Status der bei ihm registrierten Spieler fest.

2 In Streitsachen bezüglich des Status eines Spielers bei einem internationalen Transfer entscheidet die FIFA-Spielerstatut-Kommission.

Kapitel II. Nicht-Amateure

Art. 4

1 Jeder Spieler, der bei seinem Verband als Nicht-Amateur gemeldet ist, muss einen schriftlichen Vertrag mit dem ihn beschäftigenden Verein besitzen.

2 Dieser Vertrag muss eine Mindest-Vertragslaufzeit von einem Jahr und eine Höchstlaufzeit von fünf Jahren haben. Eine Abweichung bei der Vertragslaufzeit ist nur in Übereinstimmung mit der jeweiligen nationalen Gesetzgebung zulässig. Der Vertrag muss allen relevanten Gesetzen, den FIFA-Vorschriften und jeglichen weiteren Vorschriften entsprechen, die vom Nationalverband, dem der Verein des Spielers angehört, gemäss Abs. 2 und 3 der Präambel erlassen wurden.

3 Eine Kopie dieses Vertrages ist beim betreffenden Verband zu hinterlegen und auf Verlangen der FIFA zur Verfügung zu stellen.

4 Einigen sich die Vertragsparteien auf eine vorzeitige Auflösung des Vertrags, haben sie den Nationalverband entsprechend in Kenntnis zu setzen.

Kapitel III. Registrierung von Spielern

Art. 5

1 Ein Spieler, der entweder als Amateur oder Nicht-Amateur in einem Wettbewerb spielen möchte, der von einem Nationalverband organisiert oder anerkannt wird, muss bei diesem Verband registriert sein.

2 Spieler können pro Jahr nur während einer von zwei vom Nationalverband zu diesem Zweck festgelegten Perioden registriert werden. Ein Spieler kann sich innerhalb einer Spielzeit von 12 Monaten maximal einmal neu registrieren lassen. Von diesen Perioden (Registrierungsperioden) wird eine am Ende der Saison festgelegt, die andere in der Mitte der Saison.

3 Ein Verband darf einem Spieler eines anderen Nationalverbands die Spielberechtigung nur dann ausstellen, wenn der neue Verband (i) vom abtretenden Verband eine Bestätigung für die Übertragung der Registrierung erhalten hat (im Folgenden: Internationaler Freigabeschein) sowie (ii) im Falle eines Nicht-Amateurs eine Kopie des Vertrags zwischen dem Spieler und seinem neuen Verein erhalten hat.

4 Auszüge aus diesem Register müssen der FIFA auf Verlangen zur Verfügung gestellt werden.

5 Die Bestimmungen zu den Registrierungsperioden und die für das Register erforderlichen Informationen werden im einzelnen in den Ausführungsbestimmungen zum vorliegenden Reglement (im Folgenden: Ausführungsbestimmungen) geregelt.

Kapitel IV. Internationaler Freigabeschein

Art. 6

1 Ein Amateur oder Nicht-Amateur, der für einen Verein eines Verbandes spielberechtigt ist, darf die Spielberechtigung für einen Verein eines anderen Verbandes nur dann erhalten, wenn der neue Verband im Besitz eines internationalen Freigabescheins ist, der durch den abtretenden Verband ausgestellt wurde.

2 Ein Verband darf den internationalen Freigabeschein von dem Verband, den der Spieler verlassen will, nur dann anfordern, wenn der Verein, zu dem der Spieler wechseln möchte, rechtzeitig um die Spielberechtigung ersucht hat, d.h. während der Registrierungsperiode, welche der Nationalverband für Gesuche um Spielberechtigung festgelegt hat.

3 Wird der Nationalverband des abtretenden Vereins über ein solches Gesuch informiert, ersucht er den Verein und den Spieler umgehend um Bestätigung, ob der Vertrag ausgelaufen

ist, ob der Vertrag in gegenseitigem Einverständnis vorzeitig aufgelöst wurde oder ob eine Streitigkeit zum Vertrag vorliegt.

4 Fordert ein Verband von einem anderen den internationalen Freigabeschein für einen Spieler an, so stellt der abtretende Verband diesen binnen 7 Tagen aus und schickt gleichzeitig eine Kopie des Freigabescheins an das Generalsekretariat der FIFA.

5 Ausnahmeregelung für Abs. 4: Falls durch den Vereinswechsel des Spielers eine Vertragsstreitigkeit entstanden ist (d.h. wenn der Vertrag nicht ausgelaufen ist und kein gegenseitiges Einverständnis über eine frühzeitige Vertragsauflösung besteht), darf der Nationalverband keinen internationalen Freigabeschein ausstellen. Der Nationalverband darf den internationalen Freigabeschein nur dann ausstellen, wenn er über das im Falle eines ungerechtfertigten Vertragsbruchs gefällte Urteil bezüglich der getroffenen Sanktionen informiert wurde. Der betreffende Nationalverband muss den Gesuch stellenden Verband innerhalb von 7 Tagen nach Eintreffen des Gesuchs für den Freigabeschein über das Vorliegen einer Vertragsstreitigkeit benachrichtigen.

6 Wenn nach einer Frist von 14 Tagen nach dem Datum des Gesuchs durch den neuen Verband derjenige Verband, den der Spieler verlassen möchte, keinen Freigabeschein ausgestellt hat, kann der neue Verband das Generalsekretariat der FIFA benachrichtigen und um die Intervention der FIFA ersuchen.

7 Bis zur Ausstellung eines internationalen Freigabescheins ist es dem Spieler auf keinen Fall gestattet, offizielle Spiele für seinen neuen Verein zu bestreiten.

Art. 7

1 Nur der Verband des Vereins, bei welchem sich der Spieler registrieren lassen möchte, kann die Ausstellung eines internationalen Freigabescheins beantragen. Folglich darf ein Verband, der von einem anderen Verband unaufgefordert einen Freigabeschein erhält, den im Freigabeschein genannten Spieler nicht für einen seiner Vereine registrieren, bevor er nicht vom alten Verband einen weiteren Freigabeschein verlangt hat.

2 Der internationale Freigabeschein ist durch den abtretenden Verband in drei Exemplaren auszufertigen und ordnungsgemäss zu unterzeichnen. Zu diesem Zweck ist die Verwendung der durch die FIFA zur Verfügung gestellten Spezialformulare oder von Formularen mit ähnlichem Inhalt vorgeschrieben.

3 Das erste Exemplar (Original) ist dem Gesuch stellenden Verband, das zweite dem Generalsekretariat der FIFA zu schicken. Das dritte Exemplar bleibt im Besitz des Verbandes, den der Spieler verlässt.

4 Ein Verband kann einem Spieler auf der Grundlage eines mittels Telefax übermittelten internationalen Freigabescheins die provisorische Qualifikation für maximal eine Spielzeit innerhalb von 12 Monaten erteilen. Liegt der offizielle internationale Freigabeschein nicht innerhalb dieser Einjahresfrist vor, so gilt der Spieler definitiv als spielberechtigt.

Verbände, die das System der provisorischen Qualifikation dazu ausnutzen, um einem ihrer Spieler während eines bestimmten Zeitraums missbräuchlich die Tätigkeit im Ausland zu ermöglichen, werden bei der FIFA-Disziplinarkommission verzeigt.

Art. 8

1 Die Ausstellung eines internationalen Freigabescheins darf von keinerlei Bedingungen abhängig gemacht werden.

Insbesondere darf die Gültigkeit eines internationalen Freigabescheins nicht auf eine gewisse Dauer befristet sein. Etwaige Klauseln dieser Art auf dem Freigabeschein selbst sind nichtig.

2 Es ist den Verbänden strikte untersagt, für die Ausstellung eines internationalen Freigabescheins irgendwelche Gebühren oder Abgaben zu erheben.

Art. 9

1 Ein Nationalverband, der auf Gesuch eines anderen Verbands einen internationalen Freigabeschein ausstellt, informiert in einer Beilage zum Freigabeschein darüber, ob der transferwillige Spieler bei Eingang des Gesuchs disziplinarisch gesperrt ist.

2 Der übernehmende Nationalverband, der den internationalen Freigabeschein erhält, sorgt für die vollständige Durchsetzung der disziplinarischen Massnahmen gegen den Spieler und informiert den ehemaligen Nationalverband des Spielers anschliessend schriftlich, dass dies geschehen ist.

3 Streitigkeiten in Bezug auf die Frage, ob es sich bei der Sperre um eine disziplinarische Massnahme im Sinne des vorstehenden Abs. 1 handelt, müssen der FIFA-Spielerstatut-Kommission vorgelegt werden.

Art. 10

1 Das Ausleihen eines Spielers durch einen Verein an einen anderen Verein gilt im Sinne dieses Reglements administrativ als Transfer. Dementsprechend muss ein internationaler Freigabeschein ausgestellt werden,

- wenn ein Spieler einen Verband verlässt, um einem anderen Verband beizutreten, dem der Verein angehört, an den er ausgeliehen worden ist;

- wenn die Dauer seiner Ausleihe abgelaufen ist und der Spieler zum Verband des Vereins zurückkehrt, der ihn ausgeliehen hatte.

2 Die Bedingungen bezüglich der Ausleihe eines Nicht-Amateurs (Dauer der Ausleihe, damit verbundene Pflichten) müssen Gegenstand eines separaten, schriftlichen Vertrages

zwischen den beiden Vereinen und dem Spieler sein. Eine diesbezügliche Klausel auf dem internationalen Freigabeschein ist nichtig.

3 Ein Verein, der einen Spieler auf Leihbasis übernimmt, darf diesen nur dann zu einem dritten Verein transferieren, wenn dazu die schriftliche Erlaubnis des ausleihenden Vereins sowie des betreffenden Spielers vorliegt.

Kapitel V. Zulassung von Spielern

Art. 11

1 Teilnahmeberechtigt an den von einem Verband organisierten Wettbewerben sind nur jene Spieler, die bei diesem Verband für einen seiner angeschlossenen Vereine vorschriftsgemäss registriert sind.

1 Ein Verband darf die Spielberechtigung nur bei Erfüllung einer der nachfolgenden Voraussetzungen erteilen:

(a) Der Antrag stellende Spieler war zuvor noch bei keinem Verein eines Nationalverbandes gemeldet.

(b) Der Antrag stellende Spieler wurde in Übereinstimmung mit dem diesbezüglichen Verbandsreglement innerhalb des Verbands zwischen zwei diesem Verband angeschlossenen Vereinen transferiert.

(c) Der betreffende Spieler:

(i) wird zwischen zwei verschiedenen Verbänden angehörenden Vereinen transferiert.

(ii) besitzt einen durch den Verband, den der Spieler verlassen hat, ausgestellten internationalen Freigabeschein (siehe Art. 6).

(iii) wurde nicht für schuldig befunden, den Vertrag ohne triftgen oder ohne sportlich triftigen Grund gebrochen zu haben.

(iv) unterliegt keinerlei sportlichen Sanktionen, die durch die Kammer zur Beilegung von Streitigkeiten gemäss Art. 42 auferlegt wurden.

(v) unterliegt für die Saison, in der er für den Verein spielte, den er zu verlassen wünscht, keinerlei disziplinarischen Massnahmen (siehe Art. 9).

3 Die oben genannten Vorschriften gelten unter Vorbehalt der Fälle, in welchen die FIFA-Spielerstatut-Kommission ausdrücklich die vorübergehende Spielberechtigung gewährt.

Kapitel VI. Schutz Minderjähriger

Art. 12

1. Internationale Transfers von Spielern unter 18 Jahren sind erlaubt, sofern die folgenden Bedingungen erfüllt sind:

a) Im Grundsatz, wenn die Familie des Spielers aus Gründen, die nichts mit dem Fussballsport zu tun haben, umzieht, oder

b) der Wechsel innerhalb der EU bzw. des EWR stattfindet und das Alter des Spielers zwischen dem im Land des neuen Vereins gültigen Mindest-Arbeitsalter und 18 Jahren liegt. In diesem Fall müssen beim neuen Verein entsprechende Vorkehrungen für die Fortführung der sportlichen und schulischen Ausbildung getroffen werden. Zu diesem Zweck wird von den zuständigen Fussballbehörden ein entsprechender Ehrenkodex eingeführt und umgesetzt.

2. Die gleiche Regelung gilt für die Erstregistrierung von Spielern unter 18 Jahren, die nicht Staatsbürger des Landes sind, in dem sie erstmals registriert werden möchten.

Kapitel VII. Ausbildungsentschädigung für junge Spieler

Art. 13

Training und Ausbildung eines Spielers finden im Alter zwischen 12 und 23 Jahren statt. Grundsätzlich gilt, dass eine Ausbildungsentschädigung bis zum Alter von 23 Jahren für die bis zum Alter von 21 Jahren geleistete Ausbildung fällig ist, ausser es ist offensichtlich, dass ein Spieler seine Ausbildungszeit vor dem 21. Lebensjahr beendet hat. Im letzteren Fall wird die Entschädigung geschuldet, bis der Spieler das Alter von 23 Jahren erreicht hat; die Berechnung der Entschädigungssumme bezieht sich jedoch auf die Jahre zwischen 12 Jahren und dem Alter, in welchem der Spieler seine Ausbildung tatsächlich abgeschlossen hat.

Art. 14

Unterzeichnet ein Spieler seinen ersten Nicht-Amateur-Vertrag, erhalten die Vereine (bzw. erhält der Verein), die (der) zu seinem Training und seiner Ausbildung beigetragen haben (hat), eine Entschädigung.

Art. 15

Eine Entschädigung wird bei jedem Vereinswechsel fällig, und zwar bis zum Abschluss der Ausbildung des Spielers; dieser Zeitpunkt ist generell erreicht, wenn der Spieler 23 Jahre alt wird.

Art. 16

Die genauen Beträge für Training und Ausbildung errechnen sich gemäss den Parametern, die in den Ausführungsbestimmungen festgelegt werden. In den Ausführungsbestimmungen wird zudem festgehalten, wie die Entschädigungssumme zwischen den Vereinen aufgeteilt wird, die zum Training und zur Ausbildung des Spielers beigetragen haben.

Art. 17

Unterzeichnet ein Spieler seinen ersten Nicht-Amateur-Vertrag oder wechselt ein noch nicht 23-jähriger Spieler als Nicht-Amateur nach Vertragsende den Verein, so beschränkt sich die Entschädigung auf die Kosten für Training und Ausbildung, die gemäss den in den Ausführungsbestimmungen festgelegten Parametern berechnet werden.

Art. 18

Wechselt ein noch nicht 23-jähriger Spieler während der Laufzeit seines Vertrages den Verein, ist eine Entschädigung für Training und Ausbildung gemäss den in den Ausführungsbestimmungen festgelegten Parametern fällig. Im Fall eines einseitigen Vertragsbruchs gilt diese Bestimmung jedoch nur unter Vorbehalt von nachfolgendem Art. 22.

Art. 19

Ist es nicht möglich, eine Verbindung zwischen dem Spieler und seinem ehemaligen Verein herzustellen, oder meldet sich der betreffende Verein nicht innerhalb von zwei Jahren, nachdem der Spieler seinen ersten Nicht-Amateur-Vertrag unterzeichnet hat, so wird die Ausbildungsentschädigung an den Nationalverband des Landes ausgezahlt, in dem der Spieler ausgebildet wurde. Die Gelder sind für das in dem jeweiligen Land laufende Jugend-Förderungsprogramm zweckbestimmt.

Art. 20

Wechselt ein Spieler im Alter von 23 Jahren oder älter den Verein, so wird keine Ausbildungsentschädigung geschuldet.

Kapitel VIII. Wahrung von Vertragsstabilität

Art. 21

1. a) Alle Verträge, die bis zum 28. Geburtstag des Spielers unterzeichnet wurden: Falls während der ersten drei Jahre ein einseitiger Vertragsbruch ohne Vorliegen eines triftigen Grundes oder eines sportlich triftigen Grundes erfolgt, werden sportliche Sanktionen verhängt und wird eine Entschädigung fällig.

   b) Im Falle von Verträgen, die nach dem 28. Geburtstag abgeschlossen werden, gelten dieselben Bestimmungen wie oben, jedoch nur während der ersten zwei Jahre.

   c) Für beide in den vorigen zwei Absätzen definierten Verträge gilt, dass ein einseitiger Vertragsbruch ohne Vorliegen eines triftigen Grundes bei laufender Saison nicht erlaubt ist.

2. a) Ein einseitiger Vertragsbruch ohne triftigen Grund oder ohne sportlich triftigen Grund nach den ersten drei bzw. zwei Jahren zieht keine sportlichen Sanktionen nach sich, mit der Ausnahme möglicher sportlicher Sanktionen gegen einen Verein und/oder einen Spieleragenten, auf dessen Anstiftung es zum Vertragsbruch kam. Eine Entschädigung wird fällig.

   b) Ein Vertragsbruch wie im vorigen Absatz beschrieben ist während der laufenden Saison nicht erlaubt.

   c) Wird der Vertrag nicht binnen 15 Tagen nach dem letzten offiziellen Spiel der Landesmeisterschaft des Klubs, bei dem der Spieler zugelassen ist, gekündigt, können durch die Kammer zur Beilegung von Streitigkeiten disziplinarische Massnahmen verhängt werden.

Art. 22

Sofern nicht im Vertrag vorgesehen und unter Vorbehalt der Bestimmungen betreffend die Ausbildungsentschädigung von Art. 13 ff. wird die Entschädigung für einen Vertragsbruch (seitens des Spielers oder des Vereins herbeigeführt) unter gebührender Beachtung des nationalen Rechts, der Besonderheit des Sports sowie aller weiteren objektiven Kriterien, die für den Fall relevant sind, berechnet. Zu besagten Kriterien gehören insbesondere:

(1) das Gehalt und weitere dem Spieler gewährte Leistungen gemäss dem bestehenden und/oder dem neuen Vertrag;

(2) die verbleibende Vertragslaufzeit (bis max. fünf Jahre);

(3) die Höhe jedweder, vom alten Verein gezahlten oder diesem entstandenen Gebühren und Auslagen, amortisiert über die Vertragslaufzeit;

(4) die Frage, ob der Vertragsbruch in den im Art. 21 Ziff. 1 definierten Zeiträumen fällt.

Art. 23

Unter Vorbehalt ausserordentlicher Umstände bedeuten sportliche Sanktionen, die für einen einseitigen Vertragsbruch ohne triftigen Grund oder ohne sportlich triftigen Grund angewandt werden,

1. im Fall des Spielers,

a) wenn der Vertragsbruch am Ende des ersten oder zweiten Vertragsjahres erfolgt:

Eine Einschränkung seiner Spielberechtigung für offizielle Spiele, mit Ausnahme des Vereins, bei dem er unter Vertrag stand, für einen Zeitraum von vier Monaten, gerechnet ab dem Beginn der nationalen Meisterschaft des neuen Vereins.

b) Für einseitige Vertragsbrüche nach Ende des dritten Vertragsjahres (bzw. nach Ende des zweiten Vertragsjahres für Verträge, die von einem Spieler nach seinem 28. Lebensjahr abgeschlossen wurden) wird keine sportliche Sanktion verhängt, es sei denn, es wurde versäumt, nach dem letzten Spiel der Saison die Kündigung termingerecht einzureichen. In einem solchen Fall ist die Verhältnismässigkeit der Sanktion zu beachten.

c) Bei erschwerenden Umständen, z. B. dem Versäumen der Kündigungserklärung oder wiederholtem Vertragsbruch, können sportliche Sanktionen in Form einer Sperre von höchstens sechs Monaten ausgesprochen werden.

2. Im Falle des Vereins, der einen Vertrag bricht oder einen Vertragsbruch bewirkt:

a) Für Vertragsbrüche am Ende des ersten oder zweiten Vertragsjahres darf kein neuer Spieler, sei es im nationalen oder internationalen Bereich, unter Vertrag genommen werden, bis zum Ablauf der zweiten Transferperiode, die auf das Datum, an dem der Vertragsbruch wirksam wurde, folgt. Ein solches Verbot darf in keinem Fall eine Dauer von 12 Monaten ab Vertragsbruch oder Anstiftung zum Vertragsbruch übersteigen.

b) Für Vertragsbrüche am Ende des dritten Vertragsjahres (bzw. am Ende des zweiten Vertragsjahres für Verträge, die von einem Spieler nach seinem 28. Lebensjahr abgeschlossen wurden) wird keine sportliche Sanktion verhängt, es sei denn, es wurde versäumt, nach dem letzten Spiel der Saison die Kündigung termingerecht einzureichen. In einem solchen Fall ist die Verhältnismässigkeit der Sanktion zu beachten.

c) Versucht ein Verein, einen Spieler zu registrieren, der sich während der in Art. 21 Abs. 1 festgelegten Perioden eines einseitigen Vertragsbruchs schuldig gemacht hat, so wird angenommen, der Verein habe den Spieler zum Vertragsbruch angestiftet.

d) Ohne Einschränkung der obigen allgemeinen Grundsätze können von der FIFA-Disziplinarkommission auch andere Sanktionen sportlicher Natur gegen Vereine verhängt werden; dazu gehören insbesondere:

- Geldstrafen

- Punktabzüge

- Wettbewerbsausschlüsse

Gegen die entsprechenden Sanktionen kann beim Schiedsgericht des Fussballs (TAF) Berufung eingelegt werden.

3. Im Falle eines Spieleragenten, der an einem Vertragsbruch beteiligt war:

Auch gegen Spieleragenten, die an einem Vertragsbruch beteiligt waren, können von der FIFA-Spielerstatut-Kommission gemäss Spielervermittler-Reglement der FIFA Sanktionen verhängt werden.

Gegen die entsprechenden Sanktionen kann beim Schiedsgericht des Fussballs (TAF) Berufung eingelegt werden.

Art. 24

Zusätzlich zu einer Kündigungsmöglichkeit bei Vorliegen triftiger Gründe kann ein Spieler seinen Vertrag auch bei Vorliegen von triftigen sportlichen Gründen ("sportlich triftiger Grund") kündigen.

Die sportlich triftigen Gründe sind gemäss dem in Art. 42 festgelegten Verfahren von Fall zu Fall einzeln festzulegen. Jeder Fall wird aufgrund seiner Besonderheiten geprüft, wobei alle relevanten Umstände einzubeziehen sind (Verletzungen, Spielsperren, Position des Spielers, Alter des Spielers usw.). Darüber hinaus wird die Frage des Vorliegens eines sportlich triftigen Grundes nach Abschluss der Saison und vor Ablaufen der entsprechenden Registrierungsperiode im Land des abtretenden Vereins untersucht.

Liegt ein sportlich triftiger Grund vor, muss festgelegt werden, ob eine Entschädigung geschuldet wird und wie hoch diese allenfalls ausfällt.

Kapitel IX. Solidaritätsmechanismus

Art. 25

1 Wechselt ein Nicht-Amateur während der Laufzeit seines Vertrages den Verein, so erhalten die Vereine (bzw. der Verein), die zu seinem Training und seiner Ausbildung beigetragen haben, einen Anteil (5 %) der an den alten Verein bezahlten Entschädigung. Dies geschieht im Verhältnis zu der Anzahl von Jahren, die der Spieler bei den jeweiligen Vereinen während des 13. und 24. Lebensjahres verbracht hat.

2 Einzelheiten zum Verteilschlüssel werden in den Ausführungsbestimmungen festgelegt, ebenso wie die Disziplinarmassnahmen, welche die Kammer zur Beilegung von Streitigkeiten gemäss Art. 42 bei Nichtbeachtung der im vorstehenden Absatz aufgeführten Verpflichtung aussprechen muss.

Kapitel X. Reamateurisierung

Art. 26

1 Ein Spieler, der bei einem Verband als Nicht-Amateur registriert ist, darf erst nach Ablauf einer Frist von 30 Tagen wieder als Amateur qualifiziert werden.

2 Diese Frist läuft vom Tag, da der Spieler sein letztes Spiel mit dem Verein bestritten hat, für den er als Nicht-Amateur registriert war.

Art. 27

1 Der ehemalige Verein eines reamateurisierten Spielers hat gemäss dem vorliegenden Reglement kein Anrecht auf irgendeine Entschädigung durch den neuen Verein des Spielers.

2 Bestehen Zweifel daran, dass ein reamateurisierter Spieler bei seinem neuen Verein tatsächlich als Amateur spielt, kann der Verein, bei dem er vor der Reamateurisierung registriert war, die FIFA-Spielerstatut-Kommission anrufen, die eine Untersuchung einleitet und gegebenenfalls die notwendigen Massnahmen verfügt.

2 Wenn ein Spieler innerhalb von drei Jahren vom Zeitpunkt seiner Reamateurisierung an gerechnet wieder als Nicht-Amateur qualifiziert wird, kann der Verein, bei dem er vor seiner Reamateurisierung registriert war, die FIFA-Spielerstatut-Kommission bitten abzuklären, ob eine Entschädigung gemäss dem vorliegenden Reglement geschuldet wird.

Kapitel XI. Beendigung der Tätigkeit

Art. 28

1 Ein Nicht-Amateur, der seine Tätigkeit als Fussballspieler beendet, bleibt für die Dauer von 30 Monaten beim Nationalverband als Spieler für den Verein gemeldet, bei dem er zuletzt tätig war.

2 Die Frist läuft ab dem Ende der Spielzeit, in welcher der Spieler seine Wettkampftätigkeit aufgegeben hat.

3 Der Verein eines Nicht-Amateurs, der seine Wettkampftätigkeit bei Ablauf seines Vertrages aufgegeben hat, kann vom Spieler keine Entschädigung fordern.

Art. 29

1 Wenn ein Nicht-Amateur, der seine Wettkampftätigkeit aufgegeben hat, während des in Art. 28 Abs. 1 erwähnten Zeitraums wieder mit dem gleichen Status Fussball spielen möchte, bleibt er für den Verein registriert, dessen Angestellter er zuletzt war. Ist der betreffende Spieler 23 oder jünger, so hat dieser Verein bei einem Transfer des Spielers zu einem neuen Verein Anspruch auf Ausbildungsentschädigung gemäss vorstehendem Kapitel VII. (Bei Transfers innerhalb eines Verbandes bleiben die für die Entschädigungsfragen geltenden, möglicherweise anderslautenden Bestimmungen des Verbandes vorbehalten.)

2 Nach Ablauf der in Art. 28 Abs. 1 erwähnten Frist hat der Verein, für den der Spieler zuletzt gemeldet war, kein Anrecht mehr auf eine Entschädigung.

Kapitel XII. Sonderbestimmungen

Art. 30

1 Die Gültigkeit eines Transfervertrages oder eines Arbeitsvertrages zwischen einem Spieler und einem Verein darf weder vom positiven Ergebnis einer medizinischen Untersuchung noch von der Erteilung einer Arbeitserlaubnis abhängig gemacht werden.

2 Der Verein, mit dem der Spieler einen Vertrag abzuschliessen wünscht, ist verpflichtet, alle geforderten Abklärungen, Prüfungen, Tests und/oder medizinischen Untersuchungen oder notwendigen Schritte vor Vertragsabschluss vorzunehmen, ansonsten wird er zur Zahlung der Gesamtheit der vereinbarten Ausbildungs- und Förderungsentschädigung (und/oder des geschuldeten Gehalts) verpflichtet.

Art. 31

Die Tatsache, dass beim Abschluss eines Transfervertrags zwischen zwei Vereinen und/oder einem Arbeitsvertrag zwischen einem Spieler und einem Verein die Dienste eines lizenzierten Spielervermittlers beansprucht wurden, muss zwingend im Vertrag oder in den Verträgen erwähnt werden. Solche Verträge müssen ausserdem die Namen aller eventuell beauftragten Spielervermittler enthalten.

Art. 32

Das Recht auf Entschädigung gemäss diesem Reglement liegt ausschliesslich bei Vereinen und Spielern.

Art. 33

Bei sämtlichen Problemen im Zusammenhang mit dem Status von Flüchtlingen entscheidet die FIFA-Spielerstatut-Kommission endgültig.

Art. 34

Für Spieler unter 12 Jahren braucht kein internationaler Freigabeschein ausgestellt zu werden.

Art. 35

Spieler, die ihr 18. Lebensjahr noch nicht vollendet haben, dürfen nur Nicht-Amateur-Verträge unterschreiben, wenn deren Dauer nicht mehr als drei Jahre beträgt. Klauseln, die eine längere Dauer vorsehen, werden weder von der FIFA noch von nationalen Schiedsgerichten für Sport anerkannt.

Kapitel XIII. Abstellen von Spielern für Auswahlspiele der Nationalverbände

Art. 36

1 Ein einen Spieler unter Vertrag nehmender Verein, dessen Verband den betreffenden Spieler nicht in eine seiner Auswahlmannschaften berufen kann, muss den Spieler dem Verband jenes Landes, dessen Staatsangehörigkeit der Spieler besitzt, im Falle eines Aufgebots für Einsätze in Auswahlmannschaften zur Verfügung stellen. Diese Vorschrift gilt unabhängig vom Alter des betreffenden Spielers.

Ebenso müssen Vereine eines Verbandes ihre Spieler, die aufgrund ihrer Staatsangehörigkeit für diesen Verband spielberechtigt sind und aufgeboten werden, für Einsätze in dessen Auswahlmannschaften abstellen.

2 Das Abstellen der Spieler im Sinne des vorstehenden Absatzes ist für folgende Partien zwingend vorgeschrieben:

(a) für insgesamt fünf Länderspiele pro Kalenderjahr;

wenn der Nationalverband im Laufe des Kalenderjahres zusätzlich zu den fünf Spielen noch Begegnungen im Rahmen der Ausscheidungen für die FIFA Fussball-Weltmeisterschaft™, die Olympischen Fussballturniere und/oder die Konföderationsmeisterschaft von "A"-Nationalmannschaften zu bestreiten hat, erstreckt sich die Abstellungspflicht auch auf diese Spiele;

(b) dazu für sämtliche Spiele aller FIFA-Endrunden-Wettbewerbe, der Endrunden der Kontinentalmeisterschaften für "A"-Nationalmannschaften sowie der übrigen Konföderationsmeisterschaften, sofern letztere als Ausscheidung für einen FIFA-Wettbewerb gelten;

(c) dazu für sämtliche Spiele, für die aufgrund eines Sonderbeschlusses des Exekutivkomitees Abstellungspflicht besteht.

3 Für die Auswahlmannschaft eines Landes, das automatisch für ein Endrundenturnier qualifiziert ist, besteht eine Abstellungspflicht im Sinne von Abs. 2 lit. a) für acht Länderspiele pro Kalenderjahr.

4 Das Abstellen für Freundschaftsspiele, die an Daten ausgetragen werden, die nicht im internationalen Spielkalender dafür vorgesehen sind, ist nicht obligatorisch.

5 Die Spieler müssen auch für die Vorbereitungszeit abgestellt werden.

Diese ist wie folgt festgelegt:

(a) für ein Freundschaftsländerspiel: 48 Stunden

(b) für ein Ausscheidungsspiel für einen internationalen Wettbewerb: 4 Tage (einschliesslich des Spieltages). Die Abstellungszeit wird auf 5 Tage verlängert, wenn das betreffende Spiel auf einem anderen Kontinent als jenem, auf welchem der Verein seinen Sitz hat, ausgetragen wird.

(c) für die Endrunde eines internationalen Wettbewerbs: 14 Tage vor dem ersten Spiel des Turniers. Während dieser Vorbereitungszeit ausgetragene Freundschaftsspiele zählen nicht zu den fünf Länderspielen gemäss Abs. 2 lit. a) oder zu den acht Länderspielen gemäss Abs. 3.

Der Spieler ist in jedem Fall verpflichtet, spätestens 48 Stunden vor Anspiel am Austragungsort einzutreffen.

6 Die betreffenden Vereine und Verbände können eine längere Abstellungsdauer vereinbaren. Werden solche Vereinbarungen bei Vertragsabschluss getroffen, sind sie dem internationalen Freigabeschein beizulegen.

7 Ein Spieler, der einem Aufgebot seines Nationalverbandes im Sinne dieses Artikels Folge geleistet hat, ist verpflichtet, spätestens 24 Stunden nach Ende des betreffenden Spiels seinem Verein wieder zur Verfügung zu stehen. Diese Frist wird auf 48 Stunden verlängert, wenn das betreffende Spiel auf einem anderen Kontinent als jenem, auf welchem der Verein seinen Sitz hat, ausgetragen wurde. Der Verein ist über die geplante Hin- und Rückreise des Spielers zehn Tage vor dem Spiel schriftlich zu unterrichten. Der Nationalverband hat dafür zu sorgen, dass der Spieler nach Absolvierung des Spieles rechtzeitig zu seinem Verein zurückkehren kann.

8 Wenn ein Spieler die in diesem Artikel festgelegten Fristen zur Wiederaufnahme seiner Arbeit beim Verein nicht einhält, wird die Abstellfrist des Vereins gegenüber dem Nationalverband für die darauffolgenden Spiele wie folgt verkürzt:

(a) für ein Freundschaftsländerspiel: auf 24 Stunden;

(b) für ein Ausscheidungsspiel: auf 3 Tage;

(c) für die Endrunde eines internationalen Wettbewerbs: auf 10 Tage.

Bei wiederholter Missachtung dieser Fristen kann die FIFA-Spielerstatut-Kommission insbesondere folgende Sanktionen verhängen:

- Geldstrafen
- Reduktion der Abstellfrist
- Spielsperre für das nächste Spiel/die nächsten Spiele in der Auswahlmannschaft

9 Liegen zwischen zwei Spielen einer Auswahlmannschaft acht oder mehr Tage, ist der Spieler nicht befugt, während dieses Zeitraums bei der Auswahlmannschaft zu verbleiben.

Art. 37

1 Ein Verein, der einen seiner Spieler gemäss den Bestimmungen des vorstehenden Art. 36 zur Verfügung stellt, hat kein Anrecht auf eine finanzielle Entschädigung. Für länger dauernde Abstellungen von Spielern können indes Entschädigungen vereinbart werden (siehe Art. 36 Abs. 5).

2 Der Nationalverband, der den Spieler aufbietet, hat für die effektiven Transportkosten, die dem Spieler aufgrund des Aufgebots erwachsen, aufzukommen.

3 Der Verein, für den der betreffende Spieler registriert ist, muss den Spieler für die Dauer seiner Abstellung gegen Krankheit und Unfall versichern. Der Versicherungsschutz muss sich zudem auf die Deckung von Verletzungen erstrecken, welche die Spieler im

Rahmen des Länderspiels (oder der Länderspiele), für das (die) sie abgestellt werden, möglicherweise erleiden.

Art. 38

1 Jeder einem Verein angeschlossene Spieler ist grundsätzlich verpflichtet, einem Aufgebot für eine Auswahlmannschaft des Verbandes jenes Landes Folge zu leisten, dessen Staatsangehörigkeit er besitzt.

2 Der Nationalverband, der einen seiner im Ausland tätigen Spieler aufzubieten wünscht, muss ihm das entsprechende Aufgebot spätestens 15 Tage vor dem Austragungsdatum der Begegnung in schriftlicher Form zukommen lassen. Gleichzeitig ist auch der Verein des Spielers über das Aufgebot schriftlich zu orientieren. Der Verein muss in den folgenden sechs Tagen die Abstellung des Spielers bestätigen.

3 Ein Nationalverband, der die Hilfe der FIFA bei der Abstellung eines Spielers, der im Ausland tätig ist, in Anspruch zu nehmen wünscht, kann dies nur unter folgenden zwei Voraussetzungen tun:

(a) Der Nationalverband, bei welchem der Spieler gemeldet ist, wurde erfolglos um Intervention ersucht.

(b) Der Fall muss der FIFA spätestens fünf Tage vor dem Austragungsdatum der Begegnung unterbreitet werden.

Art. 39

Ein Spieler, der infolge einer Verletzung oder Krankheit einem Aufgebot des Verbandes des Landes, dessen Staatsangehörigkeit er besitzt, nicht Folge leisten kann, muss sich auf Verlangen einer medizinischen Untersuchung durch einen vom Verband bezeichneten Arzt unterziehen.

Art. 40

Ein Spieler, der von seinem Verband für eine seiner Auswahlmannschaften aufgeboten wurde, darf für die im Sinne des vorstehenden Art. 36 geltende Dauer seiner Abstellung in keinem Fall für den Verein spielen, dem er angehört. Das Spielverbot wird im Weiteren um fünf Tage verlängert, falls der betreffende Spieler aus irgendwelchen Gründen dem an ihn ergangenen Aufgebot nicht Folge leisten konnte oder wollte.

Art. 41

1 Wenn ein Verein die Abstellung eines seiner Spieler verweigert oder es versäumt, ihn trotz der gemäss den vorstehenden Art. 36-40 geltenden Bestimmungen freizugeben, wendet die FIFA-Spielerstatut-Kommission folgende Sanktionen an:

(a) Geldstrafe

(b) Verwarnung, Verweis oder Suspension des betreffenden Vereins

2 Verstösst ein Verein gegen das in Art. 40 erwähnte Verbot, können folgende Sanktionen durch die FIFA-Spielerstatut-Kommission Anwendung finden:

(a) die im vorstehenden Abs. 1 erwähnten Sanktionen einzeln oder in ihrer Gesamtheit;

(b)der Verband, dem der Verein angehört, muss die Begegnung(en), an welcher(en) der betreffende Spieler teilgenommen hat, mit einer Forfait-Niederlage des Vereins werten. Sämtliche der dabei gewonnenen Punkte sind abzuerkennen. Bei Spielen im Pokal-System muss der gegnerische Verein ungeachtet des Resultats zum Sieger erklärt werden.

3 Erscheint ein Spieler mehr als einmal zu spät zur Arbeit, kann die FIFA-Spielerstatut-Kommission zusätzlich zu den in Art. 36 Abs. 8 beschriebenen Massnahmen entweder auf eigene Initiative oder auf Verlangen des Vereins des Spielers diesem Spieler und/oder seinem Nationalverband weitere Sanktionen auferlegen.

Kapitel XIV. Beilegung und Schlichtung von Streitigkeiten, Disziplinar- und Schiedsverfahren

Art. 42

1 Unter Vorbehalt der jedem Spieler oder Verein offen stehenden Möglichkeit, bei Streitigkeiten zwischen Vereinen und Spielern ein ziviles Gericht anzurufen, wird ein System zur Schlichtung und Beilegung von Streitigkeiten eingerichtet, das aus folgenden Elementen besteht:

(a) Schlichtungsverfahren, die eine kostengünstige, rasche, vertrauliche und informelle Möglichkeit darstellen, auf Verlangen eine Streitigkeit zwischen den Parteien durch einen unabhängigen Schlichter beizulegen. Dieses Schlichtungsverfahren ist weder Bedingung noch Aufschub für die Lösung des Streitfalls gemäss den in (b) beschriebenen formellen Abläufen.

(b) (i) Die Gründe für den Streitfall (d.h. ob Vertragsbruch vorliegt, mit oder ohne triftigen oder sportlich triftigen Grund) wird von der Kammer zur Beilegung von Streitigkeiten der FIFA-Spielerstatut-Kommission entschieden, oder durch ein nationales Schiedsgericht für Sport, wenn beide Parteien mittels einer schriftlichen Vereinbarung diese Lösung als Präferenz angegeben haben oder ein Gesamtarbeitsvertrag dies festlegt. Dieses Schiedsgericht muss zu gleichen Teilen aus Spielern und Vereinsvertretern zusammengesetzt sein und unter einem unabhängigen Vorsitz stehen. Dieser Teil des Streitfalls muss innerhalb von 30 Tagen nach Unterbreitung des Falles an das von den Parteien bestimmte Entscheidungsgremium entschieden werden.

(ii) Wenn gemäss (i) entschieden wird, der Vertrag sei ohne triftigen oder sportlich triftigen Grund gebrochen worden, bestimmt die Kammer zur Beilegung von Streitigkeiten innerhalb von 30 Tagen, ob sportliche Sanktionen oder Disziplinarmassnahmen, welche sie gemäss Art. 23 aussprechen kann, auferlegt werden müssen. Das Urteil muss begründet werden, auch unter Berücksichtigung der Ergebnisse gemäss (b) (i). Gegen dieses Urteil kann gemäss (c) Berufung eingelegt werden.

(iii) Die Kammer zur Beilegung von Streitigkeiten beurteilt innerhalb des in (ii) festgelegten Zeitraums oder bei komplizierten Fällen innerhalb von 60 Tagen alle anderen Punkte in Zusammenhang mit dem Vertragsbruch (insbesondere die Frage der finanziellen Entschädigung). Dieses Urteil muss begründet werden. Dagegen kann gemäss (c) Berufung eingelegt werden.

(iv) Darüber hinaus ist die Kammer berechtigt, Streitigkeiten betreffend der Zahlung von Ausbildungsentschädigungen zu prüfen; in diesem Zusammenhang ist sie befugt, deutlich unverhältnismässige Beträge nach oben oder nach unten zu korrigieren. Zudem kann die Kammer zur Beilegung von Streitigkeiten in Fällen, wo dies im vorliegenden Reglement oder in den Ausführungsbestimmungen so vorgesehen ist, oder gemäss einem schriftlichen Auftrag durch die FIFA-Spielerstatut-Kommission Disziplinarmassnahmen gemäss Art. 34 Abs. 4 der FIFA-Statuten auferlegen. Die Kammer zur Beilegung von Streitigkeiten fällt innerhalb von 60 Tagen nach dem Datum, an welchem der Fall durch eine der Streitparteien eingereicht wurde, ein Urteil (mit Ausnahme derjenigen Disziplinarmassnahmen, auf die in Art. 23 Bezug genommen wird, die durch (ii) abgedeckt sind). Diese Urteile müssen begründet werden. Dagegen kann gemäss (c) Berufung eingelegt werden.

(v) Wenn sich gemäss (b) (i) herausstellt, dass ein Spieler aus dem Vertrag mit seinem Verein mit triftigem oder sportlich triftigem Grund ausgestiegen ist und der Spieler aufgrund der verfahrenstechnischen Bestimmungen dieses Reglements für Spiele in der nationalen Meisterschaft seines Vereins gesperrt wurde, kann die Kammer zur Beilegung von Streitigkeiten finanzielle Entschädigungen zusprechen und/oder dem betreffenden Verein Disziplinarmassnahmen auferlegen. Die Kammer zur Beilegung von Streitigkeiten fällt innerhalb von 60 Tagen nach dem Datum, an welchem der Fall durch den betreffenden Spieler eingereicht wurde, ein Urteil. Dieses Urteil muss begründet werden. Dagegen kann gemäss (c) Berufung eingelegt werden.

(vi) Sämtliche anderen in diesem Reglement festgelegten Massnahmen werden von der FIFA-Spielerstatut-Kommission ergriffen, mit Ausnahme derjenigen Massnahmen, die in die Zuständigkeit der Disziplinarkommission fallen.

(vii) Alle gemäss diesem Reglement gefällten Urteile werden veröffentlicht.

(c) Die in (b) erwähnten Berufungsverfahren werden gemäss Art. 63 der FIFA-Statuten einer Kammer des Schiedsgerichts des Fussballs (TAF) vorgelegt, unabhängig von der Schwere der Sanktion oder der Höhe der Geldsumme. Diese Kammer des TAF setzt sich zu gleichen Teilen aus Spielern und Vereinsvertretern zusammen und steht unter unabhängigem Vorsitz, gemäss den Grundsätzen des New Yorker Übereinkommens von 1958. Dieses Gericht fällt innerhalb von 60 Tagen, bei besonders komplizierten Fällen innerhalb von 90 Tagen nach dem Datum, an welchem der von der Kammer zur Beilegung von Streitigkeiten gemäss (b) entschiedene Fall eingereicht wurde, ein Urteil. Die Berufung hat keine aufschiebende Wirkung. Das Gericht veröffentlicht seine Entscheidungen.

2 Die in 1 (a) vorgesehenen Schlichtungsverfahren werden von der FIFA angeboten. Die unter 1 (b) vorgesehene Kammer zur Beilegung von Streitigkeiten ist innerhalb der FIFA-Spielerstatut-Kommission angesiedelt. Die Verfahrensregeln der Kammer zur Beilegung der Streitigkeiten werden in den Ausführungsbestimmungen festgelegt und können von der FIFA-Spielerstatut-Kommission gelegentlich überarbeitet werden.

3 Bevor die Kammer zur Beilegung von Streitigkeiten gemäss 1 (b) ein Urteil fällt, bittet sie den Nationalverband, bei welchem der Spieler vor dem Auftreten der Streitigkeiten registriert war, um eine Stellungnahme zum Streitfall.

Art. 43

Das System zur Beilegung und Schlichtung von Streitigkeiten sowie das Schiedsverfahren zieht alle relevanten Vereinbarungen, Gesetze und/oder Gesamtarbeitsverträge, die auf nationaler Ebene bestehen, genauso in Betracht wie die Besonderheit des Sports.

Art. 44

Die FIFA-Spielerstatut-Kommission kann sich nicht mit Streitfällen, die diesem Reglement unterstellt sind, befassen, deren Ursache zum Zeitpunkt der Unterbreitung des Falles mehr als zwei Jahre zurückliegt.

XV. Schlussbestimmungen

Art. 45

Alle Fälle, die in diesem Reglement nicht vorgesehen sind, werden von der FIFA-Spielerstatut-Kommission entschieden, unter Vorbehalt der Überprüfung durch das Exekutivkomitee.

Art. 46

Dieses Reglement wurde vom Exekutivkomitee der FIFA im April 1991 angenommen und im Dezember 1991, im Dezember 1993, im Dezember 1996, im Mai 1997, im September 1997 sowie im Juli 2001 revidiert.

Dieses Reglement tritt in seiner vorliegenden Form zwei Wochen nach offizieller Benachrichtigung der Nationalverbände durch die FIFA, spätestens aber am 1. September 2001 in Kraft.

Verträge zwischen Spielern und Vereinen, die vor dem 1. September 2001 abgeschlossen wurden, unterliegen weiterhin dem alten Reglement, das am 1. Oktober 1997 in Kraft trat, ausser wenn sich die Spieler und Vereine ausdrücklich darauf einigen, Verträge, die nach dem 5. Juli 2001, aber vor Inkrafttreten des neuen Reglements abgeschlossen werden, dem vorliegenden Reglement zu unterstellen.

Buenos Aires/Zürich, 5. Juli 2001

Für das Exekutivkomitee der FIFA

Der Präsident	Der Generalsekretär
Joseph S. Blatter	Michel Zen-Ruffinen

Anlage 3

Ausführungsbestimmungen zum FIFA-Reglement bezüglich Status und Transfer von Spielern[728]

728 http://www.fifa.com/service/pub_E.html; Die nachfolgende Anlage ist auf Schweizerdeutsch abgefasst.

Ausführungsbestimmungen zum FIFA-Reglement bezüglich Status und Transfer von Spielern

Inhalt:

Kapitel I – Registrierung von Spielern

Art. 1
Registrierung

1. Ein Spieler darf zu keinem Zeitpunkt bei zwei zum gleichen Nationalverband oder zu unterschiedlichen Nationalverbänden gehörenden Vereinen registriert sein. Die Registrierung gilt als Erteilung der Spiellizenz an den Spieler.

2. Nach erfolgter Registrierung erhalten der Verein und der Spieler aus besagtem Register einen Auszug, der u. a. detaillierte Informationen zu den Vereinen enthält, für die der Spieler seit dem Alter von zwölf Jahren registriert war oder denen er angeschlossen war, sowie Angaben zu Nationalität und Geburtsdatum des Spielers und das Datum, ab welchem der Spieler bei Spielen, die der betreffende Nationalverband organisiert, für seinen Verein spielen darf.

Art. 2
Registrierungsperioden

1. Jeder Nationalverband legt gemäss den folgenden Grundsätzen zwei Registrierungsperioden pro Jahr fest:

a) Die erste Registrierungsperiode beginnt frühestens am Ende der nationalen Meisterschaft und endet spätestens vor dem Beginn der darauffolgenden nationalen

Meisterschaft. Grundsätzlich sollte diese Periode die Dauer von sechs Wochen nicht überschreiten.

b) Die zweite Registrierungsperiode wird ungefähr Mitte Saison festgelegt. Grundsätzlich sollte diese Periode die Dauer von vier Wochen nicht überschreiten und – ausserordentliche Umstände vorbehalten – auf Registrierungen aus ausschliesslich sportlichen Gründen beschränkt sein, z.B. technische Umstellungen der Mannschaft oder Ersatz für verletzte Spieler.

2. Die Nationalverbände teilen der FIFA mit, welche Zeiträume sie als die beiden Registrierungsperioden gemäss vorstehendem Abs. 1 festgelegt haben.

Kapitel II – Schutz Minderjähriger im EU-/EWR-Raum

Art. 3
Ehrenkodex für Transfers in der EU/im EWR

1. Die FIFA und die UEFA legen einen Ehrenkodex fest, der sicherstellt, dass das sportliche Training und die schulische Bildung von Minderjährigen bei einem Transfer innerhalb des EU-/EWR-Raums gewährleistet sind. Der Ehrenkodex legt Richtlinien fest, die von den Nationalverbänden und Ligen befolgt werden sollten.

2. Der Ehrenkodex wird von den Nationalverbänden angewandt und durchgesetzt.

3. Die Nationalverbände stellen insbesondere sicher, dass in jedem Fall, bei dem ein Verein um die Registrierung eines Spielers unter 18 Jahren ersucht, die im Ehrenkodex festgehaltenen Anforderungen erfüllt werden.

4. Erfüllt ein Verein die Anforderungen des Ehrenkodex nicht, darf der Nationalverband den Spieler nicht registrieren. Die Nationalverbände können zudem disziplinarische Sanktionen gegen den Verein verhängen, sollte dies angebracht sein. Zu solchen Disziplinarmassnahmen gehören insbesondere:

- Annullierung von falschen Registrierungen
- ein Verbot für eine bestimmte Zeitspanne, Spieler unter 18 Jahren zu registrieren
- Geldstrafen
- Punktabzüge
- Wettbewerbsausschlüsse

5. Vorbehaltlich Abs. 2 kann die FIFA-Spielerstatut-Kommission gemäss Art. 34 der FIFA-Statuten in Fällen, in denen ein Nationalverband die Grundsätze des Ehrenkodex nicht umsetzt oder nicht wirkungsvoll durchsetzt, zudem Disziplinarmassnahmen gemäss Art. 23 des FIFA-Reglements bezüglich Status und Transfer von Spielern aussprechen.

6. Um sicherzustellen, dass jeder Verein, der einen Spieler unter 18 Jahren registriert hat, den Verpflichtungen des Ehrenkodex weiter nachkommt, können die Nationalverbände Stichproben durchführen. Stellt sich heraus, dass ein Verein diese

Verpflichtungen nicht erfüllt hat, können die im vorstehenden Abs. 4 beschriebenen Disziplinarmassnahmen ausgesprochen werden.

7. Stellt sich heraus, dass Dritte, z. B. Spielervermittler, an einer Registrierung oder einem Registrierungsgesuch für einen Spieler unter 18 Jahren beteiligt waren und dabei den Ehrenkodex nicht eingehalten haben, können gegen die Spielervermittler, gemäss dem FIFA-Spielervermittler-Reglement, und andere Drittparteien, die unter die Gerichtsbarkeit der FIFA-Spielerstatut-Kommission fallen, Disziplinarmassnahmen gemäss Art. 34 der FIFA-Statuten ausgesprochen werden.

8. Gegen Urteile, die Disziplinarmassnahmen gemäss den Absätzen 4, 5, 6 und 7 auferlegen, kann beim Schiedsgericht des Fussballs (TAF) Berufung eingelegt werden.

9. Bei unklarer Auslegung der vorstehenden Bestimmungen und des Ehrenkodex kann der Nationalverband um gemeinsame Unterstützung von FIFA und UEFA ersuchen.

Art. 4
Sonstige Registrierungen von Minderjährigen

1. Nationalverbände im EU-/EWR-Raum dürfen keine Spieler unter 18 Jahren registrieren, die keine EU-/EWR-Staatsangehörigkeit haben und nicht aus familiären Gründen, wie in Kapitel VI des FIFA-Reglements bezüglich Status und Transfer von Spielern beschrieben, umziehen.

2. Nationalverbände ausserhalb des EU-/EWR-Raums dürfen keine Spieler unter 18 Jahren registrieren, die eine ausländische Staatsangehörigkeit haben und nicht aus familiären Gründen, wie in Kapitel VI des FIFA-Reglements bezüglich Status und Transfer von Spielern beschrieben, umziehen.

3. Die Nationalverbände können zudem disziplinarische Sanktionen gegen den Verein verhängen, sollte dies angebracht sein. Zu solchen Disziplinarmassnahmen gehören insbesondere:

- Annullierung von falschen Registrierungen
- ein Verbot für eine bestimmte Zeitspanne, Spieler unter 18 Jahren zu registrieren
- Geldstrafen
- Punktabzüge
- Wettbewerbsausschlüsse

4. In Fällen, in denen ein Nationalverband das Verbot, Spieler unter 18 Jahren zu transferieren und erstmals zu registrieren, nicht umsetzt oder nicht wirkungsvoll durchsetzt, kann die FIFA-Spielerstatut-Kommission gemäss Art. 34 der FIFA-Statuten zudem Disziplinarmassnahmen gemäss Art. 23 des FIFA-Reglements bezüglich Status und Transfer von Spielern aussprechen.

5. Stellt sich heraus, dass Dritte, z. B. Spielervermittler, an einer nicht reglementskonformen Registrierung oder Registrierungsanfrage für einen Spieler unter 18

Jahren beteiligt waren, können gegen die Spielervermittler, gemäss dem FIFA-Spielervermittler-Reglement, und andere Drittparteien, die unter die Gerichtsbarkeit der FIFA-Spielerstatut-Kommission fallen, Disziplinarmassnahmen gemäss Art. 34 der FIFA-Statuten ausgesprochen werden.

6. Gegen Urteile, die Disziplinarmassnahmen gemäss den Absätzen 3, 4 und 5 auferlegen, kann beim Schiedsgericht des Fussballs (TAF) Berufung eingelegt werden.

Kapitel III – Ausbildungsentschädigung für junge Spieler

Art. 5
Grundsätze

1. Für die Berechnung der Entschädigung gilt: Die Ausbildungszeit beginnt am Anfang der Saison, in welcher der Spieler seinen 12. Geburtstag feiert, oder zu einem späteren Zeitpunkt und endet mit dem Schluss der Saison, in welcher der Spieler seinen 21. Geburtstag feiert.

2. Eine Ausbildungsentschädigung ist fällig:

(a) erstmals, wenn der Spieler den Nicht-Amateur-Status gemäss Art. 1 des FIFA-Reglements bezüglich Status und Transfer von Spielern erlangt.

(b) bis zum Alter von 23 Jahren immer dann, wenn der Spieler transferiert wird unter Berücksichtigung seines Status:
- Wechsel vom Amateur- in den Nicht-Amateur-Status
- Verbleib im Nicht-Amateur-Status

3. Eine Ausbildungsentschädigung ist nicht fällig:

(a) für Transfers, bei denen der Spieler im Amateur-Status verbleibt, oder für Transfers vom Nicht-Amateur-Status in den Amateur-Status (Reamateurisierung), sofern der Spieler nicht innerhalb von 3 Jahren wieder in den Nicht-Amateur-Status zurückwechselt.

(b) wenn ein Verein den Vertrag mit einem Spieler ohne triftigen Grund einseitig aufkündigt; der Anspruch der früheren Vereine auf eine Ausbildungsentschädigung bleibt jedoch unangetastet.

4. Zahlungsbestimmungen für die Ausbildungsentschädigung:

(a) Grundsätzlich hat der zu leistende Betrag die Kosten widerzuspiegeln, die für die Ausbildung des Spielers aufgewendet wurden. Die Entschädigung soll allen Vereinen zugute kommen, die zur Ausbildung des betreffenden Spielers seit seinem 12. Geburtstag beigetragen haben.

(b) Erste Zahlung (wie in Abs. 2 (a) erwähnt): Der zu bezahlende Betrag soll allen Vereinen zugute kommen, welche zur Ausbildung des betreffenden Spielers seit seinem 12. Geburtstag beigetragen haben. Das Geld wird auf Pro-Rata-Basis verteilt; Berechnungsgrundlage sind die ganzen Jahre nachweislich geleisteter Ausbildung sowie die Spielkategorie, zu der die ausbildenden Vereine gehören.

(c) Bei späteren Transfers (wie in Abs. 2 (b) erwähnt) zwischen Vereinen der dritten oder vierten Kategorie (Definitionen siehe Art. 6 Abs. 2) schuldet der neue Verein dem ehemaligen Verein des Spielers die Kosten, welche für die Ausbildung des Spielers aufgewendet wurden, sowie die Kosten für die Ausbildungsentschädigung, die bei der Registrierung des Spielers fällig wurden.

(d) Wechselt ein Spieler von einem Verein der dritten oder vierten Kategorie zu einem Verein einer höheren Kategorie, so kommt der im nachfolgenden Art. 8 festgelegte Verteilschlüssel zur Anwendung.

(e) Wechselt ein Spieler innerhalb der gleichen Kategorie den Verein, so kommt der im nachfolgenden Art. 8 festgelegte Verteilungsschlüssel zur Anwendung.

(f) Wechselt ein Spieler eines Vereins der ersten oder zweiten Kategorie den Verein, so beläuft sich die Ausbildungsentschädigung auf den Betrag der Ausbildungskosten des früheren Vereins.

5. Bietet ein Verein innerhalb des EU-/EWR-Raums einem Spieler keinen Vertrag an, so ist dies bei der Festlegung der vom neuen Verein geschuldeten Ausbildungsentschädigung zu berücksichtigen; der Anspruch der früheren Vereine auf eine Ausbildungsentschädigung bleibt jedoch unangetastet.

Art. 6
Berechnungsgrundlagen

1. Zur Berechnung der Trainings- und Ausbildungskosten werden die Vereine basierend auf ihren finanziellen Aufwendungen für die Ausbildung der Spieler in Kategorien eingeteilt.

2. Zu diesem Zweck werden 4 Kategorien gemäss folgenden Richtlinien eingeführt:

(a) Kategorie 1 (höchste Kategorie, z. B. mit qualitativ hochstehendem Trainingszentrum):
Alle Vereine der obersten Spielklasse von Nationalverbänden, welche durchschnittlich einen gleichen Betrag in die Ausbildung ihrer Spieler investieren. Die betreffenden Nationalverbände werden aufgrund der effektiven Ausbildungskosten definiert; die Zuteilung in eine Kategorie kann jährlich überprüft werden.

(b) Kategorie 2 (ebenfalls professionelles, jedoch tieferes Niveau):
Alle Vereine der zweitobersten Spielklasse eines Nationalverbandes der Kategorie 1.
Alle Vereine der obersten Spielklasse aller anderen Länder, in welchen Profifussball gespielt wird.

(c) Kategorie 3:
Alle Vereine der drittobersten Spielklasse eines Nationalverbandes der Kategorie 1.
Alle Vereine der zweitobersten Spielklasse aller anderen Länder, in welchen Profifussball gespielt wird.

(d) Kategorie 4:
Alle Vereine der viertobersten und aller tieferen Spielklassen eines Nationalverbandes der Kategorie 1.
Alle Vereine der drittobersten und aller tieferen Spielklassen aller anderen Länder, in welchen Profifussball gespielt wird.
Alle Vereine von Ländern, in welchen nur Amateur-Fussball gespielt wird.

3. Nationalverbände können andere Kriterien zur Kategorisierung der Trainings- und Ausbildungskosten ihrer Mitgliedsvereine vorschlagen. Die Trainings- und Ausbildungskosten der einzelnen Kategorien werden durch die Multiplikation der Ausbildungskosten für einen Spieler mit einem durchschnittlichen Spielerfaktor errechnet. Der Spielerfaktor wird durch das Verhältnis bestimmt, das zwischen den auszubildenden Spielern und den Fussballern besteht, die dank dieser Ausbildung den Durchbruch im Profifussball geschafft haben.

4. Die Nationalverbände im EU-/EWR-Raum legen nach Anhörung der Spieler- und Vereinsvertreter jedes Jahr die Kategorien fest, in die ihre Vereine eingeteilt werden. Die Nationalverbände werden diese Kategorisierung jährlich spätestens bis zur Registrierungsperiode in der Mitte der Saison der FIFA mitteilen, welche die entsprechenden Informationen via Zirkular kommuniziert und auf ihrer Internet-Seite publizieren wird. Die Kategorisierung gilt für 12 Monate oder 2 Registrierungsperioden.

5. Die Nationalverbände im EU-/EWR-Raum setzen nach Anhörung der Spieler- und Vereinsvertreter die Kriterien für die Berechnung der Trainingsentschädigung fest. Die FIFA prüft die Verhältnismässigkeit dieser Kriterien. Die Nationalverbänden müssen jährlich spätestens bis zur Registrierungsperiode in der Mitte der Saison die Kriterien der FIFA mitteilen, welche sie ihrerseits mittels Zirkular kommuniziert und auf ihrer Internet-Seite publiziert. Die Kriterien können nach 24 Monaten oder 4 Registrierungsperioden neu beurteilt werden.

6. Richtlinien zur Art der Kosten, die bei der Berechnung von Trainings- und Ausbildungskosten berücksichtigt werden können, werden in einem FIFA-Zirkular festgelegt.

Art. 7
Berechnung der Trainings- und Ausbildungsentschädigung

1. Die Trainings- und Ausbildungsentschädigung errechnet sich wie folgt: Betrag entsprechend der Kategorie des ausbildenden Vereins, bei welchem der Spieler registriert war, multipliziert mit der Anzahl Trainingsjahre zwischen dem 12. und 21. Geburtstag.

2. Um zu verhindern, dass die Ausbildungsentschädigung für besonders junge Spieler nicht unverhältnismässig hoch angesetzt wird, errechnen sich die Beträge für Spieler

von 12 bis 15 Jahren immer auf der Basis der Trainings- und Ausbildungskosten der Kategorie 4.

3. Grundsätzlich basiert die Ausbildungsentschädigung auf den Trainings- und Ausbildungskosten im Land des neuen Vereins.

4. Innerhalb des EU-/EWR-Raums jedoch basiert die Ausbildungsentschädigung auf den Trainings- und Ausbildungskosten im Land des Vereins, der einen Spieler ausgebildet hat. Es gelten folgende Regeln:

a) der Spieler wechselt von einer niedrigeren in eine höhere Kategorie: berechnet wird der Durchschnitt der Trainingskosten beider Kategorien;

b) der Spieler wechselt von einer höheren in eine niedrigere Kategorie: berechnet werden die Trainingskosten des Vereins aus der niedrigeren Kategorie;

c) der Spieler wechselt von einem Verein der Kategorie 1, 2 oder 3 zu einem Verein der Kategorie 4: keine Ausbildungsentschädigung ist fällig.

5. Innerhalb des EU-/EWR-Raums teilt jeder Nationalverband zu Beginn der Spielzeit der FIFA die Maximalbeträge für die Ausbildungsentschädigung der einzelnen Kategorien mit, die nach Anhörung der Spieler- und Vereinsvertreter festgesetzt wurden. Die FIFA prüft die Beträge auf ihre Verhältnismässigkeit. Diese Maximalbeträge müssen jährlich spätestens bis zur Registrierungsperiode in der Mitte der Saison von der FIFA mittels Zirkular kommuniziert und auf ihrer Internet-Seite publiziert werden.

Art. 8
Verteilung der Ausbildungsentschädigung

Der Betrag, den der neue Verein für Training und Ausbildung eines Spielers bezahlt, wird gemäss folgenden Grundsätzen aufgeteilt:

(a) Beim Transfer eines Spielers von einem Verein der dritten oder vierten Kategorie zu einem Verein einer höheren Kategorie werden 75 % des Betrags, der über die Kosten der Kategorie des "alten" Vereins hinausgeht, auf Pro-Rata-Basis auf alle Vereine umverteilt, die zur Ausbildung des Spielers seit seinem 12. Geburtstag beigetragen haben.

(b) Beim Transfer eines Spielers von einem Verein der zweiten Kategorie zu einem Verein der ersten Kategorie werden 50 % des Betrags, der über die Kosten der Kategorie des "alten" Vereins hinausgeht, auf Pro-Rata-Basis auf alle Vereine umverteilt, die zur Ausbildung des Spielers seit seinem 12. Geburtstag beigetragen haben.

(c) Beim Transfer eines Spielers zwischen zwei Vereinen der gleichen Kategorie werden 10 % des unter Art. 7 Abs. 3 und 4 beschriebenen Betrags auf Pro-Rata-Basis auf alle Vereine umverteilt, die zur Ausbildung des Spielers seit seinem 12. Geburtstag beigetragen haben.

(d) Kann die Karriere eines Spielers nicht bis zu seinem 12. Geburtstag zurückverfolgt werden, werden die fehlenden Jahre zur Berechnung der Ausbildungsentschädigung in die Kategorie vier eingestuft; der Betrag wird an den Nationalverband des Herkunftslandes des Spielers überwiesen und ist für die Ausbildung von jungen Spielern zweckgebunden.

Art. 9
Zahlung der Entschädigung

1. Die gemäss vorstehenden Bestimmungen zu leistende Trainings- und Ausbildungsentschädigung muss vom neuen Verein an die Vereine, die zur Ausbildung des Spielers beigetragen haben, spätestens innerhalb von 30 Tagen nach Unterzeichnung des ersten Vertrags im Sinne von Art. 4 des FIFA-Reglements bezüglich Status und Transfer von Spielern oder bei jedem späteren Transfer innerhalb von 30 Tagen nach der neuen Registrierung des Spielers bezahlt werden.

2. Der neue Verein ist für die Berechnung der Trainings- und Ausbildungsentschädigung sowie des Verteilschlüssels für die Summe gemäss der bisherigen Karriere des Spielers zuständig. Falls nötig unterstützt der Spieler den neuen Verein bei der Erfüllung dieser Verpflichtung.

3. Die FIFA-Spielerstatut-Kommission kann gegen Vereine oder Spieler, die den in den vorstehenden Absätzen festgelegten Verpflichtungen nicht nachkommen, Disziplinarmassnahmen aussprechen. Gegen diese Sanktionen kann beim Schiedsgericht des Fussballs (TAF) Berufung eingelegt werden.

Kapitel IV – Solidaritätsmechanismus

Art. 10
Grundsätze

Wechselt ein Nicht-Amateur während der Laufzeit seines Vertrages den Verein, so wird ein Anteil (5 %) der an den alten Verein bezahlten Entschädigung als Solidaritätsbeitrag an die Vereine umverteilt, die über die vorangegangenen Jahre zum Training und zur Ausbildung des betreffenden Spielers beigetragen haben. Dieser Solidaritätsbeitrag wird unter den besagten Vereinen je nach Alter, das der Spieler zum Zeitpunkt der Trainings- und Ausbildungsleistung hatte, wie folgt aufgeteilt:

- 12 – 13 Jahre: 5 %
- 13 – 14 Jahre: 5 %
- 14 – 15 Jahre: 10 %
- 15 – 16 Jahre: 10 %
- 16 – 17 Jahre: 10 %
- 17 – 18 Jahre: 10 %
- 18 – 19 Jahre: 10 %
- 19 – 20 Jahre: 10 %
- 20 – 21 Jahre: 10 %
- 21 – 22 Jahre: 10 %

- 22 – 23 Jahre: 10 %

Art. 11
Bezahlung des Solidaritätsbeitrags

1. Der gemäss den vorstehenden Bestimmungen zu leistende Solidaritätsbeitrag muss vom neuen Verein spätestens innerhalb von 30 Tagen nach der Registrierung des Spielers an die Vereine bezahlt werden, die zur Ausbildung des Spielers beigetragen haben.

2. Der neue Verein ist für die Berechnung des Solidaritätsbeitrags sowie des Verteilschlüssels für die Summe gemäss der bisherigen Karriere des Spielers zuständig. Falls nötig unterstützt der Spieler den neuen Verein bei der Erfüllung dieser Verpflichtung.

3. Die FIFA-Spielerstatut-Kommission kann gegen Vereine oder Spieler, welche die in den vorstehenden Absätzen festgelegten Verpflichtungen nicht erfüllen, Disziplinarmassnahmen aussprechen. Gegen diese Sanktionen kann beim Schiedsgericht des Fussballs (TAF) Berufung eingelegt werden.

Kapitel V - Vertragsstabilität

Art. 12

Eine einseitige Vertragsauflösung aus einem sportlich triftigen Grund ist für einen Spieler dann möglich, wenn er am Ende der Saison belegen kann, dass er in weniger als 10 % der offiziellen Spiele seines Vereins zum Einsatz kam. Das Vorhandensein eines sportlich triftigen Grundes ist von Fall zu Fall einzeln zu prüfen, wobei die besonderen Umstände eines Spielers einzubeziehen sind (insbesondere Verletzungen, Spielsperren, Position auf dem Feld, Stellung in der Mannschaft [z.B. Ersatztorwart], Alter des Spielers, angemessene Erwartungshaltung angesichts der bisherigen Karriere usw.).

Art. 13

1. Ein Verein, der einen Spieler verpflichten will, der noch bei einem anderen Verein unter Vertrag ist, muss den Spieler und seinen Verein vor Aufnahme von Vertragsverhandlungen entsprechend informieren.

2. Bei Missachtung der vorstehenden Bestimmung wird gegen den fehlbaren Verein eine Busse von mindestens CHF 50’000 ausgesprochen.

3. Eine solche Geldbusse kann gemäss Art. 42 des FIFA-Reglements bezüglich Status und Transfer von Spielern von der Kammer zur Beilegung von Streitigkeiten ausgesprochen werden. Gegen das Urteil kann gemäss deselben Artikels Berufung eingelegt werden.

Kapitel VI - Durchsetzung von Entschädigungszahlungen

Art. 14

1. Diejenige Partei, welche die Verantwortung für den Vertragsbruch trägt, ist verpflichtet, innerhalb eines Monats nach Erhalt des betreffenden Urteils von der Kammer zur Beilegung von Streitigkeiten eine gemäss Art. 42 des FIFA-Reglements bezüglich Status und Transfer von Spielern festgelegte Entschädigungszahlung zu leisten.

2. Wenn die Partei, welche die Verantwortung für den Vertragsbruch trägt, diese Entschädigungszahlung nicht innerhalb eines Monats geleistet hat, kann die FIFA-Spielerstatut-Kommission gemäss Art. 34 der FIFA-Statuten Disziplinarmassnahmen aussprechen. Gegen eine solche Massnahme kann beim Schiedsgericht des Fussballs (TAF) Berufung eingelegt werden.

3. Wird ein Spieler bei einem neuen Verein registriert und hat er die Entschädigung nicht innerhalb der oben erwähnten Monatsfrist bezahlt, so trägt der neue Verein eine Mithaftung für die Entschädigungszahlung.

4. Wenn der neue Verein die Entschädigungszahlung nicht innerhalb eines Monats, nachdem er gemäss vorstehendem Absatz gemeinsam mit dem Spieler für die Zahlung verantwortlich wurde, bezahlt hat, kann die FIFA-Spielerstatut-Kommission gemäss Art. 34 der FIFA-Statuten Disziplinarmassnahmen aussprechen. Gegen eine solche Massnahme kann beim Schiedsgericht des Fussballs (TAF) Berufung eingelegt werden.

Kapitel VII - Bestimmungen und Verfahren zur Schlichtung von Streitigkeiten

Art. 15
Zusammensetzung der Kammer zur Beilegung von Streitigkeiten

1. Der Vorsitzende der FIFA-Spielerstatut-Kommission präsidiert die Kammer zur Beilegung von Streitigkeiten.

2. Die Kammer zur Beilegung von Streitigkeiten setzt sich zu gleichen Teilen aus Spieler- und Vereinsvertretern zusammen.

3. Die Mitglieder der Kammer zur Beilegung von Streitigkeiten werden auf Vorschlag des FIFA-Präsidenten durch das FIFA-Exekutivkomitee ernannt. Der FIFA-Präsident stützt sich bei seinem Vorschlag auf die Nomination der Spielergewerkschaften und der Vereine bzw. Ligen.

Art. 16
Verfahrensregeln vor der Kammer zur Beilegung von Streitigkeiten

1. Die Kammer zur Beilegung von Streitigkeiten der FIFA-Spielerstatut-Kommission beurteilt auf Ersuchen einer der Parteien in einem Rechtsstreit die in seiner Kompetenz liegenden Fälle gemäss Art. 42 des FIFA-Reglements bezüglich Status und Transfer von Spielern. Auch wenn es eine der Parteien unterlässt, vor der Kammer zur Beilegung von Streitigkeiten zu erscheinen, wird die Kompetenz der Kammer nicht

eingeschränkt. Die Kammer behandelt den Streitfall unter Einbezug aller ihr bekannten Fakten.

2. Um einen Fall vor die Kammer zur Beilegung von Streitigkeiten zu ziehen, muss eine Partei beim Generalsekretariat der FIFA ein schriftliches Gesuch einreichen. Dieses Gesuch muss folgende Punkte enthalten:

(a) Name sowie andere massgebliche Angaben des Klägers,

(b) wenn der Kläger keine natürliche Person ist: ein Exemplar der Statuten und aller relevanten Gründungsurkunden sowie einen Beleg, dass die das Gesuch einreichende Person befugt ist, den Kläger in einem rechtlichen Verfahren zu vertreten,

(c) Name und andere massgebliche Angaben des rechtlichen Vertreters des Klägers, sofern vorhanden,

(d) Name und andere massgebliche Angaben von anderen Vereinen und/oder Spielern, die in den betreffenden Streitfall verwickelt sind, z. B. der Verein, dem Anstiftung zum Vertragsbruch vorgeworfen wird,

(e) eine zusammenfassende Darstellung aller relevanten sachlichen, juristischen und reglementarischen Überlegungen,

(f) Urteil eines nationalen Schiedsgerichts oder eines nationalen Gerichts zum vorliegenden Streitfall.

Zusätzlich müssen dem Gesuch Kopien aller für den Rechtsstreit relevanten Dokumente beigelegt werden.

3. Die FIFA-Spielerstatut-Kommission legt ausführliche interne Verfahrensregeln für die Kammer zur Beilegung von Streitigkeiten fest. Diese Verfahrensregeln müssen folgende Grundsätze berücksichtigen:

(a) Die Kammer zur Beilegung von Streitigkeiten gibt allen Parteien Gelegenheit, in Kenntnis aller für den Streitfall relevanten Fakten ihren Standpunkt zu vertreten.

(b) Die Parteien erhalten Gelegenheit, schriftliche Bemerkungen einzureichen; falls die Kammer zur Beilegung von Streitigkeiten es als nötig erachtet, können die Erklärungen der Parteien auch mündlich vorgetragen werden.

(c) Die Parteien erhalten ausreichend Zeit, ihre Verteidigung vorzubereiten, wobei sie dem Bedürfnis einer raschen Beilegung innerhalb dem in Art. 42 des FIFA-Reglements bezüglich Status und Transfer von Spielern festgelegten Zeitraum angemessen Rechnung tragen.

(d) Die Parteien haben das Recht, professionelle Rechtsberatung in Anspruch zu nehmen.

(e) Die Anhörungen vor der Kammer zur Beilegung von Streitigkeiten finden unter Ausschluss der Öffentlichkeit statt.

(f) Die Urteile der Kammer zur Beilegung von Streitigkeiten sind umgehend auszugsweise oder in voller Länge zu veröffentlichen.

4. Die Kammer zur Beilegung von Streitigkeiten schickt eine Kopie aller für einen Fall relevanten Dokumente an den Nationalverband, bei dem der Spieler im Zeitpunkt der Entstehung des Rechtsstreits registriert war, und setzt dem Verband eine Frist, innerhalb welcher sich dieser schriftlich zum Streitfall äussern kann. Eine Kopie dieser Stellungnahme wird allen Parteien des Rechsstreits zugestellt.

Art. 17
Schlichtung

1. Auf Ersuchen einer Partei ernennt das Generalsekretariat der FIFA einen unabhängigen Schlichter, der die betreffenden Parteien kontaktiert und zu schlichten versucht.

2. Schlichtungsversuche führen nicht dazu, dass ein Verfahren vor der Kammer zur Beilegung von Streitigkeiten ausgesetzt wird, ausser wenn sich alle Parteien eines Rechtsstreits mit der Aussetzung des Verfahrens einverstanden erklären.

Kapitel VIII - Statistisches Register

Art. 18

Die Nationalverbände unterhalten ein statistisches Register, das darüber Auskunft gibt, wie viele Spieler von anderen Nationalverbänden registriert wurden und wie viele internationale Freigabescheine für Spieler ausgestellt wurden, die ihre Registrierung zu einem anderen Nationalverband transferiert haben. In diesem Register sind auch das Alter und die Staatsangehörigkeit eines Spielers, das Land, das er verlässt oder in das er neu kommt, sowie jegliche andere Information, die der Nationalverband im Zusammenhang mit dem Transfer der Registrierung erhält (einvernehmlich Vertragsauflösung, Transfer nach ausgelaufenem Vertrag, Vertragsbruch durch den Spieler oder den Verein, innerhalb oder ausserhalb des in Art. 21 Abs. 1 des FIFA-Reglements bezüglich Status und Transfer von Spielern definierten Zeitraumes).

Kapitel IX - Schlussbestimmungen, Inkrafttreten

Art. 19

Alle Fälle, die in diesem Reglement nicht vorgesehen sind, werden von der FIFA-Spielerstatut-Kommission entschieden unter Vorbehalt der Überprüfung durch das Exekutivkomitee.

Art. 20

Diese Ausführungsbestimmungen in ihrer vorliegenden Form treten gemeinsam mit dem FIFA-Reglement bezüglich Status und Transfer von Spielern in Kraft, das gleichentags verabschiedet wird.

Buenos Aires/Zürich, 5. Juli 2001

Für das Exekutivkomitee der FIFA
Der Präsident
Joseph S. Blatter

Der Generalsekretär
Michel Zen-Ruffinen

Anlage 4

FIFA Zirkular Nr. 769 vom 24. August 2001[729]

729 http://www.fifa.com/service/pub_E.html; Die nachfolgende Anlage ist auf Schweizerdeutsch abgefasst.

An die Nationalverbände der FIFA

Zirkular Nr. 769

Zürich, 24. August 2001
GS/gmo/oon-slo

Überarbeitetes FIFA-Reglement bezüglich Status und Transfer von Spielern

Sehr geehrter Herr Generalsekretär

Wie Sie wissen, hat die FIFA letzten März mit der Europäischen Kommission eine Einigung über die Grundsätze für die Überarbeitung der FIFA-Regeln bezüglich internationale Transfers erzielt. Die FIFA hat daraufhin unter Berücksichtigung dieser Grundsätze das Reglement bezüglich Status und Transfer von Spielern überarbeitet. Das neue Reglement und die dazu gehörenden Ausführungsbestimmungen wurden am 5. Juli 2001 vom FIFA-Exekutivkomitee in Buenos Aires verabschiedet. Wir freuen uns, Ihnen in der Anlage den Reglementstext in den vier offiziellen Sprachen der FIFA zuzustellen. Dieses Zirkular gibt Ihnen einen Überblick über die wichtigsten Punkte des neuen Reglements mit den entsprechenden Erklärungen.

Der Einfachheit halber wird auch in diesem Zirkular die männliche Form verwendet, sie gilt jedoch für Frauen und Männer.

1. Schutz Minderjähriger

Das neue Reglement setzt strenge Richtlinien für den internationalen Transfer Minderjähriger (d.h. Spieler unter 18 Jahren), um Training und schulische Ausbildung der Spieler in einem stabilen Umfeld zu ermöglichen. Mit diesen Richtlinien soll verhindert werden, dass Minderjährige wie in der Vergangenheit geschehen ausgenutzt werden.

Internationale Transfers Minderjähriger sind grundsätzlich verboten. Eine Ausnahme bildet der Umzug der Familie eines Spielers in ein anderes Land aus Gründen, die nichts mit dem Fussballsport zu tun haben.[1] Nationalverbände dürfen keine Minderjährigen registrieren, die ohne ihre Familie umgezogen sind. Ebenfalls unzulässig ist der Umzug mit der Familie, falls

---

[1] Siehe Art. 12.(a) des FIFA-Reglements bezüglich Status und Transfer von Spielern (im Folgenden: das Reglement).

deren Umzug mit dem Transfer des Minderjährigen zu einem anderen Fussballverein in Zusammenhang steht.[2] Die Nationalverbände oder bei deren Versäumnis die FIFA-Spielerstatut-Kommission kann gegen Klubs, die das Verbot missachten, Disziplinarmassnahmen verhängen.[3] Die FIFA-Spielerstatut-Kommission oder die Nationalverbände können gegen Spielervermittler, die an einem rechtswidrigen Transfer und/oder einer Registrierung eines Minderjährigen beteiligt waren, Disziplinarmassnahmen aussprechen.[4]

Der Wechsel Minderjähriger innerhalb des EU-/EWR-Raums ist gestattet, falls der Spieler unter 18 Jahre ist, aber das Mindest-Arbeitsalter erreicht hat. In diesem Fall muss aber sichergestellt werden, dass seine sportliche und schulische Ausbildung vom neuen Verein gewährleistet werden kann.[5] Die FIFA wird in Zusammenarbeit mit der UEFA einen Ehrenkodex ausarbeiten, der von den Nationalverbänden, Ligen und Vereinen befolgt werden sollte.[6] Die FIFA verpflichtet sich, diesen Kodex zu gegebener Zeit zu veröffentlichen. Verletzt ein Verein den Kodex, darf der zuständige Nationalverband den Spieler nicht registrieren. Zudem können gegenüber dem fehlbaren Klub Disziplinarmassnahmen verhängt werden.[7] Die Nationalverbände können stichprobenweise bei den Klubs Kontrollen durchführen, um die Befolgung des Ehrenkodex sicherzustellen, und können bei Zuwiderhandlungen Sanktionen wie Annullierung von unkorrekten Registrierungen Minderjähriger verhängen.[8] Die FIFA-Spielerstatut-Kommission kann gegen Vereine Disziplinarmassnahmen aussprechen, falls der Nationalverband seiner Verpflichtung nicht nachkommt.[9] Die FIFA-Spielerstatut-Kommission kann zudem gegen Spielervermittler oder andere Drittparteien, die unter die Gerichtsbarkeit der FIFA fallen, vorgehen, die an der Registrierung Minderjähriger beteiligt waren, bei denen der Ehrenkodex verletzt wurde.[10]

Die gleichen Grundsätze kommen bei der Erstregistrierung von Spielern unter 18 Jahren zur Anwendung, die sich bei einem ausländischen Klub registrieren lassen wollen.[11]

Gegen alle vorgenannten Disziplinarmassnahmen kann beim Schiedsgericht des Fussballs (TAF) Berufung eingelegt werden.[12]

2. Ausbildungsentschädigung

Das neue Reglement enthält klare Berechnungsgrundlagen für die Ausbildungsentschädigung. Ziel ist es, die Ausbildung der jungen Spieler zu verbessern und zu intensivieren sowie die Solidarität unter den Klubs zu fördern, indem an die Vereine, die in die Ausbildung der jungen Spieler investiert haben, eine finanzielle Entschädigung entrichtet wird. Gleichzeitig

---

2 Siehe Art. 4.1 und 4.2 der Ausführungsbestimmungen für das Reglement bezüglich Status und Transfer von Spielern (im Folgenden: die Ausführungsbestimmungen).
3 Siehe Art. 4.3 und 4.4 der Ausführungsbestimmungen.
4 Siehe Art. 3.7, 4.5 der Ausführungsbestimmungen; Art. 15 des Spielervermittler-Reglements.
5 Siehe Art. 12.1 (b) des Reglements.
6 Siehe Art. 3 der Ausführungsbestimmungen.
7 Siehe Art. 3.4 der Ausführungsbestimmungen.
8 Siehe Art. 3.6 der Ausführungsbestimmungen.
9 Siehe Art. 3.5 der Ausführungsbestimmungen.
10 Siehe Art. 3.7 der Ausführungsbestimmungen.
11 Siehe Art. 12.2 des Reglements.
12 Siehe Art. 3.8 der Ausführungsbestimmungen

wurden Vorkehrungen getroffen, damit die Ausbildungsentschädigungen verhältnismässig sind und für einen jungen Spieler beim Vereinswechsel nicht zur Hypothek werden.

In Anwendung dieser Grundsätze werden die Vereine basierend auf ihren finanziellen Aufwendungen für die Ausbildung der Spieler in vier Kategorien eingeteilt:

Kategorie 1 (höchste Kategorie, d.h. mit qualitativ hoch stehendem Trainingszentrum):
Alle Vereine der obersten Spielklasse eines Nationalverbands, die durchschnittlich einen gleichen Betrag in die Ausbildung ihrer Spieler investieren.

Kategorie 2:
Alle Vereine der zweitobersten Spielklasse eines Nationalverbands der Kategorie 1.
Alle Vereine der obersten Spielklasse aller anderen Länder, in denen Profifussball gespielt wird.

Kategorie 3:
Alle Vereine der dritttobersten Spielklasse eines Nationalverbands der Kategorie 1.
Alle Vereine der zweitobersten Spielklasse aller anderen Länder, in denen Profifussball gespielt wird.

Kategorie 4:
Alle Vereine der viertobersten Spielklasse und aller tieferen Spielklassen eines Nationalverbandes der Kategorie 1.
Alle Vereine der drittobersten Spielklasse und aller anderen Spielklassen aller anderen Länder, in denen Profifussball gespielt wird.
Alle Vereine von Ländern, in denen nur Amateur-Fussball gespielt wird.[13]

Die Nationalverbände der EU und des EWR bestimmen jährlich nach Anhörung der Spieler- und Vereinsvertreter die vier Kategorien, in die ihre Vereine eingeteilt werden. Die betroffenen Verbände schicken die entsprechenden Informationen innerhalb nützlicher Frist an die FIFA, so dass diese den betreffenden Nationalverband jedes Jahr bis zum Beginn der Registrierungsperiode in der Mitte der Saison über die endgültige Kategorisierung in Kenntnis setzen kann. Die FIFA veröffentlicht die Kategorisierung auch auf ihrer Internet-Seite. Die Kategorisierung gilt für 12 Monate oder 2 Registrierungsperioden.[14]

Die Nationalverbände von Nicht-EU-/EWR-Ländern können eine andere Einteilung ihrer Klubs und eine andere Berechnungsgrundlage der Ausbildungskosten vorschlagen.[15] Eine solche Kategorisierung sollte gegebenenfalls von Zeit zu Zeit überprüft werden.

a. Wann ist eine Ausbildungsentschädigung fällig?

Im Allgemeinen wird eine Ausbildungsentschädigung fällig, wenn ein Spieler vor seinem 23. Geburtstag:

---

13 Siehe Art. 6.2 der Ausführungsbestimmungen.
14 Siehe Art. 6.4 der Ausführungsbestimmungen.
15 Siehe Art. 6.3 der Ausführungsbestimmungen.

(i) seinen ersten Nicht-Amateur-Vertrag bei einem Verein unterzeichnet, der keinen Beitrag zu seiner Ausbildung geleistet hat, oder

(ii) als Nicht-Amateur den Verein wechselt.[16]

In Abweichung der genannten Fälle ist keine Ausbildungsentschädigung zu entrichten, wenn:

- ein Spieler von einem Nicht-Amateur-Verein zu einem Amateur-Klub wechselt, sofern der Spieler nicht innerhalb von drei Jahren nach seiner Registrierung als Amateur wieder in den Nicht-Amateur-Status wechselt und noch nicht 23 Jahre alt ist.[17]

- ein Spieler innerhalb des EU-/EWR-Raums von einem Verein der Kategorien 1, 2 oder 3 zu einem Klub der Kategorie 4 wechselt.[18]

- ein Verein, bei dem ein Spieler seinen ersten Nicht-Amateur-Vertrag abgeschlossen hat, den Vertrag einseitig, ohne triftigen Grund auflöst. Der Anspruch früherer Vereine des betreffenden Spielers bleibt jedoch weiterhin bestehen, da sie an der ungerechtfertigten Vertragsauflösung keine Schuld trifft.[19]

- ein Verein den Vertrag mit dem Spieler einseitig, ohne triftigen Grund aufgelöst hat. In diesem Fall wird der Verein bei nachfolgenden Transfers eines noch nicht 23-jährigen Spielers bei der Zahlung von Ausbildungsentschädigungen nicht berücksichtigt. Frühere Vereine haben jedoch wie aufgezeichnet weiterhin Anrecht auf ihren Anteil.[20]

Falls der ausbildende Verein einem noch nicht 23-jährigen Spieler innerhalb des EU-/EWR-Raums keinen Vertrag offeriert und er deshalb seinen ersten Nicht-Amateur-Vertrag bei einem anderen Nicht-Amateur-Verein unterschreibt, hält das Reglement fest, dass diesem Umstand bei der Berechnung einer etwaigen Ausbildungsentschädigung Rechnung zu tragen ist.[21] Der Verein, der den Spieler ausgebildet hat, hat grundsätzlich nur Anspruch auf eine Ausbildungsentschädigung, wenn er bei der Kammer zur Beilegung von Streitigkeiten seine Forderung geltend machen kann. Letzteres ist nur zulässig, falls in einem nationalen Gesamtarbeitsvertrag keine gegenteiligen Bestimmungen vorgesehen sind.

Falls ein noch nicht 23-jähriger Spieler nach Ablauf seines Vertrags von seinem Nicht-Amateur-Klub keinen neuen Vertrag erhält, der mindestens Gehaltszahlungen in der Höhe der alten Vereinbarung vorsieht, wird angenommen, dass der Verein dem Spieler aufgrund der Berechnung einer Ausbildungsentschädigung keinen neuen Vertrag angeboten hat.

---

16 Siehe Art. 14 und 15 des Reglements.

17 Siehe Art. 5.3, erster Absatz der Ausführungsbestimmungen.

18 Siehe Art. 7.4 (c) der Ausführungsbestimmungen.

19 Siehe Art. 5.3, zweiter Abschnitt i.V.m. Art. 5.4.(b) der Ausführungsbestimmungen.

20 Siehe Art. 5.3, zweiter Abschnitt i.V.m. Art. 5.4.(c) der Ausführungsbestimmungen.

21 Siehe Art. 5.5 der Ausführungsbestimmungen und Art. 42.1 (b) (iv) des Reglements.

b. *Wie wird die Ausbildungsentschädigung berechnet?*

Eine Ausbildungsentschädigung wird folgendermassen veranschlagt: Der Betrag basiert auf den Aufwendungen für Training und Ausbildung der Vereine. Bei Transfers innerhalb des EU-/EWR-Raums sind die Kosten im Land des Nationalverbandes des früheren Vereins massgebend[22]. Bei allen übrigen Transfers gelten die Kosten im Land des Nationalverbandes des neuen Vereins[23].

Aus praktischen Gründen und um die Voraussehbarkeit der fälligen Ausbildungsentschädigungen sicherzustellen, werden die Auslagen für Training und Ausbildung nicht für jeden einzelnen Klub berechnet. Alle Vereine werden wie dargelegt in Kategorien eingeteilt (vier Kategorien für den EU-/EWR-Raum). Die Kosten und Entschädigung für Ausbildung werden pro Land und Kategorie wie folgt festgesetzt:

Die Nationalverbände des EU-/EWR-Raums werden nach Anhörung der Spieler- und Vereinsvertreter die Berechnungsgrundlagen für die Ausbildungsentschädigung bestimmen. Die Nationalverbände legen also für ihre vier Vereinskategorien die Ausbildungsentschädigung fest. Die Berechnung stützt sich auf den so genannten durchschnittlichen Spielerfaktor, der durch das Verhältnis zwischen der Anzahl auszubildender Spieler und den Fussballern, die dank der Ausbildung den Durchbruch im Profifussball schaffen, bestimmt wird. Die Kosten können nach 24 Monaten oder 4 Registrierungsperioden überprüft werden.[24]

Die Nationalverbände von nicht EU-/EWR-Staaten können die entsprechenden Kosten für Training und Ausbildung anhand abweichender Methoden bestimmen. Die Kosten können gegebenenfalls periodisch überprüft werden.[25]

Die FIFA übernimmt die Vorgaben der Nationalverbände, falls die Kosten für Training und Ausbildung verhältnismässig erscheinen. Die FIFA gibt diese den Nationalverbänden jährlich bis spätestens Mitte Saison bekannt und wird sie ebenfalls auf ihrer Internet-Seite veröffentlichen.

Auf der Grundlage der Erfahrungen mit der Kalkulation der Auslagen für Training und Ausbildung durch die Nationalverbände wird die FIFA periodisch in einem Zirkular Richtlinien für die Berechnung solcher Kosten herausgeben.[26]

Sind die Aufwendungen für Training und Ausbildung einer Vereinskategorie festgesetzt, wird die Ausbildungsentschädigung, die in einem konkreten Fall an einen Verein gezahlt werden muss, wie folgt berechnet: Der Betrag, welcher der Kategorie des ausbildenden Vereins entspricht, bei dem der Spieler registriert war, wird mit der Anzahl Trainingsjahre multipliziert, die der Spieler bei diesem Klub wirklich absolviert hat. Es können höchstens zehn Jahre verrechnet werden. Obschon die Ausbildung vom 12. bis zum 23. Geburtstag andauern kann, sind für die Berechnung der Ausbildungsentschädigung nur die effektiven

---

22 Siehe Art. 7.4 der Ausführungsbestimmungen.
23 Siehe Art. 7.3 der Ausführungsbestimmungen.
24 Siehe Art. 6.5 der Ausführungsbestimmungen.
25 Siehe Art. 6.3 der Ausführungsbestimmungen
26 Siehe Art. 6.5 der Ausführungsbestimmungen

Trainingsjahre bis zum 21. Geburtstag massgeblich.[27] Nur die Jahre, in denen der Spieler nachweislich trainiert wurde, werden berücksichtigt.[28] Falls es offensichtlich ist, dass ein Spieler seine Ausbildung vor dem 21. Geburtstag abgeschlossen hat, werden weniger als 10 Jahre für die Berechnung beigezogen, d.h. nur die Jahre zwischen dem 12. Geburtstag und dem Alter zum Zeitpunkt des tatsächlichen Abschlusses der Ausbildung.[29]

Falls ein Spieler seit seinem 11. Geburtstag bei einem Verein spielt und im Alter von 22 Jahren und 6 Monaten zu einem Nicht-Amateur-Klub wechseln will, steht dem alten Verein die Entschädigung für Training und Ausbildung seiner Kategorie multipliziert mit zehn zu, obwohl die Ausbildung des Spielers 12 ½ Jahre dauerte. Gehört der Klub der Kategorie 1, 2 oder 3 an, gilt für die Berechnung nur ein Multiplikator von sieben, da für die ersten 3 Jahre seiner Ausbildung, d.h. bis zu seinem 15. Geburtstag, die jährlichen Ausbildungskosten der Kategorie 4 desselben Nationalverbands zur Anwendung kommen.[30]

Wechselt ein Spieler zwischen dem Alter von 12 und 23 Jahren den Klub mehrmals, müssen verschiedene Berechnungen angestellt werden. Dazu vier Beispiele:

Ein Spieler unterzeichnet seinen ersten Vertrag mit 19 Jahren beim deutschen Verein C der Kategorie 1. Von 12 bis 16 Jahre trainierte er beim portugiesischen Klub A der Kategorie 3. Von 16 bis 19 Jahre spielte er beim portugiesischen Verein B der Kategorie 2. Klub C muss eine Ausbildungsentschädigung für 7 Jahre bezahlen, die auf Pro-rata-Basis gemäss den ganzen Jahren nachweislich geleisteter Ausbildung und der Kategorie, welcher der Verein angehört, berechnet wird. Eine Entschädigung gemäss Kategorie 2 für 3 Jahre an Klub B (vorausgesetzt der Spieler verliess den Verein B während des vierten Ausbildungsjahres) und eine Vergütung gemäss Kategorie 3 für ein Jahr sowie gemäss Kategorie 4 für drei Jahre[31] an Verein A (angenommen der Spieler verliess Klub A nach vier vollen Ausbildungsjahren).[32]

Ein Spieler trainiert seit seinem 15. Geburtstag beim norwegischen Verein A der Kategorie 4. Mit 18 Jahren bietet ihm Klub A einen Nicht-Amateur-Vertrag an. Mit 19 Jahren unterschreibt der Spieler beim schwedischen Verein B der Kategorie 3 einen Nicht-Amateur-Vertrag. Der schwedische Klub überweist dem Verein aus Norwegen die Summe y, die einer Ausbildungsentschädigung der Kategorie 4 für fünf Jahre gleichkommt.[33] In Schweden wird die effektive Ausbildung des Spielers bis zu seinem 20. Geburtstag fortgesetzt, bis er in der ersten Mannschaft von Verein B regelmässig zum Einsatz kommt. Mit 21 Jahren wechselt er zum englischen Verein C, der ebenfalls der Kategorie 3 angehört. Verein C muss dem Nicht-

---

27 Siehe Art. 13 des Reglements und Art. 7.1 der Ausführungsbestimmungen

28 Siehe Art. 13 des Reglements.

29 In den ersten Jahren der Umsetzung muss für alle Ausbildungsjahre, die in die gleiche Kategorie fallen und vor Inkrafttreten des Reglements liegen, mit demselben Betrag gerechnet werden. Dies ist unvermeidlich, da uns noch keine Vergleichswerte früherer Jahre zur Verfügung stehen. Sobald die Kosten für 2001 und 2002
bekannt sind, bilden sie die Grundlage für die Berechnung jedes einzelnen Trainingsjahres.

30 Siehe Art. 7.2 der Ausführungsbestimmungen.

31 Die Beträge für Spieler von 12 bis 15 Jahren errechnen sich immer auf der Basis der Trainings- und Ausbildungskosten der Kategorie 4 (vgl. Art. 7.2 der Ausführungs-bestimmungen).

32 Siehe Art. 5.4 (b) der Ausführungsbestimmungen.

33 Siehe Art. 5.4 (c) der Ausführungsbestimmungen.

Amateur-Klub B gemäss Kategorie 3 eine Entschädigung für ein Jahr bezahlen sowie den Teil der Summe y, den Verein B an Klub A entrichtete .[34]

Ein Spieler trainierte von seinem 12. bis 18. Geburtstag beim französischen Verein A. Er wechselt im Anschluss zum italienischen Nicht-Amateur-Klub B der Kategorie 2, bei dem seine Ausbildung fortgeführt wird. Mit 22 Jahren wechselt der Spieler zum spanischen Nicht-Amateur Verein C der Kategorie 1. Die Entschädigung von Verein C an Klub B entspricht den Ausbildungskosten von Klub B für die Zeitspanne zwischen dem 18. und 21. Geburtstag des Spielers.[35]

Ein Spieler trainierte nachweislich zwischen 13 und 19 Jahren beim venezolanischen Amateur-Klub A und wechselte daraufhin zum mexikanischen Nicht-Amateur-Verein B. Die Ausbildungsentschädigung von Klub B an Verein A berechnet sich anhand der Kategorie, die der mexikanische Nationalverbände für diesen Klub bestimmt hat, multipliziert mit sechs. Die tiefste Kategorie ist auf jeden Fall massgebend für die Berechnung der Ausbildungsentschädigung für die Jahre zwischen dem 13. und 15. Geburtstag des Spielers.[36]

(i) Berechnungsgrundlagen ausserhalb des EU-/EWR-Raums

Wie bereits geschildert kommen bei der Berechnung der jeweiligen Ausbildungsentschädigung verschiedene Kriterien zum Tragen. Entscheidend ist in diesem Zusammenhang, ob der Transfer zwischen zwei Vereinen des EU-/EWR-Raums abgewickelt wird. Bei (i) einem Transfer eines Spielers aus einem Nicht-EWR-Staat zu einem Verein eines EWR-Staats, (ii) einem Transfer eines Spielers aus einem Nicht-EWR-Staat zu einem Verein eines Nicht-EWR-Staats oder (iii) einem Transfer eines Spielers aus einem EWR-Staat zu einem Verein eines Nicht-EWR-Staats muss die Berechnung einer fälligen Ausbildungsentschädigung auf den Kosten im Land des *neuen* Klubs basieren, damit die Solidarität innerhalb der Fussballfamilie gefördert wird.[37] Der neue Klub hat eine Entschädigung zu entrichten, die sich jeweils nach der Kategorie des alten Vereins richtet, aber gemäss den durchschnittlichen Trainings- und Ausbildungskosten im Land des neuen Vereins errechnet wird.

Mit dieser Massnahme wird vermieden, dass Vereine junge ausländische Spieler nur unter Vertrag nehmen, weil die Ausbildungskosten in deren Heimatländern tiefer veranlagt sind. Alle Vereine sollten dazu angehalten werden, selbst in die Ausbildung junger Spieler zu investieren. Vereine, die sich die Zuzüge junger ausländischer Fussballtalente leisten können, müssen dem ausländischen Klub eine Entschädigung bezahlen, die sich nach den Aufwendungen in ihrem eigenen Land richtet.

---

34 Siehe Art. 5.4 (c) der Ausführungsbestimmungen.
35 Siehe Art. 5.4 (f) der Ausführungsbestimmungen.
36 Siehe Art. 7.2 der Ausführungsbestimmungen.
37 Siehe Art. 7.3 der Ausführungsbestimmungen.

(ii) Berechnungsgrundlagen innerhalb des EU-/EWR-Raums

Innerhalb des EU-/EWR-Raums stützt sich die Entschädigung im Prinzip auf die Trainings- und Ausbildungskosten des Landes des *alten* Vereins, der den Spieler ausgebildet hat.[38] Es gelten folgende Regeln:

- Falls der Spieler zu einem Klub derselben Kategorie wechselt, gelten die Kosten dieser Kategorie.

- Falls der Spieler von einer niedrigeren in eine höhere Kategorie wechselt, wird der Durchschnitt der Trainingskosten beider Kategorien berechnet.

- Falls der Spieler von einer höheren in eine niedrigere Kategorie wechselt, werden die Trainingskosten des Vereins der niedrigeren Kategorie verrechnet.

- Falls der Spieler von einem Verein der Kategorie 1, 2 oder 3 zu einem Klub der Kategorie 4 wechselt, ist keine Entschädigung zu entrichten.[39]

Innerhalb des EU-/EWR-Raums sollten für die Ausbildungsentschädigung Maximalbeträge festgelegt werden, die jedes Jahr nach Anhörung der Spieler- und Vereinsvertreter von den Nationalverbänden für die einzelnen Kategorien bestimmt werden. Nach Prüfung dieser Maximalbeträge auf ihre Verhältnismässigkeit, gibt sie die FIFA spätestens bis zur Registrierungsperiode in der Mitte der Saison mittels Zirkular an die Nationalverbände bekannt und publiziert sie auf ihrer Internet-Seite.[40]

Nach Ansicht der FIFA ist die folgende Berechnung der Maximalbeträge am logischsten: Die durchschnittlichen Kosten pro Verein einer bestimmten Kategorie werden durch die durchschnittliche Anzahl Spieler dividiert, die einen Nicht-Amateur-Vertrag von den ausbildenden Vereinen in dieser Kategorie erhalten. Die FIFA empfiehlt den Nationalverbänden daher, diesen Grundsatz bei der Festsetzung von Maximalbeträgen für die einzelnen Kategorien zu befolgen.

(iii) Streitigkeiten bezüglich Ausbildungsentschädigung

Besteht in einem konkreten Fall Uneinigkeit bezüglich Zahlung (Höhe) der Ausbildungsentschädigung, können die betroffenen Parteien an die Kammer zur Beilegung von Streitigkeiten der FIFA gelangen. Die Kammer fällt innerhalb von 60 Tagen nach Unterbreitung des Falls ein Urteil. Die Kammer kann die Ausbildungsentschädigung gemäss erwähnten Grundsätzen nach eigenem Ermessen festlegen, falls sie der Ansicht ist, dass der Betrag unter Berücksichtigung der spezifischen Umstände unverhältnismässig ist. Gegen das Urteil der Kammer kann beim Schiedsgericht des Fussballs (TAF) Berufung eingelegt werden.[41]

---

38 Siehe Art. 7.4 der Ausführungsbestimmungen.

39 Siehe Art. 7.4 der Ausführungsbestimmungen.

40 Siehe Art. 7.5 der Ausführungsbestimmungen.

41 Siehe Art. 42.1 (b) (iv) des Reglements.

c. *Verteilschlüssel für die Ausbildungsentschädigung*

Die Ausbildungsentschädigung sollte allen Vereinen zugute kommen, die einen Beitrag zur Ausbildung eines jungen Spielers geleistet haben, der als Nicht-Amateur-Spieler transferiert wird. Aufgrund dessen hält das Reglement fest, dass die Ausbildungsentschädigung wie folgt aufgeteilt wird:

Falls die Ausbildungsentschädigung bei der Unterzeichnung des ersten Nicht-Amateur-Vertrags fällig wird, wird sie auf Pro-rata-Basis gemäss den ganzen Jahren nachweislich geleisteter Ausbildung und der Kategorie, welcher der Verein angehört, verteilt.[42]

Bei späteren Transfers zwischen Vereinen der dritten oder vierten Kategorie schuldet der neue Verein dem ehemaligen Klub die Kosten, welche für die Ausbildung des Spielers aufgewendet wurden, sowie die Kosten, welche der Verein zurzeit der Registrierung des Spielers bezahlt hat.[43] Wechselt ein Spieler eines Vereins der ersten oder zweiten Kategorie, so beläuft sich die Ausbildungsentschädigung auf den Betrag der Ausbildungskosten des früheren Klubs.[44] Die Entschädigung wird unter den Klubs gegebenenfalls nach folgenden Grundsätzen aufgeteilt:

(a) Beim Transfer eines Spielers von einem Verein der dritten oder vierten Kategorie zu einem Verein einer höheren Kategorie werden 75 % des Betrags, der über die Kosten der Kategorie des "alten" Klubs hinausgeht, auf Pro-rata-Basis auf alle Vereine umverteilt, die zur Ausbildung des Spielers seit seinem 12. Geburtstag beigetragen haben[45].

(b) Beim Transfer eines Spielers von einem Verein der zweiten Kategorie zu einem Verein der ersten Kategorie werden 50 % des Betrags, der über die Kosten der Kategorie des "alten" Klubs hinausgeht, auf Pro-rata-Basis auf alle Vereine umverteilt, die zur Ausbildung des Spielers seit seinem 12. Geburtstag beigetragen haben[46].

(c) Beim Transfer eines Spielers zwischen zwei Vereinen der gleichen Kategorie werden 10 % der Ausbildungsentschädigung gemäss Ausbildungskosten des ehemaligen Vereins für Wechsel innerhalb des EU-/EWR-Raums oder gemäss Ausbildungskosten des neuen Vereins in allen anderen Fällen auf Pro-rata-Basis auf alle Vereine umverteilt, die zur Ausbildung des Spielers seit seinem 12. Geburtstag beigetragen haben[47].

(d) Kann die Karriere eines Spielers nicht zu seinem 12. Geburtstag zurückverfolgt werden, werden die fehlenden Jahre zur Berechnung der Ausbildungsentschädigung in die Kategorie vier eingestuft. Der Betrag wird an den Nationalverband des

---

42 Siehe Art. 5.4 (b) der Ausführungsbestimmungen.
43 Siehe Art. 5.4 (c) der Ausführungsbestimmungen.
44 Siehe Art. 5.4 (f) der Ausführungsbestimmungen.
45 Siehe Art. 7.4 (a) und 8 (a) der Ausführungsbestimmungen.
46 Siehe Art. 7.4 (a) und 8 (b) der Ausführungsbestimmungen.
47 Siehe Art. 7.3 und 7.4 und Art. 8 (c) der Ausführungsbestimmungen.

Herkunftslandes des Spielers überwiesen und ist für die Ausbildung junger Spieler zweckgebunden.[48]

d. Zahlung der Entschädigung

Die Entschädigung für Training und Ausbildung, die gemäss obigen Grundsätzen berechnet wird, ist vom neuen Verein an die Vereine, die zur Ausbildung des Spielers beigetragen haben, spätestens 30 Tage nach Unterzeichnung des ersten Nicht-Amateur-Vertrags oder bei nachfolgenden Transfers spätestens 30 Tage nach der neuen Registrierung des Spielers zu überweisen.[49] Es obliegt dem neuen Verein, die Ausbildungsentschädigung zu berechnen und den Verteilschlüssel für die Zahlung an die Vereine festzulegen, bei denen der Spieler zuvor gespielt hat. Der Spieler kann vom neuen Klub für diese Aufgabe beigezogen werden.[50]

Die FIFA-Spielerstatut-Kommission kann gegen Vereine oder Spieler, die gegen diese Zahlungsbestimmungen verstossen, Disziplinarmassnahmen verhängen.[51]

e. Geltungsbereich der Ausbildungsentschädigung

Eine Ausbildungsentschädigung ist nur bei internationalen Transfers von Spielern unter 23 Jahren fällig. Diese Bestimmungen haben somit für nationale Transfers keine Gültigkeit, obschon die Nationalverbände Transferregelungen erlassen müssen, die mit den Grundsätzen des FIFA-Reglements übereinstimmen[52]. Wechselt ein Spieler im Alter von 23 Jahren oder älter den Verein, so ist keine Ausbildungsentschädigung zu bezahlen, ungeachtet der Staatsbürgerschaft eines Spielers, des Status oder des Sitzes eines Klubs, der an einem internationalen Transfer beteiligt ist.[53]

3. Vertragsstabilität

Für die Vereine, die Spieler und die Öffentlichkeit ist Vertragsstabilität im Fussball von grundlegender Bedeutung. Für die Beziehungen zwischen Spielern und Klubs müssen daher gesetzliche Grundlagen bestehen, die den besonderen Ansprüchen des Fussballs gerecht werden und ein Gleichgewicht zwischen den Einzelinteressen der Spieler und Vereine herstellen sowie die Regelmässigkeit und die rechtmässige Durchführung eines Wettbewerbs gewährleisten.

Das neue Reglement versucht aus diesem Grund sicherzustellen, dass bei einem Vertragsabschluss zwischen einem Verein und einem Spieler der Vertrag von beiden Parteien eingehalten wird. Einseitige Vertragsauflösungen, insbesondere während den ersten zwei oder drei Jahren (je nach Alter der Spieler), sollen vermieden werden. Das Reglement trägt aber auch dem Umstand Rechnung, dass Spieler für eine einseitige Auflösung eines langjährigen Vertrags eine sportspezifische Begründung ('sportlich triftiger Grund') vorbringen können,

---

48 Siehe Art. 8 (d) der Ausführungsbestimmungen.
49 Siehe Art. 9.1 der Ausführungsbestimmungen.
50 Siehe Art. 9.2 der Ausführungsbestimmungen.
51 Siehe Art. 9.3 der Ausführungsbestimmungen.
52 Siehe Präambel des Reglements.
53 Siehe Art. 20 des Reglements.

die durch entsprechende Klauseln eines normalen Arbeitsvertrags und des früheren FIFA-Reglements betreffend Status und Transfers von Spielern nicht abgedeckt ist.

a. Vertragsbrüche

(i) Sportliche Sanktionen

Das Reglement hält fest, dass ein Verein, der einen Spieler verpflichten möchte, der noch bei einem anderen Klub unter Vertrag steht, diese vor Aufnahme von Vertragsverhandlungen entsprechend informieren muss. Spieler und Klubs müssen also gleichzeitig informiert werden. Bei Zuwiderhandlungen wird eine Geldstrafe von mindestens CHF 50'000 verhängt.[54] Falls schliesslich ein Vertragsbruch vorliegt, werden sportliche Sanktionen ausgesprochen. Ein Verein, der einen anderen Klub zum einseitigen Vertragsbruch mit einem Spieler anstiftet, wird mit sportlichen Sanktionen belegt. Gegen einen Verein, der einen Spieler zum einseitigen Vertragsbruch anstiftet, werden ebenfalls sportliche Sanktionen verhängt. Zudem werden gegen den vertragsbrüchigen Verein oder den Spieler sportliche Sanktionen ausgesprochen. Die Sanktionen werden nachfolgend definiert.

Ein Spieler, der seinen Vertrag während des ersten oder zweiten Jahres (oder nur während des ersten Jahres, falls der Spieler bei Vertragsunterzeichnung bereits 28 Jahre alt war) bricht, kann für offizielle Spiele seines neuen Vereins in der neuen Spielzeit gesperrt werden. Eine Sperre darf aber für höchstens 4 Monate ausgesprochen werden. Liegen erschwerende Umstände vor, kann die Sperre höchstens auf 6 Monate ausgedehnt werden.[55] Dies ist die Höchstdauer. Die Kammer zur Beilegung von Streitigkeiten muss gemäss den allgemeinen Rechtsgrundsätzen bei der Festlegung des Strafmasses die massgebenden fallspezifischen oder rechtlichen Fakten berücksichtigen.

Bricht ein Spieler seinen Vertrag während des dritten oder, wenn er bei Vertragsabschluss bereits 28 Jahre alt war, während des zweiten Jahres, wird in der Regel keine Spielsperre ausgesprochen, falls er den Vertrag unter Berücksichtigung der Kündigungsfrist ordnungsgemäss gekündigt hat.[56]

Stiftet ein Verein einen Spieler zum Vertragsbruch an, kann diesem untersagt werden, während bis zu 12 Monaten nach Vertragsbruch neue Spieler aus dem In- und Ausland registrieren zu lassen. Falls ein Verein einen Spieler registrieren lassen möchte, der seinen Vertrag in den ersten zwei oder drei Jahren gebrochen hat, wird angenommen, dass der Klub den Spieler zum Vertragsbruch angehalten hat. In diesem Fall greifen üblicherweise die Disziplinarmassnahmen, es sei denn, der Verein kann diese Vermutung widerlegen.[57]

Bricht ein Verein den Vertrag während den ersten drei oder zwei Jahren, kann diesem untersagt werden, während bis zu 12 Monaten nach Vertragsbruch neue Spieler aus dem In- und Ausland registrieren zu lassen.[58]

---

54 Siehe Art. 13.2 der Ausführungsbestimmungen.
55 Siehe Art. 21 des Reglements.
56 Siehe Art. 23.1 (b) des Reglements.
57 Siehe Art. 23.2 (c) des Reglements.
58 Siehe Art. 23.2 (a) des Reglements.

Schliesslich können auch gegen Spielervermittler Sanktionen erlassen werden, die an einem Vertragsbruch beteiligt waren.[59]

Liegt ein Vertragsbruch nach den ersten drei oder zwei geschützten Jahren vor, werden gegen den Spieler oder die Klubs in der Regel keine der obigen Sanktionen. Ausnahmefälle:

- im Falle eines Spielers, falls dieser die Vertragskündigung nicht fristgerecht eingereicht hat,[60]
- im Falle eines Vereins,
  - falls dieser den Vertrag nicht fristgerecht gekündigt hat,[61] oder
  - falls der neue Klub den Spieler erwiesenermassen zum Vertragsbruch mit seinem alten Verein angestiftet hat, da die Verpflichtung des Spielers nicht automatisch als Anstiftung zum Vertragsbruch angesehen wird.[62]

Sofern die vorgenannten Bestimmungen eingehalten werden, bedeutet allein die Kontaktaufnahme und anschliessende Registrierung eines Spielers,[63] der seinen Vertrag nach den geschützten ersten drei oder zwei Jahren gebrochen hat, noch nicht, dass der neue Klub den Spieler zum Vertragsbruch angehalten hat. Der neue Verein hat daher nicht zwangsläufig mit sportlichen oder finanziellen Sanktionen zu rechnen (mit Ausnahme der finanziellen Entschädigung, welche aufgrund des vorliegenden Reglements geschuldet ist).

Spielervermittler, die einen Spieler zum Vertragsbruch während des geschützten dritten oder zweiten Jahres anstiften, können auch mit sportlichen Sanktionen belegt werden.[64]

Vertragsbrüche während der laufenden Spielzeit sind in jedem Fall verboten und werden erst auf Ende der Saison rechtskräftig, ausser es liegt ein triftiger Grund für die Vertragsauflösung vor.[65]

Alle sportlichen Sanktionen in diesem Zusammenhang dürfen einzig von der Kammer zur Beilegung von Streitigkeiten verhängt werden, die sich aus Spieler- und Vereinsvertretern zusammensetzt. Eine Ausnahme bilden Sanktionen gegen Spielervermittler, die in der Zuständigkeit der FIFA-Spielerstatut-Kommission liegen.[66] Das Urteil bezüglich der Sanktionen durch die Kammer zur Beilegung von Streitigkeiten hat spätestens 60 Tage nach Einreichung des Falles bei der Kammer oder gegebenenfalls bei einen nationalen Schiedsgericht für Sport zu erfolgen.[67]

---

59 Siehe Art. 23.3 des Reglements. Diese Sanktionen sind im FIFA-Spielervermittler-Reglement aufgeführt.
60 Siehe Art. 21.2 (c) des Reglements. Diese Bestimmung setzt eine Kündigungsfrist von 15 Tagen im Anschluss an das letzte offizielle Saisonspiel des Klubs fest, bei dem der Spieler registriert ist.
61 Siehe Art. 21.2 (c) des Reglements.
62 Siehe e contrario Art. 23.2 (c) des Reglements.
63 Siehe Art. 13.2 der Ausführungsbestimmungen.
64 Siehe Art. 21.2 (a) des Reglements.
65 Siehe Art. 21 des Reglements.
66 Siehe Art. 42.1 (b)(ii) des Reglements.
67 Siehe Art. 42 (b)(i) und (ii) des Reglements.

Die Parteien können gegen jedes Urteil der Kammer zur Beilegung von Streitigkeiten beim Schiedsgericht des Fussballs (TAF) Berufung einlegen, deren Mitglieder in solchen Fällen von Spielern und Klubs ausgewählt werden.[68] Jedes Urteil der FIFA-Spielerstatut-Kommission kann beim Schiedsgericht des Fussballs (TAF) angefochten werden.

(ii) Schadenersatz

Vertragsbrüche sind ungeachtet des Zeitpunktes, zu dem sie erfolgen, auch wieder Gegenstand von Schadenersatzforderungen.[69] Die Höhe der Entschädigung kann im Vertrag festgehalten werden oder anhand objektiver Kriterien, die im Reglement teilweise aufgeführt sind, berechnet werden.[70]

Eine Schadenersatzklage kann bei einem nationalen Gericht erhoben werden oder bei der Kammer zur Beilegung von Streitigkeiten der FIFA eingereicht werden. Die Kammer entscheidet 60 bis 90 Tage nach Einreichung der Klage über den Fall.[71] Bei der Urteilsfindung berücksichtigt die Kammer wie in allen anderen Fällen auch die jeweiligen Absprachen, Gesetze und/oder Gesamtarbeitsverträge, die in den betreffenden Ländern bestehen, sowie die Besonderheit des Sports.[72] Die Parteien können das Urteil der Kammer zur Beilegung von Streitigkeiten an das Schiedsgericht des Fussballs (TAF) weiterziehen.

Die Entschädigung, die in Zusammenhang mit einem Vertragsbruch von der Kammer zur Beilegung von Streitigkeiten bestimmt wurde, muss bis spätestens einen Monat nach Urteilseröffnung bezahlt werden.[73] Berufungen beim Schiedsgericht des Fussballs (TAF) haben keine aufschiebende Wirkung.[74] Die FIFA-Spielerstatut-Kommission kann gegen die Partei, die des Vertragsbruchs schuldig ist und der Entschädigungszahlung nicht innerhalb eines Monats nachgekommen ist, Disziplinarmassnahmen verhängen.[75] Falls ein Spieler den Vertragsbruch begangen hat und die von der Kammer festgesetzte Entschädigung nicht innerhalb eines Monats bezahlt hat, trägt der neue Verein (ungeachtet der Frage, ob er den Spieler zum Vertragsbruch angestiftet hat) eine Mithaftung.[76] Falls dieser Klub die Zahlung nicht innerhalb der Monatsfrist leistet, die auf den Zeitpunkt seiner Mithaftung folgt, kann auch dieser von der FIFA-Spielerstatut-Kommission mit Disziplinarmassnahmen belegt werden.[77]

b. Gerechtfertigte Vertragsauflösung

Eine einseitige Vertragsauflösung kann in gewissen Fälle rechtens sein. Ein Verein oder ein Spieler können im Sinne des herkömmlichen Arbeitsvertrags oder der bestehenden FIFA-Richtlinien einen triftigen Grund für eine Auflösung anführen[78]. Das neue Reglement sieht

---

68 Siehe Art. 42 (c) des Reglements.
69 Siehe Art. 21 des Reglements.
70 Siehe Art. 22 des Reglements.
71 Siehe Art. 42.1 (b)(iii) des Reglements.
72 Siehe Art. 43 des Reglements.
73 Siehe Art. 14.1 der Ausführungsbestimmungen.
74 Siehe Art. 42.1.(c) des Reglements.
75 Siehe Art. 14.2 der Ausführungsbestimmungen.
76 Siehe Art. 14.3 der Ausführungsbestimmungen.
77 Siehe Art. 14.4 der Ausführungsbestimmungen.
78 Die FIFA-Spielerstatut-Kommission entwickelte unter dem alten FIFA-Reglement die Praxis, dass für

jedoch spezifisch für die Spieler die Möglichkeit einer Vertragsauflösung bei Vorliegen von so genannten sportlich triftigen Gründen vor.[79]

Ein sportlich triftiger Grund soll fallspezifisch, unter Berücksichtigung der einzelnen Fakten beurteilt werden.[80] Als sportlich triftiger Grund für einen Vertragsbruch gilt u.a., falls der Spieler nach Abschluss der Saison belegen kann, dass er in weniger als 10 % der offiziellen Spiele seines Vereins eingesetzt wurde.[81] Ob ein Spielers einen sportlich triftigen Grund für eine Vertragsauflösung hat wird nur Ende Saison und vor Ablauf der betreffenden Registrierungsperiode im Land des ehemaligen Klubs festgestellt werden.[82]

Unabhängig davon kann ein Spieler aber an die Kammer zur Beilegung von Streitigkeiten gelangen, um feststellen zu lassen, ob ein triftiger Grund für eine sofortige Vertragsauflösung vor Ende der Saison vorliegt. Aufgrund der spezifischen Umstände kann die Kammer zur Beilegung von Streitigkeiten zum Schluss gelangen, dass das Verhalten des Vereins einem Vertragsbruch gleichzusetzen ist. In diesem Fall hätte der Spieler die Möglichkeit, den Klub mit sofortiger Wirkung zu verlassen. Der Klub könnte mit sportlichen Sanktionen belegt und zu einer Schadenersatzzahlung verpflichtet werden. Die Kammer fällt innerhalb von 30 Tagen nach Einreichen des Falles ein Urteil zu den Vertragselementen der Klage des Spielers. Spätestens 30 Tage nach der Urteilsverkündung entscheidet die Kammer über sportliche Sanktionen und Schadenersatzzahlung. Die Parteien können beim Schiedsgericht des Fussballs (TAF) gegen das Urteil der Kammer zur Beilegung von Streitigkeiten Berufung einlegen.[83] Ein Einspruch hat jedoch keine aufschiebende Wirkung.[84]

Liegt ein sportlich triftiger Grund vor, muss entschieden werden, ob eine Entschädigung zu bezahlen ist und wie hoch diese ausfällt.[85] Wird auf Zahlung einer Entschädigung entschieden, muss die Entschädigungssumme natürlich unter dem Betrag liegen, der bei einem missbräuchlichen Vertragsbruch fällig wäre, da der Verein zumindest teilweise für den Vertragsbruch verantwortlich ist, und grundsätzlich nicht über den Gehaltszahlungen liegen, die dem Spieler bis Vertragsende noch zustehen.

Der Spieler wird zu keiner Schadenersatzzahlung verpflichtet, falls für die Vertragsauflösung ein triftiger Grund vorliegt. Sein ehemaliger Klub kann aber zu einer Entschädigungszahlung an den Spieler verurteilt werden, falls dieser durch sein Verhalten seinen Teil des Vertrags ungerechtfertigt gebrochen hat.

4. Solidaritätsmechanismus

Wechselt ein Nicht-Amateur während der Laufzeit seines Vertrags zu einem ausländischen Verein, kann sein alter Verein dafür eine finanzielle Entschädigung erhalten, falls der Abgang

---

einen Spieler bei mehrmonatigem Zahlungsrückstand seines Gehalts seitens des Vereins ein triftiger Grund für eine vorzeitige Vertragsauflösung vorliegt.

79 Siehe Art. 24 des Reglements.

80 Siehe Art. 24 des Reglements.

81 Siehe Art. 12 der Ausführungsbestimmungen.

82 Siehe Art. 24 des Reglements.

83 Siehe Art. 42.1 (b)(i) des Reglements.

84 Siehe Art. 41.1 (c) des Reglements.

85 Siehe Art. 24 des Reglements.

des Spielers als Vertragsbruch taxiert wird oder eine Einigung zwischen dem alten und neuen Verein sowie dem betroffenen Spieler erzielt wurde. In diesem Fall muss der neue Verein ungeachtet des Alters des (Nicht-Amateur-) Spielers 5 % der Entschädigung an die Vereine entrichten, bei denen der Spieler zwischen seinem 12. und 23. Geburtstag spielte. Diese Summe versteht sich als Solidaritätsbetrag an die Vereine, die am Training und der Ausbildung des Spielers beteiligt waren.[86]

Der Solidaritätsbetrag soll wie folgt unter den Vereinen je nach Alter, das der Spieler zum besagten Zeitpunkt hatte, aufgeteilt werden:

- 12 – 13 Jahre: 5%
- 13 – 14 Jahre: 5%
- 14 – 15 Jahre: 10%
- 15 – 16 Jahre: 10%
- 16 – 17 Jahre: 10%
- 17 – 18 Jahre: 10 %
- 18 – 19 Jahre: 10 %
- 19 – 20 Jahre: 10 %
- 20 – 21 Jahre: 10 %
- 21 – 22 Jahre: 10%
- 22 – 23 Jahre: 10%.[87]

Kann die Karriere eines Spielers nicht bis zum 12. Geburtstag zurückverfolgt werden, wird der Betrag für die fehlenden Jahre an den Nationalverband des Herkunftslandes des Spielers überwiesen und ist für die Ausbildung von jungen Spielern zweckgebunden.

Die Zahlung des Solidaritätsbetrags muss bis spätestens 30 Tage nach der Registrierung des Spielers durch seinen neuen Verein erfolgen.[88] Es obliegt dem neuen Verein, die Entschädigung zu berechnen und die entsprechenden Zahlungen vorzunehmen. Der Spieler kann für die Berechnung der Summe und die Bestimmung der berechtigten Klubs beigezogen werden.[89] Die FIFA-Spielerstatut-Kommission kann gegen Klubs oder Spieler, die der Zahlung nicht nachkommen, Disziplinarmassnahmen verhängen.[90] Die Beschlüsse der FIFA-Spielerstatut-Kommission bezüglich Disziplinarmassnahmen können beim Schiedsgericht des Fussballs (TAF) angefochten werden.

5. Abwicklung internationaler Transfers

Spieler, die international transferiert werden, d.h. zu einem ausländischen Verein wechseln, sind für den neuen Klub für offizielle Begegnungen nur spielberechtigt, wenn sie beim Nationalverband, dem ihr neuer Klub angehört, registriert sind.[91] Um die Registrierung muss der neue Verein des Spielers fristgerecht ersuchen, d.h. während einer der beiden

86 Siehe Art. 25 des Reglements.
87 Siehe Art. 10 der Ausführungsbestimmungen.
88 Siehe Art. 11.1 der Ausführungsbestimmungen.
89 Siehe Art. 11.2 der Ausführungsbestimmungen.
90 Siehe Art. 11.3 der Ausführungsbestimmungen.
91 Siehe Art. 11.1 des Reglements.

Registrierungsperioden, die vom betreffenden Nationalverband festgesetzt wurden.[92] Um einen ausländischen Spieler zu registrieren, muss der Nationalverband beim Verband, dem der alte Verein angehört, um einen internationalen Freigabeschein ersuchen.[93]

Die angefragten Nationalverbände werden sich sofort mit dem Spieler und seinem alten Verein in Verbindung setzen, um abzuklären, ob (i) der Vertrag abgelaufen ist, (ii) im gegenseitigen Einverständnis vorzeitig aufgelöst wurde oder (iii) eine Vertragsstreitigkeit vorliegt.[94] In den ersten beiden Fällen stellt der Verband sieben Tage nach Eingang des Gesuchs den internationalen Freigabeschein aus und schickt eine Kopie an die FIFA. Im dritten Fall wird der Nationalverband den internationalen Freigabeschein ausstellen, wenn:

(a) er über die im Falle eines ungerechtfertigten Vertragsbruchs verhängten Sanktionen informiert wurde,[95] oder

(b) er über das Urteil in Kenntnis gesetzt wurde, wonach die Vertragsauflösung gerechtfertigt war. In diesem Fall werden gegen den Spieler keine Sanktionen verhängt.

Die Spielberechtigung eines Spielers für offizielle Spiele des neuen Vereins kann vorübergehend eingeschränkt werden, falls der Spieler im Zusammenhang mit einem früheren Vertragsverhältnis mit Disziplinarmassnahmen oder sportlichen Sanktionen belegt wurde.[96] Dadurch soll vermieden werden, dass ein Spieler den Verein wechselt, um sich Sanktionen zu entziehen, die aufgrund früheren Fehlverhaltens gegen ihn verhängt wurden.

Ein Spieler kann an die Kammer zur Beilegung von Streitigkeiten gelangen und eine finanzielle Entschädigung von seinem früheren Klub und/oder Disziplinarmassnahmen für diesen fordern. In diesem Fall muss nachgewiesen werden, dass der Spieler für die Vertragsauflösung einen triftigen oder sportlich triftigen Grund hatte und er in Anwendung des vorliegenden Reglements und in Erwartung der Entscheidung zur Triftigkeit der Vertragsauflösung für den Landeswettbewerb seines neuen Vereins gesperrt wurde. Die Kammer muss das Gesuch innerhalb von 60 Tagen nach dessen Einreichung durch den Spieler behandeln.[97] Gegen das Urteil der Kammer kann beim Schiedsgericht des Fussballs (TAF) Berufung eingelegt werden. Dieses Rechtsmittel hat jedoch keine aufschiebende Wirkung.[98]

---

92 Siehe Art. 6.2 des Reglements; Art. 2 der Ausführungsbestimmungen. Diejenigen Nationalverbände, die keine Registrierungsperioden kennen, sondern durchgehend Spieler registrieren, werden gebeten, solche Registrierungsfristen bis Ende Oktober 2001 festzulegen. Bis zu diesem Zeitpunkt ist das jetzige Registrierungsverfahren weiterhin gültig.

93 Siehe Art. 6.1 und 6.2 des Reglements.

94 Siehe Art. 6.3 des Reglements.

95 Siehe Art. 6.5 des Reglements.

96 Siehe Art. 11.2 des Reglements.

97 Siehe Art. 42.1 (b)(v) des Reglements.

98 Siehe Art. 42.1 (c) des Reglements.

6. Abstellen von Spielern für Auswahlspiele der Nationalverbände

Neben der Anpassung der Regeln für internationale Transfers von Spielern wurden auch beim Kapitel Abstellen von Spielern für Auswahlspiele der Nationalverbände des Reglements einige Änderungen vorgenommen, mit dem Ziel, das System im Interesse aller direkt Betroffenen zu verbessern. Im Folgenden sind die wichtigsten Neuerungen erklärt.

a. Abstellungspflicht

Als generelle Regel wurde die Zahl der Spiele, für die ein Spieler abgestellt werden muss, von sieben auf fünf Begegnungen pro Kalenderjahr gesenkt. Diese Bestimmung tritt am 1. Januar 2002 in Kraft. Stehen aber nach diesen fünf Begegnungen noch weitere Spiele an, die ein Nationalverband im Rahmen der Ausscheidungen für die FIFA Fussball-Weltmeisterschaft™ und neu für die Vorrunde der Olympischen Fussballturniere und/oder die Vorrunde der Kontinentalmeisterschaften der "A"-Nationalmannschaften austragen muss, wird die Abstellungspflicht ausgedehnt.
Des Weiteren gilt es die Bestimmung bezüglich Auswahlmannschaften der Nationalverbände zu beachten, die sich ex officio für eine Endrunde qualifiziert haben. Für diese Teams sind die Spieler für acht Begegnungen (vormals fünf) pro Kalenderjahr abzustellen. Diese Bestimmung tritt ebenfalls am 1. Januar 2002 in Kraft.
Eine weitere zentrale Klausel, die ins Reglement aufgenommen wurde, hält ausdrücklich fest, dass für Freundschaftsspiele, die an Daten ausgetragen werden, die nicht im internationalen Spielkalender dafür vorgesehen sind, keine Spieler abgestellt werden müssen. Wir möchten nochmals darauf hinweisen, dass der internationale Spielkalender am 1. Januar 2002 in Kraft tritt.

b. Abstellungszeit

Eine geringfügige Änderung wurde bei der Dauer der Vorbereitungszeit vorgenommen, für die ein Spieler abgestellt werden muss. Bei einem Aufgebot für ein Qualifikationsspiel für ein internationales Turnier wurde die Mindest-Abstellungszeit von 5 auf 4 Tage gesenkt, einschliesslich des Spieltages, wobei die Frist auf 5 Tage erstreckt wird, falls das betreffende Spiel auf einem anderen Kontinent als jenem stattfindet, auf welchem der Verein seinen Sitz hat.

c. Verantwortung der Nationalverbände

Die neuen Bestimmungen gestehen den Nationalverbänden mehr Verantwortung bei der Abstellung von Spielern für Auswahlmannschaften zu. Sie müssen sicherstellen, dass die Spieler die Fristen einhalten, die vom Reglement vorgegeben werden. Sie müssen insbesondere dafür sorgen, dass die Spieler nach den Begegnungen wieder rechtzeitig zu ihren Vereinen zurückkehren. Der Klub, bei dem der Spieler unter Vertrag steht, muss in diesem Zusammenhang zehn Tage vor dem Spiel schriftlich über die Hin- und Rückreise informiert werden. Sowohl der Spieler als auch sein Verein müssen mindestens 15 Tage vor der Begegnung, für die er aufgeboten wird, schriftlich von seiner Berufung in Kenntnis gesetzt werden. Daraufhin muss der Verein dem betreffenden Nationalverband die Freigabe des Spielers innerhalb der folgenden sechs Tage bestätigen.

d. *Missachtung der Abstellungspflicht*

Um sicherzustellen, dass die vorgegebenen Fristen eingehalten werden, sieht das neue Reglement eine Reihe von Sanktionsmassnahmen vor. Falls ein Spieler nicht innerhalb der im betreffenden Artikel vorgegebenen Zeitspanne zu seinem Verein zurückkehrt, kann die Abstellungszeit für ein folgendes Auswahlspiel seines Nationalverbandes gekürzt werden. Die Kürzung richtet sich nach der Einstufung des folgenden Spieles.
Bei wiederholter Missachtung der massgebenden Bestimmungen kann zudem die FIFA-Spielerstatut-Kommission entsprechende Sanktionen verhängen, z.B. Geldstrafen, zusätzliche Reduktion der Abstellungszeit, Spielsperre für das nächste Spiel/die nächsten Spiele in der Auswahlmannschaft.
Falls ein Spieler mehr als einmal zu spät zu seinem Verein zurückkehrt, kann die FIFA-Spielerstatut-Kommission neben den erwähnten Sanktionen ex officio oder auf Antrag des Klubs des Spielers weitere Strafen gegen den Spieler und/oder den Nationalverband aussprechen.

7. Schlichtung von Streitigkeiten

Die folgenden Punkte sind bei den Bestimmungen zur Schlichtung von Streitigkeiten hervorzuheben:

a. Spieler und Vereine können die vertragsbezogenen Aspekte des Streitfalls einem nationalen Gericht oder einem Schiedsgericht für Fussball vorlegen.[99] Ungeachtet des Urteils der betreffenden Instanzen werden die in diesem Reglement vorgesehenen sportlichen Sanktionen allein von den zuständigen FIFA-Instanzen, insbesondere der Kammer zur Beilegung von Streitigkeiten, verhängt. Gegen das Urteil der Kammer kann beim Schiedsgericht des Fussballs (TAF) Berufung eingelegt werden.

b. Die Kammer zur Beilegung von Streitigkeiten setzt sich zu gleichen Teilen aus Spieler- und Vereinsvertretern zusammen und verfügt über einen unabhängigen Vorsitzenden.[100] Dieselbe Zusammensetzung gilt für das Schiedsgericht des Fussballs (TAF), wenn es Einsprüche behandelt, die gegen die Urteile der Kammer zur Beilegung von Streitigkeiten eingelegt wurden.[101]

c. Falls eine Partei den Fall einem Schiedsgericht für Fussballfragen vorlegt, werden auf Antrag dieser Partei die vertragsbezogenen Aspekte des Streitfalls von der Kammer zur Beilegung von Streitigkeiten beurteilt, falls nicht in einer schriftlichen Erklärung beider Parteien oder durch einen Gesamtarbeitsvertrag festgehalten wurde, dass der Fall nicht der Kammer vorgelegt werden soll, sondern einem nationalen Schiedsgericht für Sportangelegenheiten. Soll eine solche Erklärung oder Regelung von der FIFA als gültig erachtet werden, muss das nationale Schiedsgericht ebenfalls zu gleichen Teilen aus Spieler- und Vereinsvertretern zusammengesetzt sein und über einen unabhängigen Vorsitzenden verfügen.[102]

---

99 Siehe Art. 42.1 des Reglements.
100 Siehe Art. 42.1 (b)(i) des Reglements; Art. 15 der Ausführungsbestimmungen.
101 Siehe Art. 42.1 (c) des Reglements.
102 Siehe Art. 42.1 (b)(i) des Reglements.

d. Wird einem Schiedsgericht für Fussball eine Streitigkeit zwischen Spieler und Verein vorgelegt und auf Vertragsbruch ohne triftigen Grund entschieden, liegt es allein in der Zuständigkeit der Kammer zur Beilegung von Streitigkeiten, das entsprechende Strafmass festzulegen (insbesondere sportliche Sanktionen und finanzielle Entschädigung). Gegen das Urteil kann beim Schiedsgericht des Fussballs (TAF) Berufung eingelegt werden. Dieselbe Regelung kommt auch bei Streitigkeiten im Zusammenhang mit Ausbildungsentschädigungen zur Anwendung.[103]

e. Bei Streitigkeiten zwischen einem Spieler und einem Verein bietet die FIFA den Parteien ein kostengünstiges, schnelles und vertrauliches Schlichtungsverfahren. Den Parteien steht es frei, einen unabhängigen Schlichter beizuziehen, wodurch das ordentliche Verfahren zur Beilegung von Streitigkeiten aber nicht aufgeschoben oder beeinträchtigt wird.[104]

f. Bevor die Kammer zur Beilegung von Streitigkeiten ein Urteil fällt, bittet sie den Nationalverband, bei dem der Spieler vor Auftreten der Streitigkeit registriert war, um eine Stellungnahme zum Streitfall.[105]

8. Übergangsbestimmungen

Das neue Reglement tritt am 1. September 2001 in Kraft . Für Verträge zwischen Spielern und Vereinen, die vor diesem Datum abgeschlossen werden, gilt weiterhin die frühere Version des vorliegenden Reglements, das am 1. Oktober 1997 in Kraft trat. Vereine und Spieler haben jedoch die Möglichkeit, falls ausdrücklich vereinbart Verträge, die nach dem 5. Juli 2001 abgeschlossen wurden, dem vorliegenden Reglement zu unterstellen. Vertragsstreitigkeiten, die der früheren Version des vorliegenden Reglements unterliegen, werden gemäss dem Verfahren[106] entschieden, das im vorliegenden Reglement festgehalten ist.

Es ist klar, dass den Nationalverbänden beim neuen System eine Schlüsselrolle zukommt. Wir freuen uns sehr auf die Zusammenarbeit. Als Abschluss der erforderlichen Vorbereitungen bittet die FIFA unter Einhaltung des folgenden Zeitplans um Ihre Mithilfe.

1. September 2001: Inkrafttreten des neuen Reglements

Ab Oktober 2001: Die FIFA wird für interessierte Nationalverbände und deren Mitglieder verschiedene Informationsveranstaltungen durchführen.

Bis spätestens 15. Oktober 2001: Geben Sie uns bitte die Kosten an, die Ihrer Meinung nach bei der Berechnung der Aufwendungen für Training und Ausbildung berücksichtigt werden müssen. Nehmen Sie zu diesem Zweck bitte Rücksprache mit Spieler- sowie Vereinsvertretern Ihres Verbandes und geben Sie neben Ihrem Standpunkt gegebenenfalls auch deren abweichende Meinung an. Auf der Grundlage Ihrer Antworten wird die FIFA in

---

103 Siehe Art. 42.1 (b)(ii)-(v) des Reglements.

104 Siehe Art. 42.1 (a) des Reglements.

105 Siehe Art. 42.3 des Reglements.

106 Siehe Art. 42-44 des Reglements; Art. 15-17 der Ausführungsbestimmungen.

einem Zirkular Richtlinien zu den Kosten herausgeben, die bei der Berechnung der Ausbildungsentschädigung einzubeziehen sind.

Bis spätestens 31. Oktober 2001: Die Nationalverbände, welche keine Registrierungsperioden kennen, sondern die Registrierung von Spielern durchgehend erlauben, werden gebeten, solche Registrierungsfristen festzulegen und diese der FIFA zu melden. Bis zu diesem Zeitpunkt dürfen sie jederzeit Spieler registrieren.

Bis spätestens 15. November 2001: Vorausgesetzt die FIFA hat genügend Rückmeldungen auf den Aufruf vom 15. Oktober 2001 erhalten, gibt sie in einem ersten Zirkular Richtlinien zu den Kosten heraus, die bei der Berechnung der Ausbildungsentschädigung von den Nationalverbänden zu berücksichtigen sind.

Bis spätestens 15. Dezember 2001: Folgende Angaben sind einzureichen:

- die Einteilung Ihrer Vereine in vier Kategorien, wie oben erklärt
- die Kriterien bezüglich Training und Ausbildung für jede der betroffenen Vereinskategorien

Die Nationalverbände innerhalb des EU-/EWR-Raums werden bis zu diesem Zeitpunkt auch um Angabe der Maximalbeträge für die Ausbildungsentschädigung der vier Kategorien gebeten.
Nehmen Sie zu diesem Zweck Rücksprache mit Spieler- sowie Vereinsvertretern Ihres Verbandes und geben Sie neben Ihrem Standpunkt gegebenenfalls deren abweichende Meinung an.

Bis spätestens 15. Januar 2002: Für die Nationalverbände, welche der FIFA die erforderlichen Informationen übermittelt haben, wird die FIFA die endgültige Einteilung der Klubs und die Aufstellung der Kosten für Training und Ausbildung vornehmen, diese den betreffenden Nationalverbänden zusenden und auf der Internet-Seite der FIFA veröffentlichen.

Wir danken Ihnen im Voraus für die wertvolle Zusammenarbeit und bitten Sie, Ihre Vereine und deren Spieler entsprechend zu informieren.

Mit freundlichen Grüssen

FEDERATION INTERNATIONALE
DE FOOTBALL ASSOCIATION

Michel Zen-Ruffinen
Generalsekretär

Anlage

Kopien an:
- FIFA-Exekutivkomitee
- FIFA-Spielerstatut-Kommission
- Konföderationen

Peter Lang · Europäischer Verlag der Wissenschaften

Mario Nahrwold

Die wirtschaftliche Betätigung von Idealvereinen am Beispiel der Ausgliederungsvorhaben der Fußballbundesligavereine

Eine Untersuchung zu Geltungsgrund und Grenzen des Nebentätigkeitsprivileges

Frankfurt/M., Berlin, Bern, Bruxelles, New York, Oxford, Wien, 2003. 213 S.
Zivilrechtliche Schriften.
Herausgegeben von Peter Kreutz und Dieter Reuter. Bd. 35
ISBN 3-631-50767-4 · br. € 35.30*

Die Mehrheitsbeteiligung von Idealvereinen an Kapitalgesellschaften ist seit dem „ADAC-Urteil" des BGH weitestgehend anerkannt. Dies machen sich die Bundesligavereine durch Ausgliederung ihrer Profiabteilungen zunutze. Dabei wird jedoch übersehen, daß der Schutz der Gläubiger nicht so sehr durch die Aufbringung des Mindestkapitals in der Tochtergesellschaft als solches, sondern vielmehr durch die persönliche Verlustbeteiligung ihrer natürlichen Trägerpersonen erreicht wird. Die Ausgliederung der Berufssportabteilungen löst somit das seit langem beklagte Rechtsformproblem nicht. Der Autor schlägt hierzu eine Gruppenkonzession an die Bundesligavereine nach § 22 BGB vor. Damit ließen sich sportideelle und wirtschaftliche Interessen wie bisher – und vom DFB weiterhin erwünscht – unter einem Dach vereinigen.

Aus dem Inhalt: Ausgliederung von Bundesligavereinen · Nebentätigkeitsprivileg · Ökonomische Theorie des Rechts · Rechtsformverfehlung · Funktion des Garantiekapitals · Berufsfußball in Europa · Mehrheitsbeteiligung · Konzession nach § 22 BGB

FSC
www.fsc.org
MIX
Papier | Fördert
gute Waldnutzung
FSC® C083411

Kolibri 360 GmbH
Ferdinand-Jühlke-Straße 7
99095 Erfurt, Deutschland
produktsicherheit@kolibri360.de

Druck:
CPI Druckdienstleistungen GmbH
im Auftrag der
Kolibri 360 GmbH
Ferdinand-Jühlke-Str. 7
99095 Erfurt